全国交通运输行业干部培训系列教材

领导干部的道德影响力研究

李 凤 编著

人民交通出版社股份有限公司
北京

内 容 提 要

本书为全国交通运输行业干部培训系列教材之一。全书从道德的本源和内涵出发,阐释道德影响力的内涵、外延和功能;从传统道德、马克思主义道德、中国革命道德和中国特色社会主义道德等方面,追溯领导干部道德影响力的渊源和传承;从优良传统、现实需要和必然要求等方面,剖析道德影响力的价值意义;从内在驱动、外在约束、组织引领、制度支持等方面,阐述如何提升领导干部的道德影响力。

本书主要供交通运输行业干部培训使用,也可供广大领导干部学习参考。

图书在版编目(CIP)数据

领导干部的道德影响力研究/李凤编著.—北京:
人民交通出版社股份有限公司,2023.12
ISBN 978-7-114-18758-2

Ⅰ.①领… Ⅱ.①李… Ⅲ.①干部—道德修养—研究—中国 Ⅳ.①D630.3

中国国家版本馆 CIP 数据核字(2023)第 073113 号

书　　名:	领导干部的道德影响力研究
著 作 者:	李　凤
责任编辑:	张一梅
责任校对:	孙国靖　宋佳时
责任印制:	张　凯
出版发行:	人民交通出版社股份有限公司
地　　址:	(100011)北京市朝阳区安定门外外馆斜街3号
网　　址:	http://www.ccpcl.com.cn
销售电话:	(010)59757973
总 经 销:	人民交通出版社股份有限公司发行部
经　　销:	各地新华书店
印　　刷:	北京虎彩文化传播有限公司
开　　本:	787×1092　1/16
印　　张:	11
字　　数:	222千
版　　次:	2023年12月　第1版
印　　次:	2023年12月　第1次印刷
书　　号:	ISBN 978-7-114-18758-2
定　　价:	55.00元

(有印刷、装订质量问题的图书,由本公司负责调换)

前言
PREFACE

　　法安天下，德润人心。道德是一个历久弥新的话题，是贯穿人类文明发展史和社会发展全过程的价值追求。修身立德，是中华传统文化的优秀基因，也是中国共产党的优良作风，更是干部成长成才的关键。以德修身、以德立威、以德服众，也是中国共产党对党员干部的一贯要求，特别是在全面从严治党的背景下，管党治党必须激发道德信仰的力量，必须明纪于前、德教于先，激发党员干部的内心自觉，形成清廉自守的思想根基，让道德引领发挥全面从严治党的固本作用。

　　领导干部要讲政德。政德是整个社会道德建设的风向标。做人要有道德，作为领导干部更要讲官德、讲政德。"德是首要、是方向，一个人只有明大德、守公德、严私德，其才方能用得其所。"[1]作为领导干部，无论是从其所负职责还是从社会从影响来看，都应有特定的道德标准和道德追求。领导干部拥有一定的社会地位和公众影响力，其道德修养水平的高低，不仅关系到个人品行，还关系到党的整体形象。领导干部的道德水平对于组织内部道德建设，起着示范引领和凝聚推动作用。领导干部掌握着公共权力，人们往往从他们的言行举止中领悟道德要求，判断是非善恶。良好的道德品行具有高效的引领作用，而失德或败德行为则会导致规章制度丧失正义力量。党风促政风、带民风，领导干部只有身体力行，树立榜样和模范力量，才能形成引领和示范效应。

　　本书由交通运输部党校李凤编著，作者在写作过程中得到了交通运输部党校李佳裔老师、天津师范大学夏静雷老师的帮助。李佳裔老师协助撰写了第二章，夏静雷老师协助撰写了第七章，同时完成了资料收集、文献查阅和文字校对工作，在此对他们表示诚挚的谢意。

　　在全面从严治党的背景下，期待本书引起人们对领导干部道德影响力的关注，将道德修养的完善贯穿干部成长全过程，注重培养道德情操，塑造道德人格，发挥道德的约束效应、净化效应和示范引领效应，实现道德多方位的正向影响，从而引领良好的道德风尚。

作　者
2023 年 6 月

---

[1] 习近平：《习近平谈治国理政》第一卷，外文出版社 2018 年版，第 173 页。

目 录 CONTENTS

第一章 道德影响力的理论基础 ... 1
- 第一节 道德的内涵与外延 ... 1
- 第二节 道德影响力的内涵外延 ... 8
- 第三节 道德影响力的主要功能 ... 11

第二章 道德影响力的渊源传承 ... 14
- 第一节 道德影响力的历史前提和文化基础 ... 14
- 第二节 道德影响力的哲学基础和思想指导 ... 20
- 第三节 道德影响力的战略举措和价值定位 ... 23

第三章 提升道德影响力的重要意义 ... 31
- 第一节 提升领导干部道德影响力是中国共产党的优良传统 ... 31
- 第二节 提升领导干部道德影响力是应对两个大局的现实需要 ... 36
- 第三节 提升领导干部道德影响力是强化管党治党的必然要求 ... 38

第四章 增强内在驱动,提升道德影响力 ... 41
- 第一节 坚定理想信念,提升内在驱动力 ... 41
- 第二节 树立正确三观,提升内在驱动力 ... 57
- 第三节 塑造高尚人格,提升内在驱动力 ... 70
- 第四节 培养道德修养,提升内在驱动力 ... 78

第五章 强化外在约束,提升道德影响力 ... 86
- 第一节 对当前道德建设的环境分析 ... 86
- 第二节 强化道德教育,提升道德敬畏 ... 92
- 第三节 培养良好家风,提升道德内核 ... 96
- 第四节 发挥模范作用,提升道德引领 ... 104

第六章 加强组织引领,提升道德影响力 ... 111
- 第一节 强化领导干部的根本组织原则 ... 111
- 第二节 强化领导干部集体主义组织原则 ... 115
- 第三节 强化领导干部的组织纪律要求 ... 122
- 第四节 强化领导干部的宗旨意识塑造 ... 132

第七章　建强制度支持，提升道德影响力 …………………… 143
　第一节　完善领导干部道德考评制度 ………………………… 143
　第二节　建立领导干部道德制约机制 ………………………… 152
　第三节　强化领导干部道德法治建设 ………………………… 155
　第四节　健全领导干部道德教育制度 ………………………… 163

第一章 道德影响力的理论基础

几千年来,不同时代、不同阶层的人围绕道德问题进行了孜孜不倦地追求和探索。无论是道德观念、道德本质,还是道德情感、道德功能,都蕴含着人们对道德的深入思考与追求,对道德的遵从与礼赞。纵观历史发展,道德成为社会的普遍价值追求,从古代的官员到今天的领导干部,社会对为政者提出了更为严苛的道德要求和评判标准。

"领导干部要讲政德。政德是整个社会道德建设的风向标。立政德,就要明大德、守公德、严私德。"[1]这既是对中华优秀传统政德文化的经验总结,也是对治国理政规律的深刻把握;既对领导干部加强自身道德建设提出了要求,又为领导干部发挥道德影响力指明了方向,具有很强的现实针对性和长远指导意义。

从政治学的角度分析,所谓干部,就是指执掌社会公共权力,从事公共事务管理的社会成员,主要包括国家机关、党群、人民团体中除工勤人员以外的公职人员。干部道德本质上是公共权力运作的道德。当前我们研究干部道德建设,不能就干部论干部,就道德论道德,而是必须把干部道德建设放到整个社会伦理道德体系中去研究,放到道德发展变化的历史长河中去认识,这样才能从根本上解析干部道德,进而把握道德建设的一般规律。

关于道德影响力和领导力的关系,古人讲得非常透彻:"为政以德,譬如北辰,居其所而众星共之。""若夫非德之威,虽猛而人不畏;非德之明,虽察而人不服。"领导干部讲政德,才能以德感人、以德服人、以德聚人,才能增强党组织的影响力、凝聚力、感召力。风成于上,俗化于下。综合来看,领导干部的道德品质与领导力高度相关、对领导政绩有直接影响。领导干部不仅要加强自身道德建设,而且要善于发挥影响力,在道德上教育引导群众,同心同德地建设中国特色社会主义伟大事业。

第一节 道德的内涵与外延

一、道德的本质

道德起源于社会对它的必然需求,即生存发展的需要。道德是人类通过限制自身利益换得社会利益的保障并最终实现自身利益和幸福的特殊行为规范。道德可以保障社会存在和发展、增进每个人利益,这也许正是道德的本质。马克思主义伦理学从

---

[1] 《领导干部要讲政德》编写组:《领导干部要讲政德》,人民出版社2018年版,第7页。

唯物史观出发,把道德放在唯物主义立场上,不但正确地回答了道德的起源,而且科学地揭示了道德的本质。一方面,道德作为一种具体的社会意识形态,具有社会意识形态的共同特征(一般本质),即它由社会存在决定,同时又有一定的相对独立性;另一方面,它作为一种实践精神,又具有区别于其他社会意识形态的内在特征(特殊本质),是人类把握世界的一种特殊方式。因此,个人、社会的需要是道德产生的根本原因。

1. 道德的一般本质

与旧伦理学把道德本质看作神的意志、先天自生抑或天理外化等错误观念不同,马克思主义伦理学把道德放在一定的社会生产方式以及由此决定的社会生活中,科学地揭示了道德的一般本质,即:道德是一种社会意识形态,它由一定的社会物质关系(尤其是经济关系)决定并反映这一关系。

一方面,社会物质关系对道德具有决定作用:首先,社会道德体系的性质取决于社会经济结构的性质。特定的社会经济结构决定了相应的社会道德体系。自人类文明诞生以来,社会经济结构呈现出两种最基本的形式:一种是以生产资料公有制为基础的社会经济结构,另一种是以生产资料私有制为基础的社会经济结构。与这两种类型的社会经济结构相适应,形成了统一的社会道德体系(原始共产主义道德和共产主义道德)和不同阶级的道德(奴隶主阶级道德和奴隶阶级道德、地主阶级道德和农民阶级道德以及资产阶级道德和无产阶级道德)。其次,社会道德的内容反映一定的社会经济关系。经济关系首先表现为利益关系,正如恩格斯所说:"每一个社会的经济关系首先是作为利益表现出来的。"[1]经济关系导致一定的阶级利益和个人利益,由于人们在一定的经济关系中所处的经济地位不同,从而形成不同的利益关系,因此也产生了不同的道德观念,"人们自觉或不自觉地、归根到底总是从他们阶级地位所依据的实际关系中——从他们进行生产和交换的经济关系中,吸取自己的道德观念。"[2]因此,道德原则和道德规范实际上是围绕着不同经济利益之间的矛盾关系的调整和解决而展开的。最后,道德关系的变化源自经济关系的变化。诚如普列汉诺夫所说,"人类道德的发展一步一步跟随着经济上的需要,它确切地适应着社会的实际需要"[3],纵观人类道德的发展,一切道德的兴衰消长,归根结底,无不以社会经济关系的变化为根源。旧的社会经济关系的衰亡和被新的社会关系的取代,必然伴随旧的道德关系的衰微和被新的道德关系所取代。即使在同一社会里,经济利益关系的变化也常常引起社会道德关系的相应变化。

另一方面,道德并不是完全被动地受社会经济利益关系的制约,它又具有一定的独立性。首先,道德影响着社会经济关系的变化。道德通过命令评价的方式,把人的

---

[1] 马克思、恩格斯:《马克思恩格斯选集》第二卷,人民出版社1972年版,第537页。
[2] 韩树英:《马克思主义哲学纲要(修订本)》,人民出版社1990年版,第411页。
[3] 普列汉诺夫:《普列汉诺夫哲学著作选集》第2卷,生活 读书 新知三联书店1961年版,第48页。

行为和社会活动分为善与恶、好与坏、正义与非正义等方式来影响社会经济关系。当道德与现有的社会经济关系相适应和一致时,它便会做出正面的评价;反之,就会做出负面的评判。道德正是通过这些评价,形成一定的社会舆论和精神力量,实现它对经济关系的影响。另外,一些道德观念、道德规范还内化到人的主体性活动中,直接或间接地影响人的经济活动、经济行为等,从而影响社会经济的变化。其次,道德并非与社会经济关系的发展完全一致。道德往往与传统习俗和民族心理融为一体,具有较强的历史继承性,并不会完全随政治、经济的变革而同时发生变化,其彻底改变还需要一个过程;另外,新道德的产生也不是在新的经济关系产生之后,而是往往超越现有的社会经济关系,走在社会发展的前面。最后,在私有制社会(尤其资本主义社会),道德进步与社会发展存在一定程度的"背反"。正如西方一些思想家所批评的那样,社会的发展、科技的进步和物质财富的增长,并没有给西方社会带来相应的高尚道德,相反社会道德却不断地堕落和腐化。在这里,社会经济的发展和物质文明的进步并不是福音,而是"最高意义上的危险"❶。这些都在一定程度上揭示出资本主义社会物质文明与精神文明的对立、社会发展与道德进步的背反这一私有制社会的特殊现象。因此,道德是受一定的社会经济关系决定,并反过来影响这一社会经济关系的一种社会意识形态。

2.道德的特殊本质

道德不仅是一种特殊的社会意识,而且是一种实践精神,是人类把握世界的特殊方式。

道德作为一种实践精神,是一种以指导行为为目的、以形成正确的行为方式为内容的精神。它所把握的是道德主体的需要与满足这种需要的客体之间的关系,是人与世界的价值关系。道德从善与恶、好与坏、正义与非正义两个方面反映现实世界,当人们以这种价值方式评判现实世界、社会现象和人的行为时,便进入了道德的领域。不仅如此,道德是有目的的活动,是精神化的行为实践。道德以精神手段调节人与人的价值关系,并推动和完善这一关系,使这种关系更符合某一价值要求,从而实现这一价值。

道德评价是道德把握世界的基本手段。道德评价将有意义与无意义、正当与不正当、善与恶等加之于现实世界,常常会影响人们的价值取舍,从内外两个方面形成道德环境。道德评价给人们提供了关于现实世界的价值认识,在一定程度上反映了道德社会的发展趋势和前景。某种意义上讲,道德正是通过评价的方式,为人们提供了一个独特的视角和重要的手段。不仅如此,道德评价还将人们外在的准则、规范等内化为人的情感、意志和信念等,使之成为内在的道德律令,促使人们自觉地遵守道德规范,改善人们之间的关系,完善道德主体的人格,从而达到提升个体道德境界和实现社会道德理想的目的。

---

❶ 俞吾金:《意识形态论(修订版)》,人民出版社2009年版,第375页。

在现实生活中,存在着各种利益关系、矛盾和冲突。个人利益和社会整体利益的关系问题是伦理学的基本问题之一,对这一问题的解答是解决其他问题的前提之一。正如前文所言,道德的基础是经济关系,而经济关系首先表现为利益关系,因此,对利益关系的调整便构成道德体系的基础。在社会生活中,道德总是从利益关系调整的角度,特别是在个人利益、他人利益和社会整体利益的调节中,实现对各种社会关系的调整。在对利益调整的过程中,道义作为其对立观念,作为利益均衡的手段而出现。它既体现人们对义与利的态度和看法,又包含着人们在这种看法指导下调整利益的努力,而这种努力的最终目的则是对整体利益、根本利益和长远利益的认同和维护。正是通过义与利的方式,人们把世界划分为事实与价值、实有与应有,把人划分为感性与理性、小我与大我,从而通过对这些关系的调整,完成对世界的把握。

二、道德的结构

道德的结构是指建立在一定的社会经济关系基础之上的,相互联系、相互区别、相互作用的道德要素按照某种规律组合构架为有机整体的模式。根据道德主体的不同,道德的结构可分为道德的社会性结构和道德的个体性结构两类。

1.道德的社会性结构

道德的社会性结构是以社会为道德的主体或载体,从宏观角度揭示道德内部各要素按某种规律组合构架为有机整体的模式。这种宏观的社会性结构是由道德的现象结构、道德的关系结构和道德的水准结构集合而成的。

道德现象指在现实的社会关系中,人们可感知到的道德的表象形态。道德的现象结构,根据其存在形态可划分为道德的意识现象、道德的活动现象和道德的规范现象。道德的意识现象指人们在道德实践基础上形成,并影响社会道德实践的具有善恶价值的社会意识,包括自发的社会道德心理和社会道德意识两个层面;道德的活动现象指人们在社会活动中,依据一定的价值观念而进行的道德实践活动,包括具有善恶价值的群众性活动和直接为培养和评价社会成员道德品质而进行的群众性活动;道德的规范现象指在一定的社会历史条件下,指导社会成员行为并作出评价的善恶准则,包括自发形成的判断善恶的惯例和自觉形成的善恶准则体系两种形态。在道德的现象结构中,三者关系密切,道德活动是道德意识和道德规范形成的实践基础;道德意识则不仅对道德活动具有一定的指导作用,又是社会规范形成的思想前提;道德规范则体现着道德意识与道德活动的统一,指导和制约道德意识和道德活动。道德活动、道德意识和道德规范的相互联系、相互渗透、相辅相成,使之联结成统一的道德现象结构。

道德的关系结构是指人们以一定的社会道德意识为前提,以一定的社会道德规范为指导,进行某种特殊的道德活动时所结成的一种特殊的社会关系。根据道德主客体的不同,可把社会道德关系区分为:个人与个人之间的道德关系、个人与社会集体之间的道德关系以及社会集体与社会集体的道德关系。个人与个人之间的道德关系,由于道德主体和客体所拥有的社会角色的多重性,包括夫妇、父子(女)、兄弟、姐妹、师生、朋友、邻居等的道德关系；个人与社会之间的道德关系，由于作为道德客体的社会整体的层次性，包括个人与人类、个人与国家、个人与民族、个人与社团、个人与单位等的道德关系；社会集体与社会集体之间的道德关系，由于道德主客体范围的不同，包括国家与国家、民族与民族、社团与社团等的道德关系。以上三类社会道德关系，在不同的历史时期有不同的内容。但在相同的历史时期，三者有着许多相同（通）之处，它们相互联系、相互补充，共同构成社会道德的关系结构。

道德的水准结构是指一定的历史时期，在社会生活中占主导地位的道德意识、道德规范和道德活动。根据与当时整个社会利益关系需要协调的程度和历史发展趋势的适应程度，分为过时道德、应时道德和超前道德三类。正如前文所述，道德是以一定的经济关系为基础的，道德的性质由社会经济结构的性质决定，道德的内容反映着社会关系特别是经济利益关系，道德随社会关系的变化而演变；道德除受社会经济关系决定外，与当时的文化状况和道德传统等也有着密切的联系，同时还具有相对独立性。这就决定了道德发展与社会经济的发展并非同步，主流道德与社会利益关系的发展需要也并非协调一致，既存在与现时社会利益关系协调和发展适应的应时道德，又存在与之不适应的过时和超前道德。判断一个社会道德水准的高低，主要看其过时道德是否日趋泯灭、应时道德是否占主导地位和超前道德是否日趋发展。道德是一个整体性、关联性、动态性与开放性相统一的有机体，只有从宏观角度，对其社会结构进行分析，才能完整地把握道德的本质。

2. 道德的个体性结构

道德的个体性结构是指以个体为道德主体和载体，从微观个体角度揭示道德内部诸要素按某种规律组合架构为有机整体的模式，由个体道德心理结构、个体道德行为结构和个体道德境界结构组成。

个体道德心理结构即"德心"，是指个体具有善恶意义的心理活动和机制。作为道德主观方面，它由个体道德心理的过程结构和个体道德心理的倾向结构两个层面构成。个体道德心理的过程结构是指动态反映现实社会关系的心理形式的有机集合，包括道德认知过程、道德情感过程和道德意志过程；个体道德心理的倾向结构是指个人对道德关系和道德活动进行选择的心理形式的有机集合，包括道德需要、道德兴趣、道德理想和道德信念等。道德心理过程结构和道德心理倾向结构的辩证统一，构成个体道德的心理结构，决定一个人的德心。

个体道德行为结构即"德行"，是指个体以一定的社会道德心理为前提，由一定的道德心理机制引发的具有善恶价值的行为，它包括个体道德行为的过程结构和个体道德行为的倾向结构两个层面。个体道德行为的过程结构是个体道德行为各必要环节的有机结合，包括道德的动机过程、道德的行动过程和道德的效果过程等；个体道德的倾向结构是个人对道德义务和道德实践进行选择的有机集合，包括自我道德修养、自我道德选择和自我道德评价等。个体道德的行为过程和倾向构成个体道德的行为结构，决定一个人的德行。

个体道德境界结构即"德品",是指一个人的道德素质所达到的当时社会或阶级道德要求的程度,由个体道德境界的过程结构和个体道德境界的性质结构两个层面构成。个体道德境界的过程结构是指个体道德境界发展的各环节的有机结合,是个体道德高低的标志,包括自发的道德境界、自觉的道德境界和自由的道德境界等;个体道德境界的性质结构是个体道德的质的规定性,是道德境界属性的标志。个体道德境界的过程结构和个体道德境界结构的性质结构的有机统一,构成道德境界结构,决定一个人的"德品"。

综上所述,个体道德的心理是个体道德的主观方面,个体道德的行为是主观见之于客观的方面,个体道德境界是个体道德现状的标志,三者的有机统一,构成了道德的个体结构。

3. 道德是个体性结构与社会性结构的统一

道德个体性结构和社会性结构并不是两个截然不同的体系,而是相互联系、相互转换的辩证统一的有机整体。

如前所述,社会道德是以社会为道德的主体,从宏观角度把握现实利益关系;而个体道德则是以个体为道德主体,从微观角度把握现实利益关系,它们各有自己不尽相同的内部结构。但是,二者又有相成的一面,可以说是一般和个别的辩证关系。社会道德总是由个别道德所构成的,而个别道德又总是作为社会道德的一部分而存在的。社会道德是个体道德生成的条件,个体道德则是社会道德生成的确证,因此,二者相辅相成。总之,从产生方式看,社会道德和个体道德均是自成和相成的统一。

面对现实的社会经济利益关系,社会道德和个体道德会分别在不同道德主体利益的驱动下,自动调整内部诸要素,通过相对独立的运行过程,以适应道德主体利益的需要,表现出很强的自组自控能力;但是二者又存在紧密的联系,当二者的运行目标取向一致时,社会道德和个体道德就会实现各自的道德目标,当二者的运行目标取向冲突时,无论社会道德还是个体道德都不会实现自己的道德目标。因此,二者又存在一定的关联性。总之,从运行过程看,社会道德和个体道德均是自控和互控的统一。

在一定的历史时期,社会道德体系一旦形成,就会根据自身的规律,仅仅反映并调控社会整体的经济利益关系。同样,个体道德一经形成,也会仅仅根据其特有的规律,反映并调节个体的现有的经济利益关系。从其各自的规律和社会功能看,二者有着其"自为"的一面。但是,社会道德要实现其社会功能,必须使全体社会成员或大多数成员接受,即实现社会道德的个体化,否则其功能将难以发挥。而个体道德要实现其社会功能,也必须使其融入社会道德,即实现个体道德的社会化,否则同样达不到预期功效。从这个意义上看,二者又有着相互补充和作用的一面。总之,就社会功能而言,社会道德和个体道德是自为和互补的统一。

综上所述,虽然社会道德和个体道德均有着各自的生成规律、运行规律和功能规律,但是二者又有着紧密的关联性,是一个有机的整体,因此,在社会主义道德建设中,既要注重社会道德的建设,又要注意个体道德的建设,要把改善整个社会的道德风气与提高社会成员个体的道德素养结合起来。

三、道德的功能

与道德结构的内部诸要素的组成和架构不同,道德的功能主要表现为道德内部诸要素形成的有机整体对外的功效和作用。因此,我们不仅要探讨道德的内部结构,而且要在此基础上进一步探讨道德的对外功能,只有这样才能对道德有一个完整的把握。道德的功能是指道德作为有机整体,对社会生活所发挥的作用,从世界观高度,概括道德作为整体的社会功能,可分为认识功能、调节功能和约束功能三个方面。

1. 道德的认识功能

道德的认识功能是指道德反映社会现实,尤其是社会经济关系的功能。在人类的社会生活中,道德总是从个人与社会、个人与个人之间的利益关系的角度,提供现实社会的现状及其发展趋势,并借助具有善恶意义的道德理想、道德信念、道德情绪、道德准则、道德行为等形式,表达反映或认识的成果。道德以善与恶、应当与不应当、正义与非正义等对立范畴评价社会现实。道德认识能反映社会现状并预测社会发展的前景,虽然这种认识还是一种征兆性和轮廓性的价值评判,不如自然科学认识那样精确严密,但它可以从借助其社会道德理想的个体化和个体道德理想的社会化的双向互动,一方面使社会道德理想转化为人们的内心信念和价值目标,使社会成员创造性地按照这一理想去改造社会生活;另一方面使个体道德理想纳入社会道德理想之中,形成实现道德理想的合力。这样就可以使道德现实化为客观性的社会道德活动,并为科学的认识提供广泛而可靠的信息。因此,我们不能因道德认识与科学认识在角度、范围、基础、方法等方面存在的差异,而否认道德认识的意义,否认道德认识存在客观真理性的一面。只有将道德与科学、政治、文艺、宗教等综合起来对社会进行考察,才能多角度地认识现实世界。道德与政治、法律、科学、宗教、文艺等一起构成了社会意识形态的有机整体。它们相互联系、相互作用、相互补充、相互渗透,从不同角度和层面认识和改造世界,从而广泛深入地把握世界。

2. 道德的调节功能

道德作为人类把握世界的特殊的实践精神方式,不仅要能动地认识世界,反映社会关系的现状,而且要改造世界,通过对社会关系的调节来改造社会现状。

道德的调节功能是道德最主要的功能,它是指道德通过评价、命令、规约、教育、激励等方式来调节人的行为,并由此调节人们之间的关系。道德以"应当"怎样为调节尺度,衡量和疏导人们的行为或社会活动,力图使之符合这种"应当",从而使人们的行为和活动完成从现有到应有的转化。当社会的道德理想符合社会经济关系发展的要求时,就能激发人们的社会责任感和积极性,从而不断调节个体与社会整体的利益关系,以及人的社会活动和社会关系。不仅如此,在实现道德调节过程中,在社会和个人的努力下,还可通过评价、激励、教育等手段,使道德规范和道德理想等转化为人们内心的命令和信念,使人们自觉地尽到自己的责任和义务,从而实现对社会关系的调节。对于道德的调节功能,我们应该采取辩证的态度。在不同的社会政治经济关系条件下,道德的功能是不同的。正视道德的调节功能,必须反对两种错误倾向,即认为道德对社会关系没有调节功能的"道德无用论",以及认为道德作用无处不在、无所不能的"道德万能论"。

3.道德的约束功能

法以诛恶,德以劝善。道德的约束功能主要体现在教育、评价和平衡功能。教育功能就是培养人们良好的道德意识、道德品质和道德行为,树立是非观念、善恶观念和评价标准。评价功能是人们评判现实的非法律标准,区分是非和善恶,对社会现象进行定性分析。平衡功能就是平衡人与自然之间的关系。它要求人们端正对自然的态度,调节自身的行为。道德的约束功能体现在对自身、对他人、对社会等不同层面,对自身形成道德约束,对他人进行道德判断,对社会产生秩序影响。

第二节 道德影响力的内涵外延

影响力是用一种为别人所乐于接受的方式,改变他人的思想和行动的能力。影响力又被解释为战略影响、印象管理、善于表现的能力、目标的说服力以及合作的影响力等。

一、道德影响力的内涵分析

领导干部的影响力是领导干部在领导过程中,影响和改变被领导者心理和行为的能力,它包括权力性影响力和非权力性影响力。特别是非权力性影响力,在当前党政机关职能转变和全过程人民民主加快推进的新形势下,其重要性愈加显现。重视并发挥非权力性影响力已成为领导干部关注的重要课题。道德影响力无疑是非权力影响力的核心。

对于道德影响力,并无权威的学术上界定。从道德认识功能的角度看,道德影响力是道德主体对自身或者特定客体在认识自身、改造自身,认识客体、改造客体的过程中,借助善恶意义上的道德理想、道德信念、道德情绪、道德准则、道德行为等方式规范主体、约束客体的引导力量。

从道德调节功能的视角来看,道德影响力是道德主体对自身或特定客体通过以"应当怎样"为尺度,以评价、命令、规约、教育、激励等方式,使道德规范和道德理想等转化为人们内心的命令和信念,使人们自觉地尽到自己的责任和义务的力量。因此道德影响力可以引导道德主体和客体的行为或社会活动,力图使之符合"应当",从而使人们的行为和活动完成从突然到应然的转化,激发人们的社会责任感和积极性。

二、道德影响力是重要的非权力性影响力

非权力性影响力,是指领导干部个人在权力以外、由自身素养和行为产生、有效地

影响和改变被领导者的心理行为。非权力性影响力,是排除职务职级本身的约束力,由领导干部自身的素质、素养、人格、形象等综合对外界发生影响的力量。非权力影响力作为现代管理上的一个名词,与领导干部的修养、学识、作风、人格、情感等因素密切相关。其构成要素主要有五个方面:一是资历因素。它反映了领导干部的阅历和经验对被领导者的影响。二是知识因素。一个知识渊博的领导干部,容易取得下属的信赖。三是才能因素。一个在领导实践活动中展示出才能的领导干部,不仅能给事业带来成功,而且使下属产生敬慕感。四是情感因素。如果领导干部与下属保持亲密友好的关系,那么下属就会产生亲切感,组织的内聚力就会增强。五是品格因素。领导干部的高尚品格,往往会形成一种强大的感染力[1]。

领导干部非权力性影响力的主要特点在于:它对下属所产生的心理和行为影响是自然的,建立在信服、敬佩和爱戴的基础之上。这种影响是潜移默化的,而非源于外界压力的逼迫。所以领导者要提升道德影响力,必须关注非权力性影响力。领导干部拥有一定的职位,掌握一定的职权,并不意味着真正拥有权力。要想真正发挥领导效能,除了职务赋予的本身的权威,更需要领导自身的素质素养和人格魅力等非权力性影响力。

(一)修养影响力

"德者,事业之基。"优秀的品德修养会给领导干部带来巨大的影响力。孔子曰:"为政以德,譬如北辰,居其所而众星共之。"万事德为本,为政以德则治,不以德则乱。古人以"德高望众"作比喻,说的是德高者众望所归。领导干部必须具备优良的政治品质和高尚的道德情操,就会展示出一种不威而严、不令而行的人格魅力。思想政治过硬、品德高尚的领导干部,总是以自身的修养在班子内部甚至在群众中产生强烈的影响力,群众称之为"口碑"。即使这位领导者的职位权力消失了,"口碑"也不会随之消失,而且会演变成为一种无形的影响力。面对纷繁复杂的社会现实,领导干部务必把加强道德修养作为重要的人生必修课。

(二)学识影响力

作为领导干部要不断优化知识结构、完善知识体系,适应岗位需要。列夫·托尔斯泰有句名言:"没有智慧的头脑,就像没有蜡烛的灯笼。"作为领导干部,只有不断加强自身的修养和学习,凝聚起智慧的光点,燃烧自己,才能放射出照耀别人的光芒。1939年5月20日,毛泽东在延安在职干部教育动员大会发表讲话时,把增加知识的过程生动地比喻为"进货"。他说:"我们队伍里边有一种恐慌,不是经济恐慌,也不是政治恐慌,而是本领恐慌。好像一个铺子,本来东西不多,一卖就完,空空如也,再开下去就不成了,再开就一定要进货。"[2]"当今时代,科学技术迅猛发展,各种知识层出不

---

[1] 刘文阶:《领导干部应努力提高自身非权力性影响力》,《湖南行政学院学报》2006年第3期。
[2] 毛泽东:《毛泽东文集》第二卷,人民出版社1993年版,第178页。

穷,迫切要求我们每个同志特别是领导干部加强学习,提高素质,努力具备符合时代要求的知识结构。"❶可见作为领导干部既要有广博的知识和完善的知识结构,也要术业专攻,具备扎实的专业知识,做行家里手。纵观古今中外有成就者,大都是学习勤奋、知识丰富、素质超群的。

(三)作风影响力

习近平总书记指出:"党的作风是党的形象,是观察党群干群关系、人心向背的晴雨表。党的作风正,人民的心气顺,党和人民就能同甘共苦。"❷领导作风是领导干部的思想、品德、修养在领导活动中的外在表现,是一种有效的影响力。优良的领导作风,是做好领导工作的前提条件和重要保证。领导干部彰显的良好作风,关系到党的形象,关系到群众对党的认同。只有发扬优良的领导作风,才能影响、吸引和团结群众,形成强大的凝聚力,有效地实现领导目标。领导作风是一种无声的命令,一种无形的力量。领导作风具有以勤补拙、以长补短的作用。

(四)人格影响力

一个充满人格魅力的党员干部,言之足以服人、召之足以率人、行之足以示人、教之足以化人。1955 年万隆会议上,当时许多国家对新中国还没有普遍接受,对中国共产党怀有敌意,甚至估计会议不会通过中国代表的任何提案。出乎意料的是,中国倡导的和平共处五项原则受到绝大多数国家的普遍认同,并在许多实质性问题上同新中国达成了共识。一位西方国家的首脑在接受采访时说:"是周恩来的人格力量说服了我。我觉得,一个拥有如此高尚的领导人的政党是值得信赖的。"❸人无贵贱之分,但人格有高下之别。高尚的人格能让党员干部信而有威,卑劣的人格则会让党员干部威信扫地。涵养人格的魅力,释放人格的光芒,在一定程度上影响着领导者的领导力和广大群众的执行力。也就是说,与带有明显强制性的"硬权力"相比,领导者的人格魅力,对群众的影响力、号召力,比一道措辞强硬的通知或命令更大,更能体现其领导力,也更能影响一个单位的作风和士气。

(五)情感影响力

情感是人与人之间沟通的桥梁,是促使人们思想转化的催化剂,以情感人常常胜于以力制人。领导干部越是关心、帮助、信任、依靠被领导者,其威望就越高,越会受到被领导者的尊敬。反之,领导干部对下属表现出冷淡、傲慢,则会破坏彼此的关系,下属将会产生畏惧、疏远、甚至对抗情绪。2005 年,浙江省温州市永嘉县山坑乡后九降村党支部书记郑九万因长期操劳过度而得病,生命危在旦夕。在这个年人均收入只有 2000 元的小山村里,一天之内,村民竟自发筹集了约 7 万元用来为他治病。村民们

---

❶ 习近平:《之江新语》,浙江人民出版社 2007 年版,第 41 页。
❷ 习近平:《习近平谈治国理政》第二卷,外文出版社 2017 年版,第 44 页。
❸ 刘明:《大题小论》上册,人民出版社 2010 年版,第 62 页。

说:"就是讨饭也要救他。"郑九万以自己的实际行动,深刻揭示了"老百姓在干部心中的分量有多重、干部在老百姓心中的分量就有多重"的丰富内涵。一切为民者,则民向往之。领导干部深厚的为民情感,是道德影响力的重要方面。

第三节 道德影响力的主要功能

道德教化在我国有着悠久的历史传统。道德的教化和聚合作用某种程度上超越了制度和法律的力量,在全面从严治党的背景下,管党治党必须激发道德信仰的力量。当官做领导,手中握有一定的权力,在钱财、名利问题上犯错误的可能性总会比普通群众更大。如果平时不慎独、慎微,老是怀着侥幸心理去为不可为之事,很容易犯错误。当领导要以德服人。恩格斯在《家庭、私有制和国家起源》中分析原始社会酋长在氏族内部的权力特征时说,"酋长在氏族内部的权力,是父亲般的、纯粹道德性质的"❶,它"以自己的榜样来影响别人"。道德榜样的影响力不能忽视,现代领导人应更懂得这个道理。让道德建设成为全面从严治党的思路根基,让道德引领发挥全面从严治党的固本作用。全面从严治党是一项系统工程,必须明纪于前、德教于先,补足精神之钙,激发党员干部的内心自觉,夯实清廉自守的思想根基。道德教化是提升全社会道德水准的重要手段。在当前经济社会转型时期,党员干部只有以崇高的道德力量引领社会风尚,才能以德服人、以德聚人。道德影响力的现实功能可以从三个视角理解:干部的个人成长、组织的精神向心力和政党的政治生态。

一、道德影响力引领干部成长,恪守正确方向

德是做人之本,是为政之基。习近平总书记在庆祝中国共产党成立95周年大会上强调:"以德修身、以德立威、以德服众,是干部成长成才的重要因素。"❷领导干部的道德水平是影响和制约个人成长和发展的重要因素。我们党历来把德才兼备、以德为先视为选拔任用干部的首要标准,尤其是把道德素质放到至关重要的位置。俗话说:"有德有才能成事,有德无才要误事,有才无德要坏事。"❸所以,一个合适的领导干部首先应该是一个有道德的人,如果缺乏优良的道德品质,就如同跑错方向的火车,就会背离组织目标和原则,也会使个人的发展误入歧途。一些领导干部腐败堕落,最终走上违法犯罪道路,大多是从道德品质上的滑坡开始的,实践证明,许多干部出问题,不是出在才上,而是出在德上。陶行知说:道德是做人的根本。"根本一坏,纵然使你有一些学问和本领,也无甚用处"❹。领导干部能否长期有效地做好本职工作,除了依靠

---

❶ 马克思、恩格斯:《马克思恩格斯选集》第4卷,人民出版社1972年版,第82页。
❷ 习近平:《习近平谈治国理政》第二卷,外文出版社2017年版,第135页。
❸ 本书编写组:《〈中共中央关于制定国民经济和社会发展第十四个五年规划和二零三五年远景目标的建议〉辅导读本》,人民出版社2020年版,第468页。
❹ 吕德雄:《陶行知师德理论及其当代价值》,人民出版社2010年版,第59页。

组织赋予其所掌管的人、财、物等各种权力因素外,更多的时候要依靠非权力因素,包括通过自身的品行、德性和人格魅力去感召群众并开展工作。因为任何一名干部在一个行业、地区、部门工作久了,其上下级同事和广大群众对其道德品行都会有一个基本的评价。如果他总是依靠玩弄权术或耍小聪明的方式去工作或生活,只能取胜一时,不能取胜一世,古人所谓"小胜靠术,中胜靠智,大胜靠德"❶就是这个道理。

二、道德影响力引领组织风尚,凝聚向心力

党员干部的道德修养,不仅关系个人品行,而且关系党的整体形象。领导干部的道德水平对于组织内部的道德建设起着定向、推动、示范和凝聚的作用。党中央要求各级领导干部,要"常修为政之德,常思贪欲之害,常怀律己之心"❷,就是指领导干部要有良好的为官之德。《中国共产党章程》多处对共产党人的道德品质作出规定和要求。领导干部的道德水准对社会道德的影响突出表现为"三个效应"。一是定向效应。中共中央、国务院印发的《新时代公民道德建设实施纲要》强调:"抓好重点群体的教育引导。公民道德建设既要面向全体社会成员开展,也要聚焦重点、抓住关键。"领导干部作为关键少数,作为社会群体中的先进分子,对于形成良好社会道德风尚,具有重要导向作用。领导干部的失德或败德行为,会导致其所执掌的各种规章制度丧失正义力量,特别是领导干部的权力滥用,导致制度形同虚设,会极大削弱党的公信力。二是示范效应。《新时代公民道德建设实施纲要》强调,党员干部的道德操守直接影响着全社会的道德风尚。自古以来,官德隆,民德昌;官德毁,民德降。可见,官德影响民德,官风决定民风。我们党自成立以来,始终高度重视加强党员干部道德建设,注重发挥党员干部先锋模范作用,形成了党的优良传统和作风,有力引领社会道德建设。领导干部能否发挥良好的示范作用,直接关系到社会主义道德建设的成效。三是凝聚效应。领导干部的道德品质对于提升组织凝聚力具有重要的作用。品德优良的领导集体,班子成员之间会善于合作、互相补台,这对于品德高尚的领导更容易产生内心认同、主动追随,从而提升组织的团结力。政党成员的道德修养和道德品质,会直接关系政党的凝聚力。因此,加强领导干部道德修养,是各级领导干部正风气、聚人心的政治责任。因此,选拔任用一个好的干部就是树立起一面好的旗帜,不仅可以带出一支好的干部队伍,更能深刻影响一个部门、地区、行业的道德风气。

三、道德影响力引领政治生态,确保执政合法性

春秋时期,宋国司城子罕清正廉洁,受人爱戴。有人将一块宝玉献给他,他却拒不接受,说:"我以不贪为宝,你以玉为宝。如果把玉给了我,我们两人都失去了宝,不如各人保有自己的宝物吧!"这种"以廉为宝"的价值追求,光照千秋,发人深省。子罕拒

---

❶ 靳凤林:《追求阶层正义:权力、资本、劳动的制度伦理考量》,人民出版社2016年版,第168页。
❷ 李少军:《新担当新作为:做新时代好干部》,人民出版社2020年版,第171页。

绝贿赂,是出于道德自律,是因为价值操守,用今天的话来说,就是不想腐。

党的十八大以来,党中央正风反腐取得各级干部的价值认同,培养"以廉为宝"的心灵土壤,是营造良好政治生态的关键。随着反腐的不断深入,各级干部的行为模式、思维方式也在发生变化,反腐从"暴风骤雨",再到"制度化"行动,下一步的关键是能否深入领导干部的价值观层面,那些曾经被腐败扭曲的是非观、权力观,是否能得到矫正,使反腐形成的价值磁场,激荡起强劲的"道德向心力"。很多时候,风气之变,也许可以立竿见影,而要改变价值内核,却需要一个相对较长的过程。需要发自内心的认同,就需要正向价值的涵养,需要发挥道德的引领作用。在全面从严治党的进程中,应当发挥道德的自我认知、自我矫正,发挥道德在组织中的调节和引导功能,构筑道德的高标准,树立道德的鲜明旗帜。

良好的政治生态是维持党的执政合法性的基础。新形势下的深刻变化,使共产党的执政合法性面临着新的考验。只有全方位地加强执政党的道德建设,才能进一步维护和巩固共产党执政的合法性。当然,党和政府执政合法性能否得到人民的认可,取决于诸多因素,但必须指出的是,任何执政合法性必须以道德为前提,因为道德是法律的基础,不合道德的法律迟早会被废除。普通群众对党员领导干部是否具备公平正义的道德人格和道德品质的评价,最能直接地反映出执政党的社会形象和人心向背,并最终影响其执政合法性。

第二章 道德影响力的渊源传承

我国有着优良的道德传统,包括古代优良道德传统,以及在长期革命斗争中形成的革命道德传统。学习、继承和发扬这些优良道德传统,对于干部道德建设非常重要。古人云:"道德当身,故不以物惑。"中华优秀传统文化,蕴含着丰富的思想道德资源。比如,在坚守道德底线方面,强调"己所不欲,勿施于人""与人为善""以己度人""推己及人""君子忧道不忧贫",要恪守"良知",做到"俯仰无愧"。再比如,在树立道德理想方面,强调"大道之行也,天下为公",人要"止于至善",有社会责任感,追求崇高理想和完美人格,倡导"兼善天下""利济苍生""修身齐家治国平天下""见贤思齐焉,见不贤而内自省也",做君子、成圣贤。我们要利用好中华优秀传统文化中的这些宝贵资源,增强人们的价值判断力和道德责任感,不断提高人们道德水平,提升人们道德境界。中国作为举世公认的礼仪之邦,关注人生、注重伦理是中国传统文化的一个基本特点。伦理道德作为个体道德生命和社会伦理秩序的准则,是中国传统文化的核心部分,深刻影响中国文化的其他成分。故此,对中国传统伦理道德的整理和发掘、批判和继承,对于我们修养德心(性)、完善德行和提升德品以及为社会主义现代化建设提供道德方面的保障,均有着重要的现实意义。

第一节 道德影响力的历史前提和文化基础

一、中国传统道德影响力的形成和演变

中国传统伦理的发生发展有着悠久的历史,《礼记·礼运篇》:"天下为公,选贤与能,讲信修睦。……故人不独亲其亲,不独子其子。……男有分,女有归。货恶其弃于地也,不必藏于己;力恶其不出于身也,不必为己。是故谋闭不兴,盗窃乱贼而不作,故外户不闭,是谓大同。"这种对原始社会状况的追述,在一定程度上反映了原始道德的面貌。

夏商周三代是奴隶制道德产生、发展和消亡的时期。殷墟甲骨文标志我国有文字可考历史的开始,甲骨卜辞则说明了当时凡事必卜的史实。这种迷信鬼神的思想,也反映在"殷人尊神,率民以事神,先鬼而后礼"中。当时的道德观念还没有成为相对独立的意识形态;周代商,"皇天无亲,唯德是辅"的思想产生,周人不再一味凭借天神保佑,而是注重人事,把"德"作为获得天命的基本前提,相对独立的道德意识和道德观念由此产生。

第二章　道德影响力的渊源传承

西周末年,礼崩乐坏,奴隶制道德逐渐解体。春秋战国,百家争鸣,中国封建伦理思想全面产生。

中国第一位伦理思想家孔子,创立了以"仁"为核心的儒家伦理道德思想体系。"仁"不仅是孔子的最高理想、评价人的最高标准,而且是一种人生的最高境界。代表精神境界的"仁"内涵有二:其一,"仁者爱人"。其二,"仁"是忠恕的合体,"忠"尽己之心以爱人,"恕"推己以爱人。"为仁由己"是行仁的原则。孟子"道性善、言必称尧舜",其性善论为儒家伦理奠定了心性本体的道德根基,并生发了"养气""存心""尽心、知性、知天"的修养理论以及仁政的政治伦理观。荀子提出"人之性恶明矣,其善者伪也"的"性恶论"和"化性起伪"的道德教育理论,以及"隆礼尊贤而王,重法爱民而霸"的政治伦理观。

中国第一位哲学家老子,开创了以"道"为最高范畴的思想体系。老子的"道"不仅是宇宙的本原、本体,而且是人的意义、价值和伦理道德的本体。道德修养以"道"为最高价值根据和标准,"涤除玄览"和"以道莅天下",分别是达到"玄同于道"的人生理想和"小国寡民"的政治理想的手段。庄子发展了老子的人生哲学,提出了"天地与我并生,而万物与我为一"的道德境界和"心斋""坐忘"的道德修养理论。同时,道家对儒家伦理道德进行了批判,提出"夫礼者,忠信之薄而乱之首也"的主张❶。

除儒、道两家外,墨家、法家、名家、兵家、农家、阴阳家等均对伦理道德问题进行了或多或少的探讨,不同程度地对古代伦理思想的发展做出了贡献。吸取秦亡教训,汉武帝采纳董仲舒"罢黜百家、独尊儒术"的建议。董仲舒承续儒家道德传统,批判吸收墨家天志天命思想以及阴阳家阴阳五行学说,创立了以"天人感应"和"性三品"为基础、以"三纲五常"为核心内容的封建伦理思想体系。此后,谶纬神学发展,孔子逐渐被神化,儒家伦理神学化。经王充"疾虚妄"的批判,封建道德神学破产。

适应魏晋门阀士族地主阶级统治以及当时知识分子立命安身的需要,玄学家调和儒道,以改造过的道家哲理,论证或补充儒家的伦理学说。从"名教本于自然"到"名教不离自然"再到"名教即自然"即反映了这一努力。而视"六经为芜秽""仁义为腐臭""人性以从欲为欢"的玄学"异端",则从另一方面补充了玄学的道德体系。

继玄学之后,佛教流行于世。佛教伦理是以众生皆"苦"为理论出发点,以成佛为最高理想追求,以八正道、三学和六度为解脱方法的伦理思想体系。佛教众生平等、出家修行等观念与儒家纲常伦理观念一开始是相互对立的。随着二者逐步融合,佛教逐渐形成调和儒家伦理、宣传忠孝的中国佛教伦理学说。韩愈站在世俗的立场上极力排佛,提出"性三品"说和道统论对抗佛教的"佛性说"和法统说。由于没有从世界观的高度、没有深入佛教思想内部进行批判,故而没能驳倒思维精密的佛教。

为弥补儒家重伦理实践、轻形上论证的不足,宋明理学接续儒家伦理、吸纳佛老哲理,建构了"心""理"为道德本体、以儒家圣人为理想人格、以仁义礼智为伦理规范、以

---

❶ 许春华:《天人合道:老子哲学研究》,人民出版社2013年版,第90页。

存理灭欲为道德原则和以"主敬""立诚"为修养实践的伦理思想体系。宋明理学是我国古代伦理道德成熟完备的标志。明末清初,"天崩地解",出现李贽"吃饭穿衣,即是人伦物理"的观点;黄宗羲"为天下之大害者,君而已矣"的看法;王夫之"人欲之大公,即天理之至正","人欲之各得,即天理之大同"的观念;和戴震"归于必然,适完其自然"的主张,均是对理学的批判。理学受到新道德观念的挑战,渐趋没落。

在近代,由于民族和社会危机的加深,以及西方伦理思想的冲击,代表不同阶级阶层的伦理思想不断涌现。地主阶级改革派"以实事程实功"的功利主义,农民阶级朴素的平等观念和"四海为家"的社会理想,资产阶级对自由、平等、博爱的中国式阐发等,反映了封建伦理的衰落和近代中国资产阶级试图建构资产阶级道德伦理的努力。

二、中国传统文化中关于道德的基本观念

在古代中国,从孔子的"天生德于予",孟子的"性善论",到墨子的"染于苍则苍,染于黄则黄。"(《墨子·所染》),从春秋时期政治家"道德当身,不以物惑"到西汉学者戴圣的"富润屋,德润身",可以看出传统道德与人的物质生活和精神生活的密切相关。一方面是行为处事的社会道德规范,另一方面是个人道德修养的境界。

在中国文化传统中,道与德,既相互区别,又互相联系,两者是互通的。道是事物发展的普遍规律,德在很多时候表现为事物的特殊性,即万物的特殊之道,它是天道在各个特殊事物方面的具体化。万物的良性运行或存在,就取决于它们是否遵循各自的潜在之道或潜在之德。如果万物遵循其潜在之道运行,那么大道就流行于世,世界因此会成为一个和谐统一有序运行的整体。以此类推,人道就是天道在人类生活中的具体化,天道在人身上的表现就是人的德性。人的德性的培育涵养,会使其生活遵循其所植根的天道,从而过上一种有意义的和真正的生活,这就是道德修养。

中国文化传统认为,人的德性源于天道,但它必须通过长期的学习、实践培育、涵养才能实现。孟子的德性四端理论,肯定了人的德性有一个自然本性的基础,正因为这个基础,才为人们提供了被训练为德性主体的前提。但这种自然本性基础必须和自身的学习、实践相结合,经过"如切如磋,如琢如磨"的修养过程,在修养主体持续不断的自我努力的实践中,才能得以生长、发展和完善。

中国文化传统认为,个人道德修养的终极目标是拥有德性,即把人自身的原始本性升华为德性品格,使自己成为一个道德高尚的人。在中国人看来,只要一个人拥有德性,他的生命甚至在没有机会和条件运用德性的情况下,也一样闪烁着光辉。比如中国古代的孔子,其实是一个终身不得志的读书人,备受挫折和贫困,有时甚至陷于绝境,可以说就是一位怀才不遇的悲剧人物。但他凭着对传统文化和民众的责任感,凭着自己的乐观主义的人生观,始终不懈地努力,以极大的精神力量克服千难万险,终成一代宗师、千古圣人;还有如孔子的学生颜回,他虽然缺乏外在条件(贫穷、早逝),但因为他自始至终保持了一种崇高的精神气节,甚至在极端环境下也能不改其志。颜回乐贫,其根源就来自对拥有德性;颜回早逝,历史上没有留下属于他的伟大功绩,但他

仍像禹、稷、孔、孟等圣王圣哲一样光照千古。

当然，中国传统道德修养理论与实践在强调个人拥有德性的同时，也很重视个体的道德修养如何转化为具体的行为实践。道德实践精神也是道德修养所追求的重要目标，是道德修养完整性、有效性的具体体现。因为在中国传统的道德修养理论与实践中，知行合一是道德修养的内在要求。圣人君子并不仅仅是追求心性道德的完美，更重要的是由"内圣"而"外王"，由个人的道德修养实践拓展到治国平天下的社会领域。道德实践活动，就是将仁、义、礼、智、信等内在的道德品质要素，扩展运用于社会生产和生活实践，最大限度地贡献于国家、社会，并影响他人。这是个人道德修养的逻辑终点，也是检验道德修养效果的客观依据。

中国文化传统认为，道德修养首先是一个内向化地审查自身的过程，即自省的过程。它能使个体超越平庸，培养自己的内在涵养和价值，通过修养赋予道德自主性和内在的尊严，给自己带来内在的宁静、融洽、力量和信心。"君子坦荡荡，小人长戚戚"，就是说一个有修养的人乐享心灵的充实和宁静，不会因为贫穷、失意、不幸等等因素而感到烦恼、恐惧与内心冲突，能够在十分拮据贫困的环境下生存。颜回"一箪食，一瓢饮，在陋巷，人不堪其忧，回也不改其乐"的安贫乐道精神，正是这种精神的具体表现。

当然，中国文化传统虽然反复强调内省，但这并不表示个人的修养能够独立于社会关系之外，儒学强调的"仁"，就是两人以上的一种社会关系。比如《论语·学而》："吾日三省吾身：为人谋而不忠乎？与朋友交而不信乎？传不习乎？"虽然强调的是自省，但所省的内容全是涉及人与人的相互关系。孟子所说"四端"，预设了一个社会背景，为了使个体成长为一个有德性品格的人，四端必须完备。但它们只能在一个具有引导人际关系规范的社会中才能得以成长。这些引导人际关系的规范，在中国文化传统中被称为"礼"，即每一时代社会成员全体的行为类型、风俗习惯、制度规范和生活方式。

三、中国传统道德影响力的主要主张

中国传统伦理思想内容丰富，尽管不同阶级阶层建构自己伦理道德体系的侧重点不同，但是，其主要内容可概括为以下几个方面：

第一，关于人性善恶的问题。人性问题是每一个伦理学家都必须面对和回答的问题，围绕人性善恶的探讨，在中国传统伦理思想史上形成了多种观点，大致有以下几种：其一是以孟子为代表的"性善论"，认为仁义礼智是人先天固有的本性，"仁义礼智，非由外铄我也，我固有之也"[1]。其二是以荀子为代表的"性恶论"，认为好利多欲是人之性，人性本恶，而仁义礼智是后天形成的结果。其三是性无善恶论。包括以告子为代表的认为人性本无善恶的"性无善恶说"，和以庄子为代表认为人性无法用善恶界说的"性超善恶说"。其四是性有善恶论。以扬雄为代表主张"善恶混"的"性兼

---

[1] 刘世宇：《情感与秩序——以先秦儒家思想为中心》，人民出版社2018年版，第21页。

善恶说",和以王充、韩愈为代表的"性有善有恶说",认为有的人性善,有的人性恶。尽管中国传统人性论的观点多样,但大都以人性为区分人兽标准,以道德性为人性的主要内容,从而使传统伦理道德在人性中找到了根据。人性论作为传统伦理道德的基础,成为伦理思想家建构其道德体系的出发点。

第二,关于道德理想和道德修养问题。道德理想和道德修养,尤其是理想人格及其塑造是伦理道德思想的重点和归宿。尽管中国不同派别的传统伦理思想家对道德理想及其实现的设想不同,但是成为"圣人"却是大多数思想家共同的人格理想,"圣人的人格,是内圣外王的人格"❶。儒家以"修己以安人""修其身而天下平"等作为圣人的标准,以"内省""自省""自讼""克己""寡欲"和"养气"等为修养成圣的方法。道家以"玄同于道""同于大通""天地与我并生,而万物与我为一"为圣人内涵,以"专气致柔""致虚守静""涤除玄览""心斋""坐忘"为修道成真的手段。佛教以"佛"为圣,以成佛为最高理想追求,以"三学""六度""八正道"为解脱成佛的途径。传统的道德修养理论,把理想人格作为最高的道德追求和修养目标,不断引领人们提升自己的道德品位;把道德修养作为达到人格理想的手段,实际是一个反求诸己、修养身心的过程,是不断克制欲望、超越自我的过程。中国传统的道德理想和修养理论对中华民族文化传统及其心理构成,均产生了广泛而深远的影响。

第三,关于道德起源、本质和作用问题。有人认为道德根源于本体道,老子说"孔德之容,惟道是从"。有人认为道德本于天命、天意,如孔子说"天生德于予"和董仲舒认为"道之大原出于天,天不变,道亦不变""王道之三纲,可求于天"。有人认为道德源自人先天固有的"良心"或"良知",如孟子的"仁义礼智,非由外铄我也,我固有之也",王阳明的"良知者,心之本体""心外无义,心外无善"等。有人认为道德起源于人类社会生活的需要,如荀子认为礼义起源人类生存和社会的需要。王夫之、戴震等则认为,道德根源于物质性的气。还有人认为道德永恒不变,有人认为道德会顺应时势变化。对于道德的社会作用,儒家历来十分重视,认为求善与求真是一个过程的两个方面,道德是获得知识的重要条件;道德是修身、齐家、治国、平天下的重要手段,身、家、国一体,修身治国同理,身修而天下平。道家虽然对儒家伦理持批判态度,但其对"无为"和"真朴"的执着,对"自然"和"道"的效法,其实这是另一种道德理论,与儒家伦理共同构成了中国传统伦理的两翼,支撑着不同境遇人们的精神生活。

第四,道德原则和道德规范问题。不同流派的伦理思想体系,有着不同的道德原则和规范,即使同一派别内部的道德原则和规范也不尽相同。如同属儒家,孔子以"仁"为道德原则,以"孝、悌、忠、信、礼、义"等为主要的道德规范。孟子则以仁义礼智为天赋的本性,为道德的根本原则。董仲舒则建立了"三纲五常"的伦理道德规范,使儒家伦理道德规范体系化。道家以"无为"为原则,以不争、谦退、柔弱、真、朴、清净等为道德规范。墨子以"兼爱"为道德原则,以"尚贤、尚同、节用、非攻"为道德规范。在

---

❶ 柴文华:《中国哲学史学史》,人民出版社2018年版,第128页。

中国传统伦理思想史上,各派围绕"义利"关系、"理欲"关系、"志功"关系等展开过论争。在义利之辩中,义一般指仁义道德,利指利益和功利。儒家的义利观是尚义反利,如孔子提出"君子喻于义,小人喻于利"观念,董仲舒提出"正其谊不谋其利,明其道不计其功"著名论断。道家对义利均持否定态度,认为"为道者日损,损之又损,以至于无为,无为而无不为"❶。总之,对人生各种伦理道德问题和道德冲突的思考和探索,虽然提出的答案不同,但都能给我们以不同程度的启示,使我们在面对同样问题时能够得到前人的启迪。

以上四个方面,虽然并不能完全概括我国所有伦理学派的观点,但是对构成中国传统伦理的儒释道三家均有不同程度的涉及。把握这些主要方面,对我们理解传统伦理道德有着重要的意义。同时,我国古代人民在道德实践中,也丰富了古代道德传统。例如古代的爱国主义传统,从屈原到岳飞、文天祥、林则徐等,像一条红线,贯穿于我国历史。

四、中国传统道德影响力的主要精髓

伦理道德是中国传统文化中最成熟最重要的部分,中国古代的经济、政治、文学、艺术、宗教等无不打上道德的烙印。正确对待中国传统伦理道德,必须首先对其进行分析,只有这样才能准确而深入地把握其特点,才能弃其糟粕、取其精华,从而对其进行现代转化。从总体上看,中国传统伦理道德主要有以下几个特点:

第一,强调人伦关系,推崇人伦价值。在以家庭为本位、以家国同构为特征的古代社会,人伦关系特别是父、母、兄、弟、子的关系是中国人最主要的社会关系,"父义、母慈、兄友、弟悌、子孝"的伦理价值,成为必须遵守的家庭伦理要求。君臣、师徒、朋友关系被看作家庭关系的延伸,他们之间的道德要求被看作是家庭伦理的扩展。孔子提出"事父母,能竭其力;事君,能致其身;与朋友交,言而有信"。孟子发挥这一思想,提出"父子有亲,君臣有义,夫妇有别,长幼有序,朋友有信"❷。这些都是儒家对封建社会人伦关系及其价值的概括和推崇。尽管儒家伦理道德抹杀了人的独立人格,为封建等级制度服务,但从总体上看,中国传统道德,重视以家庭血缘关系为基础的人伦关系,推崇以"孝"为核心的人伦价值,有利于增进人们的家庭和社会责任感,有利于社会的安定和良性发展。

第二,强调仁爱原则,注重人际和谐。正如前面所说,孔子创立了以"仁"为核心的伦理道德体系,"仁"不仅是最高的道德理想,还是评价人的最高标准,"仁者爱人"和"忠恕"是"仁"的主要含义。"爱人"就是把人看作同类,具有同构性,人应该以自己的感受推断他人的感受,应该关心他人、爱护他人,就像爱护自己一样。此后,儒家后学对孔子"仁爱"思想多有发挥,如孟子的"人性善"思想和理学家对他们思想的继承和发挥等。在"仁爱"的基础上,中国传统道德特别强调人际关系和社会关系的和

---

❶ 卿希泰、詹石窗:《中国道教通史》第一卷,人民出版社2020年版,第96页。
❷ 吴育林:《当代中国价值问题与价值重构》,人民出版社2014年版,第30页。

谐。无论是儒家还是道家,都推崇"以和为贵",为了达到人际和社会的和谐,儒家尤其强调"克己""推己",道家则强调"和光同尘"和柔顺退让等。这些对于协调人际关系,维护社会稳定,都有重要意义。

第三,追求精神境界,重视道德修养。中国传统伦理思想对精神境界、对人的道德品质非常重视,认为道德是人与兽的区别,道德品质越高,人格就越完善,境界就越高。不同的伦理思想家对精神境界的论述不同,如儒家的"仁"的境界,道家的"道"的境界,佛教"佛"的境界等。为达到理想境界,中国传统伦理特别强调道德修养和道德教育,认为只要进行道德修养,去除邪念,发扬善性,就能达到理想的道德境界。为此,传统的伦理思想家十分重视对道德的践履,注重道德理论和道德实践、道德认识和道德行为的统一,他们提出了许多关于修养的方法,如"慎独""修身""养性""正身""养心"等以及关于"致知""致良知"等主张,都注重道德主体的能动作用,注重对道德主体自身的省察克制,注重知行合一。这些对于道德规范的落实,对于人们道德品质的提升,具有积极的意义。

第四,认同家国一体,弘扬爱国主义。中国古代社会是一个以血缘家庭为本位的社会,家庭和国家被看作同构的整体。国家被看作一个大家庭,家庭被视为国家的缩影,家庭应遵循的伦理规范,同时被用来治理国家,伦理是一种政治伦理,政治是一种伦理政治。在这种背景下,传统伦理道德特别强调国家和民族的整体利益,强调个人及家庭利益应服从国家和整体利益。为了民族和国家,一个人应该"国而忘家、公而忘私""尽忠报国""舍生取义"。在这种精神的影响下,无数仁人志士都以实践这一精神为毕生的追求,如"鞠躬尽瘁、死而后已"的诸葛亮,"先天下之忧而忧,后天下之乐而乐"的范仲淹,"苟利国家生死以,岂因祸福避趋之"的林则徐。中华民族的这种先公后私、先国后家的精神,是爱国主义精神的基础和重要组成部分,是中华民族凝聚力的来源。自古以来,无数革命志士、爱国志士前仆后继,抛头颅、洒热血,为了民族和国家的利益不惜牺牲生命,就是这一精神的体现。虽然当时这种精神是为封建君主、封建国家、封建制度服务的,但是,在新的形势下,特别是改革开放条件下,对这一精神进行扬弃,使其完成现代转化,有着特别重要的现实意义。

综上所述,中国传统伦理道德的四个基本特征是一个不可分割的整体,共同构成中华民族伦理精神的大厦,是使中华民族屹立于世界民族之林的精神支柱之一。

第二节 道德影响力的哲学基础和思想指导

马克思主义伦理思想是马克思和恩格斯在无产阶级作为独立的政治力量登上历史舞台后,适应无产阶级反对资产阶级斗争的需要,在创立马克思主义哲学、政治经济学和科学社会主义的同时,概括总结无产阶级的新道德因素,扬弃历史上的伦理思想,批判当时反科学的伦理思想而创立。作为科学的、革命的伦理道德思想,马克思、恩格斯、列宁等无产阶级革命家都为其形成和发展做出了重大的贡献。

一、马克思主义革命道德思想的诞生

马克思主义的伦理道德思想是适应用革命的伦理道德思想武装工人阶级,进行反资产阶级斗争的需要中创立的。《1844年经济学哲学手稿》作为马克思的早期著作,虽然表述了马克思早年正在形成中的思想,但已经包含了马克思科学的、革命的伦理思想的萌芽。此后,在《神圣家族》《英国工人阶级状况》《德意志意识形态》等一系列著作中,马克思、恩格斯对资产阶级、小资产阶级错误的伦理思想进行了批判,对道德的经济基础和阶级性、历史性等问题进行了科学的揭示。在《反杜林论》中,恩格斯在批判小资产阶级社会主义者杜林理论的过程中,对道德的社会本质、历史类型、阶级性和人类性的关系和道德研究方法等进行了阐述。在《家庭、私有制和国家起源》和《路德维希·费尔巴哈和德国古典哲学的终结》中,恩格斯又进一步阐发了道德起源、道德与经济的关系和道德发展的辩证法等理论。这样,在对科学的伦理道德思想不断丰富的过程中,马克思和恩格斯提出和解决了一系列伦理道德的根本问题,实现了伦理道德的革命性变革,初步奠定了无产阶级道德观的伦理基础。从此,科学的、革命的马克思主义伦理思想诞生。

马克思和恩格斯伦理道德的主要内容有以下几个方面:

第一,在基本理论方面,实现了对伦理理论的革命性变革,科学揭示了道德的经济基础和阶级性、历史性的特点。马克思和恩格斯认为:道德和其他意识形态一样,由一定经济基础决定,"每一社会的经济关系首先是作为利益表现出来的"❶"'思想'一旦离开'利益',就一定会使自己出丑"❷。这标志着马克思和恩格斯对道德经济基础问题的科学解决。道德具有阶级性,在阶级社会中,人们在社会经济结构中处于不同的地位,因为不同的阶级利益而会产生出不同的道德观念、道德情感和道德规范体系。同时,道德还具有历史性,道德是一个历史范畴,有一个产生、发展和消亡的过程。"只有在不仅消灭了阶级对立,而且在实际生活中也忘却了这种对立的社会发展阶段上,超越阶级对立和超越这种对立的回忆的、真正人的道德才成为可能。"❸

第二,在道德规范方面,马克思和恩格斯通过批判腐朽没落的旧道德和总结无产阶级在革命运动中所表现出来的新道德,使得无产阶级的革命道德规范得以初步确立。他们认为,无产阶级道德与资产阶级道德相比,是完全不同的崭新的革命的道德。与个人主义和拜金主义为主要内容的资产阶级道德原则不同,无产阶级道德是以集体主义为原则,以团结奋斗、大公无私、英勇斗争、不怕牺牲为主要内容。无产阶级的革命道德是无产阶级把握世界的特殊方式,是无产阶级认识、改造世界的锐利武器。

第三,在道德教育和道德实践方面,马克思和恩格斯十分重视道德教育和道德实

---

❶ 马克思、恩格斯:《马克思恩格斯选集》第二卷,人民出版社2008年版,第537页。
❷ 中共中央马克思恩格斯列宁斯大林著作编译局:《马克思恩格斯全集》第2卷,人民出版社2020年版,第103页。
❸ 马克思、恩格斯:《马克思恩格斯选集》第三卷,人民出版社1972年版,第134页。

践的作用,强调用科学的、革命的道德观来教育和武装无产阶级和广大劳动人民,发挥革命道德对无产阶级革命运动的指导作用。因此,马克思和恩格斯认为,发挥道德对无产阶级革命的指导作用,必须结合革命实践,反对道德决定论;必须在全党开展思想道德教育和作风建设,用无产阶级的革命道德观武装工人阶级政党,使每个党员都真正树立和保持无产阶级的优良道德品质;必须通过规范化的道德建设,用革命道德规范来约束官员的权力,使官员在规范和制度允许的范围内履行自己的职责;必须通过革命道德的教育和实践,消除和克服残存在无产阶级和广大人民群众身上的落后、腐朽的道德意识和道德行为,培养和造就具有崇高的无产阶级道德品质的一代新人。

总之,马克思、恩格斯通过对资产阶级、小资产阶级道德的深刻批判,通过对无产阶级革命运动中表现出来的新的道德品质的总结,确立了马克思主义的科学的革命道德观,为无产阶级和广大人民提供了认识和改造世界、获得自身解放的锐利武器。

二、列宁对马克思主义伦理道德的发展

在新的历史条件下,列宁继续批判各种资产阶级、小资产阶级道德思想和总结无产阶级的新道德,继承、发展和捍卫了马克思主义革命道德理论,并积极开展社会主义和共产主义道德建设活动,在理论和实践上把马克思主义伦理道德建设均推进到了一个新的高度。

在《什么是"人民之友"以及他们如何攻击社会民主党人》《伟大的创举》《青年团的任务》等著作中,列宁进一步阐述了道德的许多重要理论问题,丰富了马克思主义的伦理思想,其主要内容如下。

(一)确立了无产阶级道德建设的基本原则和主要任务

列宁依据当时国内国际的形势,分析了意识形态领域无产阶级思想和资产阶级思想斗争的必然性和长期性。认为"旧社会灭亡的时候,它的死尸是不能装进棺材、埋入坟墓的。它在我们中间腐烂发臭并毒害我们"❶。剥削阶级的意识形态不会甘心退出历史舞台,尤其是传统的风俗、习气,利己主义和小生产者自发的资本主义倾向等腐朽思想,还会在各个方面侵蚀人们的头脑。工人阶级和广大人民群众还不可避免地受到这些腐朽思想的毒害和熏染。为了抵制腐朽思想的侵蚀,为了实现、巩固和维护无产阶级的根本利益,必须加强共产主义道德建设,大力提倡和发扬共产主义道德。列宁把服从和服务于无产阶级的根本利益作为马克思主义道德建设的根本方针,他说:"我们的道德建设完全服从无产阶级斗争的利益。"❷为了维护无产阶级革命和斗争的利益,为了巩固和捍卫无产阶级的政权,必须把改造人们的世界观作为首要和根本的任务,必须批判和克服资产阶级、小资产阶级的腐朽思想,破除封建主义的旧传统、旧道德,进行共产主义教育,培养和造就用科学的世界观武装的、具有共产主义觉悟和革

---

❶ 郑东艳:《列宁文化观研究》,人民出版社2017年版,第240页。
❷ 列宁:《列宁全集》第39卷,人民出版社2017年版,第338页。

命道德品质的一代新人。

(二)阐述了无产阶级道德建设的基本内容

在列宁看来,几千年形成的旧道德和旧习惯,越来越成为人们前进道路上的思想障碍,必须在无产阶级革命和建设的实践中,教育和引导广大人民群众,批判和战胜资产阶级及其他一切腐朽思想的侵蚀,锻炼自己、改造自己,不断提高自己的觉悟;必须用科学的无产阶级革命道德改造人们的旧的道德观念,抛弃"人人为自己,上帝为大家"的自私恶习,而代之以"人人为我,我为人人"的原则。列宁提倡和发扬共产主义道德,提出必须善于发现、系统总结并积极推广无产阶级在革命和建设中不断涌现的共产主义道德幼芽。1919年5月,他发现并高度评价了"共产主义星期六义务劳动"的创举,视之为共产主义的开端。1920年10月列宁第一次提出了"共产主义道德"的概念,并论述了它的产生、发展及其与其他道德类型的区别,阐明了共产主义道德的基础、原则和某些规范,强调了开展共产主义道德教育的重大意义和方法。列宁认为共产主义道德是为了摧毁旧社会,把全体劳动者团结到无产阶级周围,创立共产主义社会服务的;"人人为我,我为人人"是这一道德的原则;广泛开展共产主义道德教育是占领意识形态阵地的重要手段。他认为对青年的培训应贯彻共产主义道德教育,"应该使培养、教育和训练现代青年的全部事业,成为培养青年的共产主义道德的事业"❶。

(三)提出了道德建设的具体途径和方法

为了更好地进行共产主义道德教育和建设,列宁提出了一些具体的途径和方法。列宁认为共产主义道德建设必须与群众实践相结合。如在革命和战争时期,要同无产阶级反对资产阶级、夺取政权的斗争结合起来;在社会主义建设时期,要同社会主义经济建设相结合。共产主义道德建设要与经济利益相结合,"如果你不善于把理想与经济斗争参加者的利益密切结合起来……那么,最崇高的理想也是一文不值的"❷。列宁还提出共产主义道德建设必须与制度建设相结合,强调共产主义道德建设和教育必须贯彻灌输和榜样相结合的原则,指出社会主义思想和政治觉悟必须由无产阶级先锋队灌输到无产阶级和广大群众中。同时,也要注重榜样的力量,通过树立好的榜样来带动共产主义道德的建设。

列宁关于共产主义道德本质和共产主义道德教育和建设意义的论述,关于共产主义道德建设必须与无产阶级斗争实践相联系的观点,是对马克思主义科学的、革命的道德理论的继承和发展,是无产阶级和广大人民群众为共产主义事业而奋斗的重要思想武器。

第三节 道德影响力的战略举措和价值定位

习近平总书记强调:"一个民族、一个人能不能把握自己,很大程度上取决于道德

---

❶ 列宁:《列宁选集》第39卷,人民出版社2017年版,第338页。
❷ 列宁:《列宁全集》第1卷,人民出版社2013年版,第359页。

价值。如果我们的人民不能坚持在我国大地上形成和发展起来的道德价值,而不加区分、盲目地成为西方道德价值的应声虫,那就真正要提出我们的国家和民族会不会失去自己的精神独立性的问题了。如果没有自己的精神独立性,那政治、思想、文化、制度等方面的独立性就会被釜底抽薪。"❶社会主义道德是在无产阶级自觉建立的纯朴的思想道德基石上,以马克思主义的世界观为指引,由无产阶级自觉培育出来的道德;是以为人民服务为核心,以集体主义为原则,以诚实守信为关键,以社会主义公民基本道德规范和社会主义荣辱观为重要内涵,以代表无产阶级和广大劳动人民根本利益和长远利益的先进道德体系。干部的道德建设和道德修养,都应当纳入社会主义道德体系之中,同时要体现中国特色社会主义的体制要求。

一、我国道德影响力建设的主要战略举措

一是提出"以德治国"方略。2001年1月10日,江泽民同志在全国宣传部长会议上的讲话中强调指出:"我们在建设有中国特色社会主义,发展社会主义市场经济的过程中,要坚持不懈地加强社会主义法治建设,依法治国,同时也要坚持不懈地加强社会主义道德建设,以德治国。"❷"以德治国"是以江泽民同志为核心的党的第三代中央领导集体在我国经济社会步入新世纪时所提出的治国方略,是在深刻总结国内外治国经验的基础上做出的科学论断,是对马列主义、毛泽东思想、邓小平理论的重大发展。江泽民同志指出:"法治属于政治建设、属于政治文明,德治属于思想建设、属于精神文明。二者范畴不同,但其地位和功能都是非常重要的。我们应该始终注意把法治建设与道德建设紧密结合起来,把依法治国与以德治国紧密结合起来。"❸在回顾总结改革开放以来道德建设实践的基础上,党的十六大将"坚持物质文明和精神文明两手抓,实行依法治国和以德治国相结合"❹,列入"党领导人民建设中国特色社会主义必须坚持的基本经验"❺之一。

二是实施新时代公民道德建设实施纲要。2019年10月27日,中共中央、国务院印发了《新时代公民道德建设实施纲要》。要求以习近平新时代中国特色社会主义思想为指导,紧紧围绕进行伟大斗争、建设伟大工程、推进伟大事业、实现伟大梦想,着眼构筑中国力量、中国精神、中国效率,促进全体人民在理想信念、价值理念、道德观念上紧密团结在一起,在全民族牢固树立中国特色社会主义共同理想,在全社会大力弘扬社会主义核心价值观,积极倡导富强、民主、文明、和谐,倡导自由、平等、公正、法治,倡导爱国、敬业、诚信、友善,全面推进社会公德、职业道德、家庭美德、个人品德建设,持续强化教育引导、实践养成、制度保障,不断提升公民道德素质,促进人的全面发展,培

---

❶ 中共中央文献研究室:《习近平关于社会主义文化建设论述摘编》,中央文献出版社2017年版,第139页。
❷ 江泽民:《江泽民文选》第三卷,人民出版社2006年版,第200页。
❸ 徐宗华:《现代化的政治文化维度》,人民出版社2007年版,第377页。
❹ 王伟光、朱满良、杨信礼:《社会主义通史》第8卷,人民出版社2011年版,第569页。
❺ 人民出版社:《中国共产党第十六次全国代表大会文件汇编》,人民出版社2002年版,第10页。

养和造就担当民族复兴大任的时代新人。

坚持马克思主义道德观、社会主义道德观,倡导共产主义道德,以为人民服务为核心,以集体主义为原则,以爱祖国、爱人民、爱劳动、爱科学、爱社会主义为基本要求,始终保持公民道德建设的社会主义方向。坚持以社会主义核心价值观为引领,将国家、社会、个人层面的价值要求贯穿到道德建设各方面,以主流价值建构道德规范、强化道德认同、指引道德实践,引导人们明大德、守公德、严私德。坚持在继承传统中创新发展,自觉传承中华传统美德,继承我们党领导人民在长期实践中形成的优良传统和革命道德,适应新时代改革开放和社会主义市场经济发展要求,积极推动创造性转化、创新性发展,不断增强道德建设的时代性实效性。坚持提升道德认知与推动道德实践相结合,尊重人民群众的主体地位,激发人们形成善良的道德意愿、道德情感,培育正确的道德判断和道德责任,提高道德实践能力尤其是自觉实践能力,引导人们向往和追求讲道德、尊道德、守道德的生活。坚持发挥社会主义法治的促进和保障作用,以法治承载道德理念、鲜明道德导向、弘扬美德义行,把社会主义道德要求体现到立法、执法、司法、守法之中,以法治的力量引导人们向上向善。坚持积极倡导与有效治理并举,遵循道德建设规律,把先进性要求与广泛性要求结合起来,坚持重在建设、立破并举,发挥榜样的示范引领作用,加大突出问题整治力度,树立新风正气、祛除歪风邪气。

要把社会公德、职业道德、家庭美德、个人品德建设作为着力点。推动践行以文明礼貌、助人为乐、爱护公物、保护环境、遵纪守法为主要内容的社会公德,鼓励人们在社会上做一个好公民;推动践行以爱岗敬业、诚实守信、办事公道、热情服务、奉献社会为主要内容的职业道德,鼓励人们在工作中做一个好建设者;推动践行以尊老爱幼、男女平等、夫妻和睦、勤俭持家、邻里互助为主要内容的家庭美德,鼓励人们在家庭里做一个好成员;推动践行以爱国奉献、明礼遵规、勤劳善良、宽厚正直、自强自律为主要内容的个人品德,鼓励人们在日常生活中养成好品行。

三是树立社会主义荣辱观。2006年3月4日,胡锦涛同志在全国政协十届四次会议期间发出"树立社会主义荣辱观"的号召。在全面建设小康社会和构建社会主义和谐社会的伟大进程中,树立和践行社会主义荣辱观,对于培养公民的高尚品质,树立良好的社会道德风尚,创造安定和谐的社会环境,促进经济社会健康发展,具有十分重要的战略价值。胡锦涛同志指出:"坚持以热爱祖国为荣、以危害祖国为耻,以服务人民为荣、以背离人民为耻,以崇尚科学为荣、以愚昧无知为耻,以辛勤劳动为荣、以好逸恶劳为耻,以团结互助为荣、以损人利己为耻,以诚实守信为荣、以见利忘义为耻,以遵纪守法为荣、以违法乱纪为耻,以艰苦奋斗为荣、以骄奢淫逸为耻。"[1]以"八荣八耻"为主体内涵的社会主义荣辱观,是我们党站在加快推进社会主义现代化建设的新高度上,把发展社会主义先进文化摆在突出位置,为提高人的整体素质、推动人的全面发展,强化思想道德建设,培育有理想、有道德、有文化、有纪律的社会主义公民而作出的

---

[1] 高兆明等:《荣辱论》,人民出版社2010年版,第95页。

重要指导。

  四是把道德建设纳入社会主义核心价值体系。构建社会主义核心价值体系,是党的十六届六中全会在思想道德文化建设上的一项重大理论创新,是我们党深刻总结历史经验、科学研判当前形势后,提出的一项重大任务。在党的十六届六中全会通过的《中共中央关于构建社会主义和谐社会若干重大问题的决定》(简称《决定》)中,关于"社会主义核心价值体系"部分是以"建设和谐文化,巩固社会和谐的思想道德基础"为标题的,这就凸显了思想道德对巩固社会和谐的基础地位。《决定》对道德建设的概括相当富有新意:"坚持依法治国与以德治国相结合,树立以'八荣八耻'为主要内容的社会主义荣辱观,倡导爱国、敬业、诚信、友善等道德规范,开展社会公德、职业道德、家庭美德教育,加强青少年思想道德建设,在全社会形成知荣辱、讲正气、促和谐的风尚,形成男女平等、尊老爱幼、扶贫济困、礼让宽容的人际关系。"《决定》强调"弘扬我国传统文化中有利于社会和谐的内容,形成符合传统美德和时代精神的道德规范和行为规范"。《决定》基于现实主义立场,提出加强"政务诚信、商务诚信、社会诚信建设,增强全社会诚实守信意识"。"树立社会主义荣辱观,培育文明道德风尚",则被强化为道德建设的目标。

  党的十八大报告中重点突出了道德建设的重要地位,为我们进一步开展公民道德建设指明了目标和方向。其中"推进社会主义文化强国建设"部分,对我国道德建设提出的四点重要部署,是对公民道德建设提出的更为具体,并且极具操作性的方法。报告提出:"要坚持依法治国和以德治国相结合,加强社会公德、职业道德、家庭美德、个人品德教育,弘扬中华传统美德,弘扬时代新风"。有学者研究指出:党的十八大报告提出了道德修养的"四位一体"性,其作为思想上层建筑可以承古袭今。重品德与讲公德并重,充分考虑了民族文化传统与现代社会特点。党的十八大报告提出:"推进公民道德建设工程,弘扬真善美、贬斥假恶丑,引导人们自觉履行法定义务、社会责任、家庭责任,营造劳动光荣、创造伟大的社会氛围,培育知荣辱、讲正气、作奉献、促和谐的良好风尚"。公民道德建设工程,重点是抓好党员领导干部、青少年、知识分子和公众人物等关键人群的道德建设。报告中强调了良好的社会氛围和社会风尚对公民道德品质塑造的重要性。在阐述党的建设方面报告中,强调要"抓好道德建设这个基础,教育引导党员、干部模范践行社会主义荣辱观,做社会主义道德的示范者、诚信风尚的引领者、公平正义的维护者,以实际行动彰显共产党人的人格力量"❶,将道德建设深植党建领域。

  从党的十八大开始,在全面从严治党的形势下,道德修养和道德建设被赋予新时期新的重要意义。习近平总书记多次就党员干部道德修养作出重要论述、提出明确要求,对如何全面从严治党、如何加强思想建党,指出了明确的努力方向,提供了基本遵循。习近平总书记2014年在河南考察时强调:"面对纷繁复杂的社会现实,每个党员

---

❶ 十八大报告起草组:《十八大报告辅导读本》,人民出版社2012年版,第51页。

务必把加强道德修养作为十分重要的人生必修课,自觉从中华优秀传统文化中汲取营养,以严格标准加强自律、接受他律,努力以道德的力量去赢得人心、赢得事业成就。"❶习近平总书记在主持中央政治局第三十七次集体学习时也强调:"在新的历史条件下,我们要把依法治国基本方略、依法执政基本方式落实好,把法治中国建设好,必须坚持依法治国和以德治国相结合,使法治和德治在国家治理中相互补充、相互促进、相得益彰,推进国家治理体系和治理能力现代化。"❷毋庸置疑,将法治的刚性和德治的柔性结合起来,是现代国家治理的有效手段。

党的十九大报告明确要求:"深入实施公民道德建设工程,推进社会公德、职业道德、家庭美德、个人品德建设。"❸人民有信仰,国家有力量,民族才有希望。历史和现实都证明,一个国家的繁荣与强盛,一个民族的文明与进步,在很大程度上有赖于社会的思想道德水平。党的十九大对如何推进思想道德建设作出重要部署,强调要提高人民思想觉悟、道德水准、文明素养,提高全社会文明程度。弘扬民族精神和时代精神,加强爱国主义、集体主义、社会主义教育,引导人们树立正确的历史观、民族观、国家观、文化观。进一步开展公民道德建设工程,推进社会公德、职业道德、家庭美德、个人品德建设,激励民众积极向上向善、孝老爱亲,忠于祖国、忠于人民。党中央一直将强化思想道德建设作为一项极其重要的战略任务。尤其是伴随着社会发展,当中国进入中等收入阶段后期,社会道德也会相应地出现阶段性的转变。道德滑坡既是社会转型的产物,同时也是构成社会转型的障碍。从政府层面考虑,通过政府与社会的双向努力,努力形成支撑基础道德的制度支撑是努力的方向,从而改革社会治理体系,重塑社会信任。特别是加强党员领导干部的道德建设,发挥其在道德重塑,道德引领方面的影响力。

党的十八大以来,管党治党的总思路就是依法治国和依规治党相结合,德治和法治相结合,在强调法治的同时,关注领导干部的道德建设,从"三严三实"到《中国共产党廉洁自律准则》的颁布,都体现着德法相依的治理逻辑。依法治国,并不意味着让公民踩在法律的底线上,依规治党也并不意味着让党员干部踩在纪律的边界上,所以在治国治党的方略中,强化道德引领,具有深远的意义。在领导干部个人成长中强化道德引领,是干部成才发展的重要的遵循;在一个组织中,倡导道德引领以德为先,是营造政治生态的重要途径。

二、新时代领导干部道德影响力的价值定位

"政治路线确定之后,干部就是决定的因素。"❹道德影响力的高低,是衡量干部个人素质的关键标准,是党员干部队伍整体面貌的重要表现。进入新时代,党员干部要深入学习领会习近平新时代中国特色社会主义思想,从思想上对自身的政治价值、社

---

❶ 本书编写组:《领导干部"三严三实"学习读本》,人民出版社 2015 年版,第 36 页。
❷ 习近平:《习近平谈治国理政》第二卷,外文出版社 2017 年版,第 133 页。
❸ 习近平:《习近平谈治国理政》第三卷,外文出版社 2020 年版,第 34 页。
❹ 刘宝东:《百年大党是怎样炼成的》,人民出版社 2021 年版,第 107 页。

会价值、人生价值产生深刻的自觉。要善于学习和提升自身的道德修养,通过实际行动来践行自己的品格,通过同失德败德的言行做斗争来崇德向善,树立新时代的良好风气,担当起新时代赋予的光荣使命。

(一)政治价值:新时代提升党员干部道德影响力是治国理政的基础和保证

春秋时期《左传》记载,"夫令名,德之舆也;德,国家之基也"。将好名声比喻成满载美德的马车。德治工作的开展与政局稳定、国运昌盛、民风淳朴等息息相关。从本质上而言,道德是一种特殊的社会思想意识形态,具有不可替代的社会地位。任何一个社会体系的运行,都不能脱离道德的作用,而维持一个社会秩序,也必须依赖于道德。在不同的历史时期,人们对道德的规范或要求也不尽相同。中国共产党作为中国工人阶级、中国人民的先锋队,其独特的性质,使其在新时期党的领导干部思想品德建设中,必须体现出独特的政治价值取向。

首先,党员干部的品德在中国特色社会主义的经济基础和上层建筑中都起到了积极的带动作用。党的各级领导干部,不仅要是政策制定者,还是管理者、组织者。他们的精神状态、道德状态也会直接影响到工作的状态和工作的效果,与党和国家的各项工作的成功与否有着密切的联系。党员干部的道德是用来规范党员干部的思想、行为的准则,同时,它也对其他上层建筑,如政治和法律,产生了积极影响。党员道德与政治、法律一样,是一条高线,也是一条底线。它既是一条规范手段的硬约束,又是一条规范手段的软渗透。它是一种对政治与法律的公正、合序与正义进行评估与促进的动力,从而促进政治与法律的实施。因此,它对整顿吏治、净化民风有很大的影响,特别是要以党员干部的品德建设为引领来促进全社会的思想道德,这也是我党始终所坚持的干部路线的最好体现。从根本上,为国家和社会的长治久安奠定了思想道德的基础。

其次,党员干部道德是净化党员干部意识和行动的准则,它是人民群众行为约束体系、社会治理制度的一个重要组成部分,同时也是推进国家治理体系现代化的作用力之一。我国自古就有提倡"德政""仁治",强调道德教育功能的传统。"惟德治,否德乱"这一历史命题,早在《尚书》一书中就有记载。《春秋》的主旨是提倡以"以德治国"为根本,对当今社会仍然具有重要的参考价值。在长时间的道德实践中,社会的道德观念、规范、实践和评价都得到了发展和完善,逐渐形成且构建了一系列完整的道德体系和标准,在整个国家治理体系中拥有着不可或缺的作用。

在新的历史条件下,由于道德环境日趋复杂,外部环境对人的影响日益增强,一些党员干部由于"四大风险""四大考验",政治信仰发生了动摇,道德沦丧,价值判断发生了偏差,一些党员干部走向了腐败堕落的道路,影响了党执政能力的提升,以及党的先进性和纯洁性的建设,这也受到了全社会的高度重视。所以,加强党员干部的道德素质,提高他们从政的道德素养,推动社会道德发生新的变革,构建新的道德秩序,使其在推进国家治理能力、治理体系的现代化过程中更好的发挥自身的功能,成为新时代党的建设所要面对的重大课题。

最后,在精神文明建设中,党员干部的思想道德是不可或缺的内容。随着科技的飞速发展,人类对世界的认知与改造已经达到了空前的高度。但是,即使在当今科技飞速发展的时代,无论是在自然界,在社会,还是在人类自己,都有很多未知的、全新的领域,这些领域都需要科学技术和道德文化的力量去探索和回答。面对新情况,党员干部要敢于走在时代的前列,发现新形势,解决新问题;对于新知识、新理论的不断涌现,要善于走在知识的前沿,深入研究新理论,在新的技术和新的领域,要勇于探索,以新的技术去迎接新的挑战。

(二)社会价值:新时代提升党员干部道德影响力是社会道德建设的示范和导向

古往今来,无德者居之官位不作为,治理国家不昌盛。"政德隆,民德昌;政德毁,民德降,"德既是官员参与政治活动的先决条件,也是参与政治活动的依据。中国传统文化以关注道德为其"主干";在中国民族文化中以儒家学说为"主流";而历代官员,则是道德考察和关注的"主体",也是体现这个时代道德状况的重要标志。目前,道德更是各级党员干部的一个重要标准,尤其要将为公从政的道德职责和作风要求铭记在心,向道德优良者学习,只有这样,才能在整个社会中形成强大的影响力,把整个社会的道德建设提高到一个新的高度。

一是强化意识形态工作,让意识形态工作发挥"风向标"的作用。古人云:"道德不厚者,不可以使民"。党员干部的道德风貌,既关系到党和国家的形象,也关系到整个社会道德建设的实践取向。在培养党员干部的品德方面,要向全社会传递一种清晰的道德价值导向,起到引导和指引社会道德建设的作用。党的二十大提出:"培养造就大批德才兼备的高素质人才,是国家和民族长远发展大计。""实施公民道德建设工程,弘扬中华传统美德,推动明大德、守公德、严私德,提高人民道德水准和文明素养。"再次强调了道德建设的重要举措,体现了我党始终坚持干部道德建设的思想,也充分体现出了新时代党员干部队伍道德建设的特点和党的建设新要求。

二是以党员为"助推器",对全社会的道德建设产生了积极的促进作用。古代典籍《韩非子》记载:"尧为匹夫,不能治三人;而桀为天子,能乱天下。"这一论述既表明了道德对于权力的制约作用,又表明了在历史上,官吏的道德状态会直接影响到社会的公序良俗,这一点值得我们深思和总结。中国共产党作为执政党,要做到始终代表广发人民的根本利益,就要践行"'德'为为官之魂,'用权之道'"的新要求。在实现、维护、发展好广大人民群众的根本利益的同时,必须坚持以德修身,以德用权,始终保持自身清廉的品格,才能凝聚人心。

三是做好党的思想工作,做好"压舱石"。官员的道德建设,历来是一个倍受社会瞩目的话题,也是老百姓关心的话题。古往今来,大多数的统治者都把官德作为选拔人才的依据。党员干部的思想政治工作既是"风向标""助推器",又是"压舱石""定盘星",对党风政风起着重要的作用。治国之要,在于人。"关键少数",尤其是党员领导干部,其思想品德建设的情况,将直接影响到整个社会的道德建设。中国共产党自成立伊始,就把思想政治工作当作自己的"看家本领",把它当作自己的"特殊优势",来加强党的建设。

(三)个人价值:新时代提升党员干部道德影响力是个人成长进步的前提和条件

不管有多大的学问、才能或者权力,没有德行,都很难让人信服。党员干部是党和国家事业发展的骨干力量,是党和国家事业发展的引领者和主心骨。同一般人相比,我们党员干部应当有较高的道德水平。与此相适应,对党员干部的道德建设的要求也就更高、更严格。对于新时期的共产党员、干部而言,"道德"是他们终生必须面对的课题,也是他们成长进步的必然要求。

首先,德行是做人之本。人和人的交往,是建立在道德的基础上的。道德是伴随着人类文明的产生和发展而产生的。不同时期所建立起来的道德规范,尽管它们仅仅是一种具有鲜明时代色彩的非强制性约束规范,却是人们共同生活和行为的准则与规范,对社会道德风尚起着潜移默化的影响。无论何时何地,"讲道""尊道""守道"之德,始终是个体得以存在、得以发展的根本。

其次,"德"是自我修养的方式。每一位党员要大力发展社会主义新时尚,要做一个践行社会主义核心价值观念和社会主义荣辱观的模范,要把中国的传统道德发扬光大。每一位党员干部,只有从思想上认识到了提高自己品德修养的重要性,只有不断提升自身的品德修养,从而全面提升自身的素质,从而更好地迎接各种挑战。

最后,德是律己之要。"律己足以服人,量宽足以得人,身先足以率人。"❶党员干部并不是处于一个孤立的真空地带,而是面临着一个多元、多变、复杂的社会环境,不可避免地会被各种社会思想、精神文化所影响。抵抗外部的负面影响和各类诱惑,还是要靠自己的道德修养,通过长时间的自我调节、自我克制,培养出能够经受住种种磨难与挑战的坚强意志。因此,领导干部都要通过社会实践来加强自身的道德修养,不断提高自身的道德素养。

---

❶ 刘明:《大题小论》上册,人民出版社2010年版,第64页。

第三章　提升道德影响力的重要意义

注重道德修养和道德建设是中国传统文化的显著特征。道德修养作为个体道德和社会伦理秩序的准则,是中国传统文化的核心部分,对文化传承和社会治理都产生着深远的影响。做人要有道德,作为领导干部更要讲官德、讲政德。领导干部无论从其所负职责还是社会影响来看,都应该有特定的道德标准和道德追求,而这种道德修养不仅是领导干部自身发展的基石,更对社会产生直接而明显、广泛而深刻、久远而恒新的影响。

第一节　提升领导干部道德影响力是中国共产党的优良传统

建党百年以来,中国共产党团结带领全国各族人民已走过百年的辉煌历程,正阔步走在实现中华民族伟大复兴的征途中。放眼世界,正在经历百年未有之大变局,正面临错综复杂的国际国内情况。国际竞争日趋激烈,世界政治多极化、经济全球化、文化多样化、社会信息化等趋势日趋明显。网络信息化、社会思潮多元化等外来文化冲击更猛烈、渗透性更强。改革开放40多年以来,中国经济创造了奇迹,人们思想观念和思维方式等也发生了巨大转变,中国共产党及党员领导干部面临诸多新问题与新挑战。为此,新时代提升领导干部道德影响力,坚持和弘扬党的优良传统和作风,极具理论研究价值和现实指导意义。

一、中国共产党历代领导人对提升领导干部道德影响力的身体力行和理论贡献

中国共产党历代领导集体都非常重视领导干部道德建设,根据时代特征,引导领导干部提升道德影响力。秉持以德治国的执政理念,研究中国共产党引领社会道德建设实践历程,探索出不同历史时期推进领导干部道德建设的阶段性经验与特征。回顾中国共产党不同时期道德建设所坚持和奉行的道德原则,不难看出中国共产党区别于其他政党的道德先进性,以及我们党所倡导的共产主义道德的强大生命力。

新民主主义革命时期,针对当时半殖民地半封建中国的社会矛盾和落后的道德体系,中国共产党以"救国救亡"、反对三座大山压迫等社会变革为己任,明确提出中国共产党道德建设的革命新任务。然而,革命和救亡亟须中国共产党人进行革命启蒙,

以提高人民的阶级觉悟和救国救亡的参与热情,继续进行与当时中国实际相符合的革命任务和道德建设。新民主主义革命时期领导干部道德建设,主要囊括在"救国救亡"革命启蒙的政治文化活动中,不断提升自身参与救国救亡的道德觉悟和阶级觉悟。中国共产党团结带领人民完成反帝反封建和推翻官僚资本主义压迫的历史使命,并倡导和引领与其历史使命相辅而行的先进道德文化理念,最终以先进文化对社会进步的实质性推动而赢得历史和人民选择。社会主义建设初期,紧密围绕"立国"、巩固新生政权的目标,促使中国共产党道德建设步入了一个崭新阶段。

以毛泽东为主要代表的中国共产党人领导全国人民,通过新民主主义革命、社会主义革命和建设实践,逐渐形成了中国共产党人关于领导干部道德建设的创新理论和实践经验。注重理论联系实际、密切联系群众、批评和自我批评是我们党的政治优势,是加强中国共产党执政能力建设的核心要素,也是实现中国共产党全心全意为人民服务宗旨的前提条件。毛泽东不但在全党范围内倡导艰苦奋斗等优良作风,也是身体力行党的优良传统的行动楷模。从亲自开荒种菜到车辆物资分配,毛泽东都特别重视党的作风建设,反对官僚主义和贪污腐化行为。

党的十一届三中全会以后,中国共产党以博大的文化视野和宽大胸怀,深入研究和借鉴汲取古今中外的优秀文明成果,以两个文明齐抓共建为基点,稳步推动以德治国,逐步营造与中国特色社会主义市场经济、社会文明与先进文化相适应的社会道德文化体系,从而促使社会主义道德建设框架日益呈现出主流突显、层次丰富的发展格局。改革开放40多年以来,中国共产党紧密围绕经济建设为中心,大力发展中国特色社会主义市场经济,不断推动新时代中国共产党道德建设迈入新征程。

改革开放以来,中国共产党人继承和发扬实事求是、理论联系实际的优良传统和密切联系群众的优良作风,坚持不懈抓好党风建设和社会风气建设,加快推进社会主义现代化建设。党的十四届六中全会作出决定,对县处级以上领导干部进行以"讲学习、讲政治、讲正气"为主要内容的党性党风教育。2006年,以"八荣八耻"为具体内容的社会主义荣辱观,为我国公民道德建设树起了新的标杆,对加强社会主义思想道德建设产生了积极的影响。

党的十八大以来,党中央始终坚持以人民为中心的发展理念,强化党的自我革命,推动领导干部公德、政德、私德等建设,不断提升领导干部的道德影响力。党中央始终以中华民族伟大复兴为中心目标,逐渐开辟了中国共产党道德建设新境界。党的十八大报告明确要求"抓好道德建设这个基础,教育引导党员、干部模范践行社会主义荣辱观,讲党性、重品行、作表率,做社会主义道德的示范者、诚信风尚的引领者、公平正义的维护者,以实际行动彰显共产党人的人格力量"。强化和提升领导干部道德影响力建设,要建设一支德才兼备的高素质干部队伍,强调理想信念教育和补足共产党人精神之"钙",廉政建设与反腐斗争要突出道德建设的基础性作用。习近平总书记关于道德建设的新思想、新观点和新理念,作为新时代提升领导干部道德影响力的重要指导思想,指引了新时代道德建设的方向。

纵观建党百年以来中国共产党的道德建设历程,虽然不同历史时期中国共产党思想道德建设的主题和面临任务略有不同,但是贯穿于其中的"基本的、共性的理论课题或理论着力点,最主要的是围绕着如下一些课题来展开的,包括爱国主义,奋斗精神,人性与人道主义,人生观与价值观",以及全心全意为人民服务的根本宗旨、集体主义的道德原则和共产主义的理想信念等方面❶。可以说,中国共产党的百年道德建设历程总体上呈现出共性与个性的辩证统一和"变"与"不变"辩证统一的特点❷。

二、领导干部道德影响力建设始终坚持先进道德理论的指导地位

中国共产党始终加强自身的道德建设,虽然历经百年但宗旨本色未变。为此,认真分析和系统总结建党百年道德建设的历程、规律和经验,为新时代进一步提升党建水平和执政能力,强化领导干部队伍的理想信念教育和道德修养水平,以应对执政过程中的诸多风险和崭新挑战。

中国共产党作为马克思主义的无产阶级政党,必须以马克思主义道德理论为指导。马克思主义道德是一种社会意识形态,调整社会关系的行为准则和重要规范。马克思主义道德并不依赖强制性,而是基于社会环境、文化传统、学校教育以及个人品行发挥作用。回顾中共党史、新中国史、改革开放史和社会主义发展史,中国共产党始终是遵循马克思主义道德理论,根据社会和文化的现实,进行社会主义道德的塑造。中国共产党的奋斗历史在一定程度上是运用马克思主义道德理论,对的政治秩序和旧道德原则进行社会革命的历史。

党的道德建设必须与社会经济基础相适应,领导干部道德影响力建设也要与经济基础相适应。恩格斯说:"人们自觉地或不自觉地,归根到底总是从他们阶级地位所依据的实际关系中——从他们进行生产和交换的经济关系中,获得自己的伦理观念"❸,"一切以往的道德论归根到底都是当时的社会经济状况的产物"❹。可见,中国共产党及其领导干部道德影响力的性质,是由不同时期社会经济基础的性质所决定的。但是道德作为一种"实践—精神",其并不是社会主体完全被动地接受决定,同时对社会存在也发挥着能动的反作用。因此,中国共产党及其领导干部的道德影响力建设,应引导道德发挥积极、促进的作用,与经济基础、社会存在等相适应。

三、领导干部道德影响力建设必须坚持与时俱进,始终与不同时期的社会经济基础和时代使命相适应

建党百年以来,中国共产党及其领导干部道德建设的成功之处,就在于其道德建设主题能与不同时期社会的经济基础、社会关系与历史任务相适应,有的放矢地强化

---

❶ 韦冬:《中国共产党思想道德建设史》(上),山东人民出版社 2015 年版,第 2 页。
❷ 田野:《论中国共产党百年道德建设的历程及基本经验》,《伦理学研究》2021 年第 4 期。
❸ 马克思、恩格斯:《马克思恩格斯选集》第三卷,人民出版社 2012 年版,第 470 页。
❹ 马克思、恩格斯:《马克思恩格斯选集》第三卷,人民出版社 1995 年版,第 435 页。

领导干部道德建设,从而保证了党的各项事业顺利前进。

建党初期,面对半殖民地半封建的经济基础与社会现实,面对帝国主义、封建主义和官僚资本主义的"三座大山"压迫,客观现实决定了当时中国共产党进行道德建设的中心任务就是"救国救亡"。新中国成立以后,中国共产党已经成为执政党,新民主主义革命的基本任务尚未全部完成,又面临着巩固新生政权、建立社会主义基本制度的迫切需要,决定了此时党的道德建设的中心任务是"立国",即巩固新生的中华人民共和国政权。进入改革开放新时期,我国的经济基础和社会关系发生了深刻的变化,生产力低下、经济落后、人民生活困难等现实决定这一阶段党的道德建设,都紧密围绕以经济建设为中心的"富国"主题展开。进入新时代,我国的综合国力获得大幅提升,人民生活水平不断提高,中国共产党不忘初心、牢记使命,为中国人民谋幸福,为中华民族谋复兴,"强国"便是新时代中国共产党道德建设的发展主题。

纵观中国共产党百年道德建设的主题演变,梳理"救国""立国""富国""强国"的发展脉络,契合了党领导全国人民实现从站起来、富起来到强起来的历史发展逻辑。领导干部道德影响力建设必须与经济基础的变化相适应。究其原因,就在于经济基础与上层建筑的发展变化,最终会反映在道德观念、道德评价和道德实践等方面。这就决定了领导干部道德影响力建设,亟须与时俱进地进行适应调整,以符合日新月异的经济社会发展要求。为此,建党百年以来中国共产党道德建设历史,就是在不断适应持续变化的经济基础的历史。

四、领导干部道德影响力建设内容始终坚持与中国特色社会主义市场经济等相适应、相协调和相承接

一般情况下,"道德功能发挥的性质也有积极和消极两种情况。当一种道德与其外部关联因素是同属于一个社会或阶级所需要的,并且反映了社会发展的要求和人们社会关系的必然性时,一般来说,它的功能的发挥就能起推动、促进的积极的作用,否则,就会起干扰、阻滞的消极的作用"❶。因此,中国共产党在提升领导干部道德影响力建设的过程中,要综合考虑内部与"外部关联因素"相结合的统一性问题,"建立与社会主义市场经济相适应、与社会主义法律规范相协调、与中华民族传统美德相承接的社会主义道德体系"❷,以体现"经济基础与上层建筑、道德与法律、历史与现实的有机统一"❸。

一是与社会主义市场经济相适应,是提升领导干部道德影响力的必然要求。发展中国特色社会主义市场经济作为中国特色社会主义物质文明建设的重要内容,是中国共产党带领中国人民全面开启实现社会主义现代化强国、实现中华民族伟大复兴的物

---

❶ 唐凯麟:《伦理学》,安徽文艺出版社2017年版,第65页。
❷ 黄宏、王寿涛:《中国共产党执政规律和执政能力研究》,人民出版社2006年版,第19页。
❸ 邱杰:《改革开放以来中国共产党思想道德建设的基本经验》,《思想理论教育导刊》2011年第3期。

质保障,也是新道德产生和提升领导干部道德影响力的现实土壤。"如果没有这种相应的文化精神和价值理性作为其精神动因、规范因素和定向定位的机制",领导干部道德影响力建设与发展就不是可持续性的❶。为此,就要求领导干部道德影响力建设必须遵循中国特色社会主义市场经济的客观规律,不断提升中国共产党自身的适应能力和抵御风险、拒腐防变的能力,以更加科学的道德理论为中国特色社会主义市场经济发展保驾护航,以更加先进的道德理念规范为中国特色社会主义市场经济提供精神动因和价值引领。

二是与社会主义法律规范相协调,是提升领导干部道德影响力的内在要求。在社会主义社会中,道德与法律本质上是一致的,都是社会主义生产关系的产物,都是上层建筑的重要组成部分,并共同作用于经济基础。就此而言,无论是中国共产党及其领导干部道德建设,还是中国特色社会主义的法治建设,都是为发展中国特色社会主义市场经济服务。发展中国特色社会主义市场经济,离不开道德约束与法律保障。历史和实践表明,中国共产党领导人民和领导干部道德建设,都离不开中国特色社会主义法律的保驾护航,领导干部道德建设必须与社会主义法治建设相协调。习近平总书记强调:"要在道德体系中体现法治要求,发挥道德对法治的滋养作用,努力使道德体系同社会主义法律规范相衔接、相协调、相促进。要在道德教育中突出法治内涵,注重培育人们的法律信仰、法治观念、规则意识,引导人们自觉履行法定义务、社会责任、家庭责任,营造全社会都讲法治、守法治的文化环境。"❷

建党百年以来,中国共产党及其领导干部既是中国先进文化的积极引领者和践行者,又是中华优秀传统文化的忠实传承者和弘扬者。中国共产党是根植于中国传统文化的政党,深深地打上了中国传统文化的烙印。同时,中国共产党始终坚持以马克思主义为指导思想,立足于中国传统文化促进马克思主义在中国传播,更好地实现马克思主义的中国化和时代化。习近平总书记强调:"中华民族在长期实践中培育和形成了独特的思想理念和道德规范,有崇仁爱、重民本、守诚信、讲辩证、尚和合、求大同等思想,有自强不息、敬业乐群、扶正扬善、扶危济困、见义勇为、孝老爱亲等传统美德。中华优秀传统文化中很多思想理念和道德规范,不论过去还是现在,都有其永不褪色的价值。"❸其中的诸多理念、规范与中国共产党全心全意为人民服务的党性宗旨、共产主义远大理想等都有着深度契合,在传统道德修养方法上也为提升中国共产党道德修养注入传统文化因素和力量。在新时代坚持领导干部道德建设与中国传统优秀文化相承接,就要坚持对传统道德文化进行批判性地继承,坚持"创造性转化、创新性发展"的原则赋予传统文化以时代生命。习近平总书记指出:"中华优秀传统文化源远流长、博大精深,是中华文明的智慧结晶,其中蕴含的天下为公、民为邦本、为政

---

❶ 唐凯麟:《伦理学》,安徽文艺出版社2017年版,第335页。
❷ 习近平:《习近平谈治国理政》第二卷,外文出版社2017年版,第134页。
❸ 中央文献研究室:《十八大以来重要文献选编》中,中央文献出版社2016年版,第136页。

以德、革故鼎新、任人唯贤、天人合一、自强不息、厚德载物、讲信修睦、亲仁善邻等,是中国人民在长期生产生活中积累的宇宙观、天下观、社会观、道德观的重要体现,同科学社会主义价值观主张具有高度契合性。"❶

综上,回顾中国共产党百年道德建设历程及其发展经验,道德建设是保持党的纯洁性、先进性和公信力的重要保证,尤其是领导干部道德建设要不忘初心和面向未来。要强化领导干部的道德建设,就要在党的道德建设中始终坚持马克思主义的指导地位,注重对传统官德、政德和私德等创造性转化和创新性发展。新时代领导干部道德建设要吸收外来优秀文化成果,注重在领导干部道德建设中借鉴汲取世界各国先进文化的优秀因素,促使中国共产党道德建设融入世界道德文化基因宝库之中。要面向未来提升领导干部道德影响力,强化党的道德建设,助力实现中国梦的价值引领,在构建人类命运共同体中彰显出中国精神和中国智慧。

第二节 提升领导干部道德影响力是应对两个大局的现实需要

习近平总书记说:"实现中华民族伟大复兴的中国梦,物质财富要极大丰富,精神财富也要极大丰富。我们要继续锲而不舍、一以贯之抓好社会主义精神文明建设,为全国各族人民不断前进提供坚强的思想保证、强大的精神力量、丰润的道德滋养。"❷领导干部身处关键岗位、掌握公共权力,是社会各项事业的组织、领导者。他们的道德素养和人格品质,具有重要的示范导向作用,直接影响党的执政能力的提升和执政地位的巩固,影响党的路线方针政策的贯彻,影响党群、干群关系及党和政府的形象,影响社会良好道德风气的形成,关系到中国特色社会主义事业的成败。

一、加强领导干部道德建设是提升党的执政能力的需要

在经济全球化、政治多极化、文化多元化的大趋势下,党执政面临着日趋激烈的国际竞争和日益错综复杂的国内矛盾,新情况、新问题层出不穷,党要巩固执行地位,实现长期执政,就必须全面提升执政能力和执政水平。

衡量党的执政能力和执政水平的关键,在于领导干部的理论水平、业务能力和道德修养,突出体现为领导干部的道德意识、道德水平以及在执行过程中能否发挥良好的道德示范和引领作用。领导干部的领导效能,仅仅靠行政权威和职务权威是远远不够的,本身的道德素养和人格魅力的作用不容小觑。执政能力和执政水平与职务并不正相关,但是随着职务的升迁,对于管理的能力水平要求就越来越高,对于领导干部道

---

❶ 习近平:《高举中国特色社会主义伟大旗帜 为全面建设社会主义现代化国家而团结奋斗——在中国共产党第二十次全国代表大会上的报告》,人民出版社2022年版,第18页。

❷ 习近平:《习近平谈治国理政》第二卷,外文出版社2017年版,第323页。

德品行的要求也越来越高。孔子说过:"德不孤,必有邻。"一个有道德的领导,必然拥有众多的拥戴者。领导者有着高尚的道德品质,关心国家、体恤人民,勤奋敬业、清正廉洁,必然形成巨大的人格魅力,产生无穷的鼓舞作用,人民群众就会自然而然地团结在党和政府的周围,拥护、支持党和政府的主张,共同为建设美好未来而努力奋斗。那么,我们党的执政能力就会不断提高,执政地位就会不断巩固。

二、长期执政的考验迫切要求加强领导干部的道德建设和道德修养

中国共产党执政以后,党的领导干部为什么仍要注意道德修养? 究其原因,虽然中国共产党成为了执政党,但是其历史使命与道德建设尚未完成。我国现在还处于社会主义初级阶段,实现共产主义依然需要走很长的路。党的建设将继续紧密联系党在社会主义初级阶段的基本路线进行,党在改革开放和建设中国特色社会主义的实践中认识自己、加强自己、提高自己,把自身建设成实现社会主义现代化事业的坚强领导核心。党员干部还要在建设中国特色社会主义的实践中,在为共产主义理想奋斗的实践中,坚定地自觉地提升党性修养。

恩格斯曾经预言,社会主义将"培养社会的人的一切属性,并且把他作为具有尽可能丰富的属性和联系的人,因而具有尽可能广泛需要的人生产出来——把他作为尽可能完整的全面发展的社会产品生产出来"[1]。而达到这样的境界,还有巨大差距,这是一个长期的过程。为此,党员干部的道德修养及其影响力,还必须经过一个长期艰苦的努力过程。因此,在新的历史条件下,党员干部的道德修养还要引起高度重视,还要花大力气去提倡,还要坚持不懈地去实行。如果说党员干部在过去的战争年代要进行党性修养、改造客观世界和主观世界,要经过枪林弹雨、白色恐怖、每天都可能牺牲生命的考验,那么今天党的领导干部同样也要坚持党性修养、改造客观世界和主观世界,还要接受长期执政、改革开放、市场经济和外部环境等这四大考验。

我们党受人民的委托,掌握着国家权力,党的决策影响到整个国家和民族的命运、前途,党的一言一行都引起国内外的关注。党、政、军、民、学、东、西、南、北、中,在整个权力体系中,党处于领导核心地位。从中央到每一个基层单位,党的各级干部掌握着大大小小的权力,都在自己所掌管的部门实行决策和执行决策,支配着政治和社会资源。

但是党成为执政党,党的干部掌握了权力,也最容易在这个时候变得脱离人民群众,忘记人民是国家的主人,甚至颠倒公仆与主人的关系,从而使不受监督的权力走向腐败。共产党执政的本质是支持和保证人民当家作主,党在任何时候除了人民的利益之外没有自己的特殊利益,党的干部永远是人民的勤务员。国际共产主义运动历史已经提供了前车之鉴:由于党的干部在执政后不注重思想道德的修养,不注重改造自己的世界观,结果资产阶级个人思想膨胀,道德堕落,在政治上背叛了马克思主义,成了新的官僚资产阶级,发生了党变质、国变色的悲剧。因此,执政党要首先管好干部,党

---

[1] 马克思、恩格斯:《马克思恩格斯选集》第三卷,人民出版社 2012 年版,第 715 页。

的干部一定要深入中国特色社会主义建设和改革开放的实际,紧密联系人民群众,时刻注意用马克思主义的世界观来改造自己,提高自身的思想道德水平和领导水平。

三、提升领导干部道德影响力是全面建设社会主义现代化国家的重要保障

在全面建成小康社会的基础上,全面开启社会主义现代化强国建设目标,是新时代党和国家治国理政的重要历史使命。全面建设社会主义现代化强国是一个综合性的奋斗目标,更是实现中华民族伟大复兴的复杂系统工程。为了解决我国贫富差距拉大、社会矛盾激化和资源能源紧缺等突出矛盾和问题,亟须全党团结带领全国各族人民统筹推进"五位一体"总体布局和协调推进"四个全面"战略布局,在巩固和发展全面建成小康社会基础上,为全面开启社会主义现代化强国建设提供了不竭的精神动力。

不断提升党员领导干部道德影响力,有助于为全面建设社会主义现代化国家凝心聚力,有利于为其提供稳定团结的社会政治局面和强大精神动力。党员领导干部对普通民众的道德影响力和凝聚力,是中国共产党领导中国革命、建设和改革胜利的强大武器,也是党领导改革开放与社会主义现代化建设的政治法宝。

第三节 提升领导干部道德影响力是强化管党治党的必然要求

习近平总书记强调:"人无德不立,品德是为人之本。止于至善,是中华民族始终不变的人格追求。我们要建设的社会主义现代化强国,不仅要在物质上强,更要在精神上强。精神上强,才是更持久、更深沉、更有力量的。"❶党的建设与干部道德建设密切相关。干部道德建设就是对党的事业的骨干队伍在道德方面的建设。我们党一贯重视各级领导干部以高尚的道德品质为党的事业而奋斗,重视干部以自己的道德楷模作用吸引和凝聚广大人民群众共同奋斗。新时代党的建设就是全面推进党的政治建设、思想建设、组织建设、作风建设、纪律建设,把制度建设贯穿其中,深入推进反腐败斗争。

一、提升领导干部道德影响力是加强中国共产党自身建设的内在需要

坚持新时代党的建设的总要求,以党的自我革命推动伟大社会革命,夺取全面从严治党的伟大工程的伟大胜利,必须坚持传承和弘扬党的光荣传统和优良作风,不断提升中国共产党领导干部的道德影响力。提升领导干部道德影响力,是保持党的先进性的法宝。保持领导干部的先进性和纯洁性,是马克思主义政党的本质属性和生命力

---

❶ 习近平:《习近平谈治国理政》第三卷,外文出版社2020年版,第337页。

量,更是检验政党先进性与民心向背的试金石。长久以来,我们党始终坚持马克思主义的群众观点和全心全意为人民服务的群众路线,始终实现和维护好最广大人民群众的根本利益。领导干部坚决贯彻落实党的基本理论方略和路线方针政策,始终坚持以人民为中心和扎根于人民群众之中,为实现中华民族伟大复兴中国梦而不懈奋斗。

中国人民正是在中国革命、建设和改革实践的长期比较中,选择了中国共产党作为人民利益的忠实代表,作为国家富强、民族复兴和人民幸福的领导力量。为此,不断提升领导干部道德影响力,始终保持党的先进性和纯洁性,坚持党同人民血肉联系的优良传统,始终代表中国最广大人民的根本利益,才能够赢得海内外中华儿女的信赖和拥护。提升领导干部道德影响力,是坚持党正确思想路线的保证。领导干部要始终坚持解放思想、实事求是和理论联系实际,破除思想僵化、教条主义和主观主义等错误思维定式,勇于肩负起领导中华民族伟大复兴的历史使命。提升领导干部道德影响力,是强化党风建设的关键所在。党风建设事关我们党生死存亡,亟须强化党的光荣传统和优良作风建设,更要强化党员干部的作风修养。

二、加强领导干部道德建设是践行以德治国方略的需要

依法治国和以德治国相结合是具有中国特色的国家治理理念,是基于中国文化基因和时代需要的战略选择。以德治国作为与依法治国并行的国家治理和社会治理的重要方式,在规范人们行为方面具有独特的社会价值和治理功效。"以德治国"中的"德",集中体现了社会主义核心价值观的先进道德,可以弥补"依法治国"中"法"的规范功能和社会功能的不足。同时,"以德治国"能够吸纳科学、先进的治理理念、手段和方式,形成与"依法治国"相辅相成的治理体系。

领导干部是现代化建设的领导者和组织者,领导干部自身的道德水平对以德治国方略的实现具有重要推动作用。"官"为民之表率,"官风"决定着民风。领导干部是国家权力的行使者,与群众利益密切相关,与群众感情紧密相连,他们的道德行为理应成为群众的楷模和标杆。同时,中国也是一个具有德治传统的国家,道德在社会管理和治理过程中始终发挥着重要的作用,中国共产党历来十分重视道德的作用,要求领导干部要德才兼备,以德为先。领导干部是国家权力的直接行使者,与群众利益密切相关,与群众情感紧密相连,他们的道德行为和道德威望会在群众的认识中被不同程度地放大。领导干部对倡导的道德理念身体力行,必定提升个人的人格魅力和社会威望,并对群众的道德观念和道德行为起到正向引导作用。相反,如果领导干部表里不一、言行不一,甚至贪污腐化,必然导致"官德毁而民德降"。所以,要落实以德治国方略,顺利推进社会主义现代化建设,必须加强领导干部的道德建设。

三、加强领导干部道德建设是提高党和政府形象的需要

领导干部的从政道德事关党的形象和政府的威信。党的道德形象影响党的政治

声誉,更关系到党的政治生命。人民对于执政者执政理念的认同和对执政者行为的认可,都直接关系其政治生命的兴衰和执政地位的稳固。所谓民如水,水能载舟亦能覆舟。我们领导干部与人民群众有着紧密的联系。无论是战争时期的军民团结、干群一心,还是新时代一切为了群众,着力解决满足人民美好生活需要的新矛盾,中国共产党之所以具有旺盛的政治生命力,源于坚持立党为公、执政为民的执政理念。

当然不容忽视的是,当前"官本位"思想具有一定影响力,以官为本、以官为贵、以官为尊为主要内容的价值观仍在一定程度上存在。"官本位"不是一个严格的科学概念而是通俗的说法,最早出现于20世纪80年代,起源于经济学上的一个专用名词——金本位,更贴切表明官位,权力和财富三者的密切相关性。在古代社会,官员就是权力和财富的化身,官越大,权力越大,财富就越多。如果道德被利益驱使,被权力绑架,那将不可能有真正的道德。道德源于内心的自律,源于对他人的博爱。在现代社会,领导干部的职务越高,权力越大,可以支配的资源也就越多。如果我们的领导干部摆脱不了官本位、金本位思想,将职务变成掌握权力、支配财富的手段,在工作中官气十足,作风不严不实,生活贪污腐化,必然会损坏领导干部在群众中的威信,破坏党的在人民中的威望,危及党的政治生命。所以,领导干部的从政道德建设,个人道德修养的提升,对于提升党和政府的形象与威望,巩固执政地位的作用不容忽视。

第四章　增强内在驱动,提升道德影响力

何为内在驱动？丹尼尔·平克的《驱动力》提到人有三种驱动力。第一种是来自基本生存需要的生物性驱动。第二种是来自外在的动力,即奖罚并存的萝卜加大棒模式。第三种是来自内在的动力,也就是内心把一种事情做好的欲望。显而易见,第三种驱动力是最能激励和调动积极性的方法。为何奉行道德,最核心的驱动也来自于内心,弱化自我欲望和利益的追求,接受常规道德规范的约束。党员领导干部要增强道德影响力,关键在于树立正确的三观,培树高尚的道德人格。

第一节　坚定理想信念,提升内在驱动力

习近平总书记在中国共产党第十九次全国代表大会上的报告指出:"人民有信仰,国家有力量,民族有希望。要提高人民思想觉悟、道德水准、文明素养,提高全社会文明程度。广泛开展理想信念教育,深化中国特色社会主义和中国梦宣传教育,弘扬民族精神和时代精神,加强爱国主义、集体主义、社会主义教育,引导人们树立正确的历史观、民族观、国家观、文化观。深入实施公民道德建设工程,推进社会公德、职业道德、家庭美德、个人品德建设,激励人们向上向善、孝老爱亲,忠于祖国、忠于人民。"❶

一、坚定理想信念

坚持真理、坚定理想信念是发挥道德影响力的前提和根本。理想信念影响人的价值取向和行为选择,是人的世界观、人生观和价值观的集中体现。领导干部有没有科学的、坚定的理想信念,能不能矢志不渝地追求真理、执着信仰,不仅影响个人的道德品格,更直接影响其在群众中的威信和形象,关系到领导力的发挥。

《共产党宣言》将实现共产主义、实现全人类解放作为自己的理想信念。马克思指出:"理论只要彻底,就能说服人。"❷自1840年英国用坚船利炮打开清王朝闭关锁国的大门开始,旧中国成为半殖民地半封建社会。清政府签订一系列丧权辱国的割地赔款条约,人民遭受前所未有的压迫剥削,五千年华夏文明在帝国主义野蛮侵略行径中饱受摧残。无数仁人志士们为了挽救民族危亡、拯救劳苦大众做了诸多艰难探索,但都以失败告终。在近代中国最危急的时刻,中国共产党人找到了马克思主义,拥有

---

❶ 习近平:《习近平谈治国理政》第三卷,外文出版社2020年版,第33-34页。
❷ 黄明理:《马克思主义魅力与信仰研究》,人民出版社2016年版,第286页。

了在黑暗中寻找光明、在绝境中开辟新路的力量。

共产党人对理想信念的坚定,既源自崇高的党性觉悟,也源自对共产党执政规律、社会主义建设规律、人类社会发展规律的深刻把握。最早在党内使用"理想"这个词的是李大钊,1919年5月他在《新青年》杂志上发表《我的马克思主义观》一文,6次提及"理想",并预言"试看将来的环球,必是赤旗的世界"。❶回望百年党史,中国共产党找到共产主义信仰后,一种前所未有的支撑牺牲的意义和价值产生出来,一种前所未有的强大精神力量得以形成。理想信念如同明亮的灯塔,穿越重重黑暗,照亮前进方向。千千万万共产党人为了理想信念不惜抛头颅、洒鲜血。瞿秋白、萧楚女等先烈高唱《国际歌》步入刑场,因为他们坚信"英特纳雄耐尔"的理想一定会实现;方志敏在狱中写道:"敌人只能砍下我们的头颅,决不能动摇我们的信仰!因为我们信仰的主义,乃是宇宙的真理!"❷

自从马克思主义诞生以来,无产阶级政党就面临着理想信念教育问题,不断和形形色色的非无产阶级的思想作斗争,以保持党的纯洁性和先进性。当前,我们比历史上任何时候都更接近中华民族伟大复兴的目标,正处于一个船到中流浪更急、人到半山路更陡的时候。虽然没有了烽烟炮火,但改革已到中流击水处,不进则退;虽然已经摆脱了贫困,但人民对美好生活的要求更加具体和丰富;虽然我们国家已经站在国际舞台的中央,但国际局势更加复杂;我们党所面临的执政考验、改革开放考验、市场经济考验、外部环境考验更加突出,所面临的精神懈怠危险、能力不足危险、脱离群众危险、消极腐败危险更加严峻。信仰缺失可谓是"百病之源",对每个党员干部来说,理想信念就像是灯塔,标示出我们人生的方位,决定了我们人生的方向。当前很多被查处的领导干部违纪违法,无一不是"理想信念丧失",要么是初心根本就没有树立,要么就是初心立得不牢,经不起风浪、抵不住诱惑。这些人可能也会努力工作,也做出了一些成绩,但他们是为了自己,奋斗是为了升官,升官是为了掌权,掌权是为了个人荣华富贵,最终守不住底线、落入泥沼。

理论上清醒、理论上坚定,政治信仰上才能坚定。进入新时代、踏上新征程,要更加深刻领悟马克思主义及其中国化创新理论的真理性。我们党的历史,就是一部不断推进马克思主义中国化的历史,就是一部不断推进理论创新、进行理论创造的历史。马克思主义为什么"行",就在于它是科学的理论、人民的理论、实践的理论、开放发展的理论。

"心有所信,方能行远。"❸科学理论是共产党人的锐利思想武器和信仰力量之源,我们要以习近平新时代中国特色社会主义思想统一思想和行动,深入领会蕴含其中的坚定信仰信念、鲜明人民立场、强烈历史担当、求真务实作风和勇于创新精神,深刻把

---

❶ 孙建华:《马克思主义中国化思想通史》第一卷,人民出版社2019年版,第125页。
❷ 中共中央组织部党员教育中心:《信仰:我们的故事》,人民出版社2013年版,第21页。
❸ 中共中央宣传部宣传教育局:《〈新时代公民道德建设实施纲要〉学习读本》,人民出版社2020年版,第101页。

握贯穿其中的辩证唯物主义和历史唯物主义的立场、观点、方法,清晰掌握什么是旗帜方向、国之大者、大势全局,什么是正确立场和是非标准,不断提高政治站位和政治觉悟,自觉用习近平新时代中国特色社会主义思想武装头脑、指导实践、推动工作,时时处处事事把握方向、把握大势、把握全局,辨别政治是非、保持政治定力、防范政治风险,避免在根本性问题上出错走偏;真正理解吃透中央精神,从坚决执行中央部署出发;谋划推动工作,正确分析解决实践中遇到的各种问题和矛盾,做到政治上坚定信仰、认识上不断深化、行动上坚决落实。

信仰不是非理性的、伤感的、情绪化的、自主自发的。信仰是经过严肃思考和学习、严格的训练、完全清醒和节制、谦卑、将自我服从于一个更高的绝对意愿的结果。要从百年党史中感悟马克思主义的真理力量和实践力量,深化对中国化马克思主义既一脉相承又与时俱进的理论品质的认识,深刻领悟中国特色社会主义道路的正确性,深刻领悟中国特色社会主义是党和人民历经千辛万苦、付出各种代价取得的宝贵成果。

二、坚持党的领导,做到对党忠诚

中国特色社会主义最本质的特征是中国共产党领导,中国特色社会主义制度的最大优势是中国共产党领导,党是最高政治领导力量。面对各种风险考验和复杂多变的国内外形势,我们国家之所以能够任凭风浪起、稳坐钓鱼船,之所以没有像一些曾经的社会主义国家那样改弦易辙,导致社会动荡、发展停滞,而是推动中国特色社会主义取得举世瞩目的成就,就是因为我们党始终坚持和完善党的领导,始终坚持和发展中国特色社会主义,始终在各种重大风险考验面前保持战略定力。

坚持党的领导,首先是坚持党中央的集中统一领导,这是党的领导的最高原则。党要领导一切就必须坚强有力,党要坚强有力就必须有坚强有力的党中央,党中央要坚强有力就必须有一个公认的事实上的核心。

天下至德,莫大于忠。习近平总书记强调:"对党忠诚,是共产党人首要的政治品质。"❶对于共产党人来说,忠诚于党的信仰、忠诚于党的组织、忠诚于党的理论和路线方针政策就是大德。纵观百年党史,中国共产党之所以能够夺取一个又一个伟大的胜利,根本原因就在于明大德,始终忠诚于党的信仰信念、忠诚于党领导的革命、建设和改革事业。共产党人修大德,就是任何时候都与党同心同德、始终恪守忠诚。

要着力加深对"两个维护"这个当代中国最重大政治原则的认识,坚决践行"两个维护",争做习近平新时代中国特色社会主义思想的坚定信仰者、忠实实践者、坚强维护者。这是事关党和国家前途命运、中华民族兴衰成败的大问题。马克思、恩格斯分

---

❶ 崔耀中:《旗帜鲜明讲政治:基层如何加强党的政治建设》,人民出版社2021年版,第252页。

析巴黎公社失败教训:"就是由于缺乏集中和权威。"❶毛泽东同志说:"实行一元化的领导很重要,要建立领导核心,反对'一国三公'。"❷邓小平同志也说:"任何一个领导集体都要有一个核心,没有核心的领导是靠不住的。"❸党的十八大以来党和国家事业取得历史性成就、发生历史性变革,最根本的原因就是有了以习近平同志为核心的党中央坚强领导。当前,我们正处于崛起、复兴关键时期,面对前进道路上的风险挑战,面对百年未有之大变局,自觉维护和捍卫习近平同志党中央的核心、全党的核心地位是全党共同的政治责任,维护和捍卫不是空喊口号,而是要落实到岗位和工作中,体现到思想和行动上,切实做到在思想上充分信赖党的领导核心,在政治上坚决拥护党的领导核心,在组织上自觉服从党的领导核心,在感情上深刻认同党的领导核心,在行动上始终跟随党的领导核心,以实际行动践行"四个意识",诠释对党的忠诚。

要坚决做到听党指挥、为党尽责、忠诚履职,不断提高政治判断力、政治领悟力、政治执行力,始终在思想上政治上行动上同以习近平同志为核心的党中央保持高度一致,坚定执行党的政治路线,严守政治纪律和政治规矩,始终在政治立场、政治方向、政治原则、政治道路上同党中央保持高度一致,时时处处向党中央看齐,向党的理论和路线方针政策看齐,向党中央决策部署看齐,做到党中央提倡的坚决响应、党中央决定的坚决执行、党中央禁止的坚决不做,决不能有令不行、有禁不止,决不能搞上有政策、下有对策,决不允许自行其是、各自为政,决不能搞团团伙伙、结党营私、拉帮结派,决不能要两面派、做"两面人",确保党的路线方针政策和党中央决策部署落地生效。在政治问题上,必须保持高度的政治敏锐性和政治鉴别力,严防政治信仰迷失、政治方向偏差、政治立场不稳、政治规矩失守,否则必然会走向党和人民的反面。比如,有的党员制造、散布、传播政治谣言,破坏党的团结统一,甚至破坏党的集中统一;有的党员对于党中央制定的重大方针政策,表面拥护,背后乱说,扰乱了群众思想,妨碍中央大政方针的贯彻落实,都应当旗帜鲜明、坚决纠正。

近年来,随着改革开放和发展社会主义市场经济,改变了原有的资源配置方式和组织管理模式,越来越多的单位人变成社会人,各种复杂的人际关系和利益关系对党内生活带来不可低估的影响,引发了种种问题,其中之一就是组织观念薄弱、组织涣散,这是一个需要严肃对待的问题❹。党员领导干部要始终对党忠诚老实、光明磊落,说老实话、办老实事、做老实人,如实向党反映和报告情况,反对搞两面派、做"两面人",反对弄虚作假、虚报浮夸,反对隐瞒实情、报喜不报忧,确保党的严

---

❶ 中共中央马克思恩格斯列宁斯大林著作编译局:《马克思恩格斯文集》第10卷,人民出版社2009年版,第375页。
❷ 毛泽东:《毛泽东文集(第三卷)》,人民出版社1996年版,第69页。
❸ 邓小平:《邓小平文选》第3卷,人民出版社1993年版,第310页。
❹ 陈登才、梁言顺、俞可平:《马克思主义经典作家关于马克思主义政党建设的基本观点研究》,人民出版社2017年版,第93页。

密组织体系和强大组织能力。根据《中国共产党纪律处分条例》的规定,违反组织纪律的行为主要包括:违反民主集中制原则行为,不按规定报告个人有关事项,搞非组织活动,违规选拔任用干部,人事工作弄虚作假,侵犯党员权利,违反出国(境)管理规定等。在遵守组织纪律方面,尤其要严格执行民主集中制,严格按程序决策、按规矩办事,正确对待少数意见,不能搞一言堂甚至家长制,坚决防止名为集体领导,实际上个人、少数人说了算,或者无人负责、各自为政;严格遵守干部选拔任用制度,坚决服从组织安排,不能为自己升迁搞买官、拉票、贿选、助选等活动,在下级干部任用上要严格按政策、原则、制度办事,不准卖官鬻爵、任人唯亲,不准封官许愿、跑风漏气、收买人心,不准个人为干部提拔任用打招呼、递条子;要严格执行请示报告制度,不能弄虚作假、虚报浮夸,更不能搞先斩后奏甚至斩而不奏等。违反了这些纪律,就会受到党纪追究。

三、坚持道德理想

理想是人生的精神支柱。共产党人,尤其是党员干部,要履行党的全心全意为人民服务的宗旨,就必须树立崇高的道德理想。忠于共产主义事业,为共产主义事业奋斗终身,追求共产主义的道德理想,是中国共产党人坚定不移的信念,也是中国共产党人尤其是党的干部必须始终遵循的最高道德要求。

(一)社会理想与道德理想的内在联系

1. 社会理想

理想作为一种社会意识,是社会存在的反映,是人们在社会实践中逐渐形成的,具有可实现性的对未来的向往和追求,是人们的政治立场、世界观、人生观和价值观在奋斗目标上的集中体现。

理想,作为人类特有的一种精神现象,具有以下几个方面的特征:第一,社会性。理想的社会性是由人的本质决定的。人的本质并不是个体所固有的抽象概念,而是一切社会关系的总和。理想既不是人们生来就有的,也不是人们主观想象出来的,而是在特定的社会关系中,社会存在和社会实践在人们头脑中的反映。也就是说,人们的理想总是在他们参与社会实践的过程中形成、巩固,并在社会实践中得到检验、完善和发展。第二,阶级性。在阶级社会里,理想是政治思想和社会意识的核心部分。人们的理想总是要受到他们的社会地位和所属的阶级利益的制约。不同社会的不同阶级,由于所处的社会地位、政治地位和经济地位的不同,导致他们所追求的理想也各不相同。第三,超前性。理想是人们对未来事物的预见性反应,是人们对未来生活的向往和追求,所以,它具有超前性。人的意识具有主观能动性,人们不会仅仅满足于消极地适应现实世界,而要按照自己的意志不断地改造世界。这种对未来世界改造的理想,是以把握现实客观事物发展规律为前提的,具有基于现实、高于现实、超于现实的特点。第四,可实现性。理想不同于空想,更不同于幻想。空想是没有客观根据、不符合客观规律、无法实现的想象。幻想与空想不完全相同,它分为两种:一种是完全不切实际的想象;另一种是在现实中有一定的根据,但还没有展开,不具备必要条件的想象,一旦条件具备,它就有可能转化为现实。理想是在科学地把握事物的客观规律的基础上,对事物未来的设想与追求,是对现实事物客观的能动反映,具有科学性、客观性。只要人们为之付出不懈努力,最终一定能够将其变为现实。所以,理想具有可实现性。

理想是社会实践和社会生活的反映。社会实践和社会生活是多种多样的,人们对现实的认知和对未来的想象也是多层次的。这就决定了人们的理想是多方面的和多类型的。从理想内容上看,包括生活理想、职业理想、道德理想和社会政治理想等四个方面。生活理想是指人们对物质生活、精神生活的向往和追求。职业理想是指人们对自己未来工作部门、工作种类以及在事业上要达到何种成就的向往和追求。道德理想是人们所向往的理想人格,是做人的楷模和标准,是人们在道德生活中期望达到的目标。社会政治理想是一定社会的阶级和个人对未来社会制度、政治结构的向往和追求。它包括对未来社会的科学预见和美好想象。生活理想、职业理想、道德理想和社会政治理想四个方面的内容不是彼此孤立、毫不相干的,而是相互联系、相互影响、相互制约的。其中社会政治理想是最根本、最重要的,是人生理想的核心内容,它对生活理想、职业理想和道德理想起着主导作用。

从理想的主体上看,可分为个人理想和社会理想。从理想的性质上看,可分为崇高的理想和庸俗的理想。把自己的命运与祖国的前途、民族的兴衰紧紧联系在一起,为大多数人的幸福和人类的解放事业而奋斗,是崇高的理想;以自我为中心,片面地追求狭隘的私利,贪图一人、一时或小集团的安乐与享受,而置他人、社会于不顾,甚至以损害他人或社会利益为前提,以满足自己的欲望和追求,是庸俗的理想。

共产主义理想是到目前为止最科学、最进步、最美好、最高尚的社会理想。共产党人和广大干部应当牢固树立共产主义理想,并把共产主义理想作为自己道德修养的核心内容。共产主义理想不是以某个改革家所发明或发现的思想为根据,而是建立在对人类社会发展规律的深刻认识和精辟分析基础上的科学预见。它以最广大的劳动阶层为关注对象,以大多数人的利益为最高追求;它把人的自由发展和全面发展作为最高道德价值取向;它代表和维护整个劳动阶级的利益,追求全人类的彻底解放,同时,使每一个人的个性、特长和利益都得到充分的尊重和发展。

建立各尽所能按劳分配的共产主义社会,是我们党的最终目标和最高理想。这个最高理想无论过去、现在和将来,都是共产党人的力量源泉和精神动力。因此,牢固树立崇高的共产主义理想,既是对干部政治思想上的要求,也应成为干部道德修养的核心内容。

首先,共产主义理想反映了社会发展的客观规律。共产主义理想不同于空想社会主义者的理想,建立在对社会发展规律的正确反映和科学把握基础之上。马克思和恩格斯在批判和继承以往一切优秀思想和文化成就的基础上,深入研究了当时社会的政治、经济状况,亲自参加了工人运动的实践,认真总结了工人运动的经验,对社会发展规律特别是对资本主义社会的发展规律进行了深刻研究,创立了马克思主义哲学、政治经济学和科学社会主义学说。他们没有详细描绘未来社会的一切,而是从资本主义社会的经济发展中论述实现社会主义的客观必然性,研究无产阶级和资产阶级这两个阶级及其相互斗争的历史的经济过程,并在由此造成的经济状况中找出解决冲突的手段。这样,共产主义的理论和思想就不再是头脑中的幻想,而获得了真正科学性的基础。

其次,共产主义理想是追求和代表最广大人民根本利益的理想。这是共产主义理想道德品质的崇高之所在。共产主义理论即科学社会主义学说,是马克思主义哲学和政治经济学的直接延伸和理论成果,也是马克思主义哲学和政治经济学应用于无产阶级解放的落脚点和理论归宿。它指出了无产阶级和广大劳动群众的根本利益之所在,阐明了无产阶级推翻资本主义、实现共产主义的具体条件、途径、手段、目的和一般规律,是指导无产阶级解放运动的科学理论和科学思想。所以共产主义思想一经产生,很快就被广大劳动人民所接受,并且成了他们追求解放、维护本阶级利益的最强大的理论武器和思想武器。正如列宁所说:"只有马克思的哲学唯物主义,才给无产阶级指明了如何摆脱一切被压迫阶级至今深受其害的精神奴役的出路。"❶

第三,共产主义理想把人的全面而自由的发展视为社会发展的最高道德追求。马克思主义认为,共产主义社会是以每个人的全面而自由地发展为基本原则的社会形式,是"自由人联合体"。在这个联合体中,每个人既能获得和其他人一样、合乎社会各方面要求的全面发展,又能获得适合自己特点、符合自己心愿、并能体现自己个性的发展。同时,这种全面而自由的发展是在完全平等的基础上得以实现的。社会个体完全摆脱了对人的依赖和对物的依赖关系,也就是说,每个人的自由发展是其他一切人自由发展的条件。

第四,共产主义理想在维护整个劳动阶级利益的同时,也同样尊重个人的正当权益。共产主义并不是像一些人责备的那样,要消灭个人挣得的、自己劳动得来的财产,以及构成个人的一切自由、活动和独立的基础的财产,而是要废除资产阶级的所有制。正如马克思、恩格斯指出的:"共产主义并不剥夺任何人占有社会产品的权力,它只剥夺利用这种占有去奴役他人劳动的权力。"❷也就是说,共产主义要废除的是一种人剥削人、金钱剥削人,不平等、不道德的社会关系。这正是共产主义理想的根本特点和道德魅力之所在。

2. 道德理想

人,是宇宙之精华,万物之灵长,既生活于现实社会之中,又超越于现实,追求理想。它体现了人具有精神世界活动,体现了人的自觉活动的特征,体现了人的主观能动性。

---

❶ 列宁:《列宁选集》,人民出版社 2012 年版,第 314 页。
❷ 马克思:《共产党宣言》,人民出版社 2018 年版,第 45 页。

人不仅追求生活理想、职业理想、社会理想,而且追求道德理想。道德理想是人们基于对一定社会或阶级基本道德要求的认识,而自觉追求向往的某种理想人格和社会理想中的道德关系。它既包括个体层面的理想人格,也包括社会层面的理想社会中的道德关系,一般有三种不同意义:一是指人们所向往和追求的某种完善的社会道德关系或社会道德风尚;二是指人们所向往和追求的完美人格在品德上的完美程度和标准;三是指人们应当并力图仿效的历史上或现实生活中具有高尚道德品质的英雄模范人物。

道德理想并不是人们凭空想象的东西,而是具有深刻的社会基础。其一,道德理想是一定历史条件和社会关系的产物。任何社会或阶级的道德理想,都是在一定历史条件和社会关系的基础上形成的,并且会随着历史条件和社会关系的变化,而形成不同的具体内容和特性。各种道德理想,既是一定社会或阶级要求人们在道德上应当追求的目标,又是这一社会或阶级用以反对某种对立势力和现象的斗争手段。其二,对理想人格的追求,是人们自觉认识当时历史进程和社会关系的产物。道德意义上的理想人格,是不是完美、高大、进步,就看它所体现的道德原则、规范及其所包含的品德要求,是不是代表历史进步的方向,反映先进阶级和人民大众的愿望,是不是有利于完成历史发展所提出的任务。一些伟大人物,之所以被认为是体现理想人格至善品德的典范,并不是在于他们个人有什么"天赋品性",而主要在于他们比一般人更深刻地认识到当时个人对社会、对他人的社会意义,能以更强烈的愿望自觉践行其对社会和他人的道德义务。也就是说,道德理想是社会发展的客观要求与人们的自觉认识相统一的结果。其三,道德理想从属于社会理想。社会理想包含着对某种完善的社会经济结构和政治制度等的性质和特征的设想,也包含着对这种社会制度下的整个社会道德状况的预见。因此,任何一种社会理想,都同时包含着某种相应的道德理想,包括着对相应的理想人格的至善品德的设想。而且,在各个历史时代,各个阶级都会使它的道德理想从属于它的社会理想。就个人而言,多半也是在一定的社会政治理想的支配下,确定自己追求的道德理想;并且,多半是在其认定的某种社会政治理想的激励下,努力使自己逐步具有理想人格的品德。个体越是努力为实现自己确认的社会政治理想而奋斗,就在走向理想人格品德的阶梯上攀登得越快越高。

不同时代、不同阶级有着不同的道德理想。在人类历史的进程中,曾经出现过奴隶主阶级、封建地主阶级、资产阶级等的剥削阶级道德理想,也出现过劳动人民的道德理想。衡量一种道德理想是不是进步的,归根到底,要看它是不是符合社会发展的前进方向,是不是具有激发广大人民投入创造历史活动中去的感召力。不同时代、不同国家剥削阶级的道德理想,表现形式各不相同,他们所塑造的理想人格,尽管有一些值得我们借鉴的地方,但是从总体上看,无非是要确定统治者与被统治者之间尊卑贵贱的道德界限,使被剥削人民安分守己,不要有"非分"之想。对于每个具体理想人格的典范人物的道德评价,就要看其为之奋斗的事业,能否促进社会向前发展,是否有益于社会物质和精神财富的增长,是否造福于人类。在历史上,凡是献身于真理,献身于社会进步和人类幸福并为之做出贡献的人,都应该实事求是地给予肯定。自从无产阶级作为独立政治力量登上历史舞台,特别是在马克思主义产生以后,一种真正符合广大劳动人民利益和愿望的道德理想,才得以产生和不断完善,这就是无产阶级的道德理想。就思想体系而言,这一理想也就是共产主义的道德理想。

3. 道德理想与社会理想的关系

首先,道德理想的社会层面直接是社会理想的一个构成部分。其次,在为实现社会理想的斗争中,必然要求塑造一批具有理想人格的人。毛泽东同志在抗日战争期间写的《为陕北公学成立与开学纪念题词》中指出:"要造就一大批人,这些人是革命的先锋队,这些人具有政治的远见,这些人充满着斗争精神和牺牲精神。这些人是襟怀坦白的,忠诚的,积极的,正直的;他们是不谋私利,唯一地为着民族与社会的解放;他们不怕困难,在困难面前总是坚定的,勇敢向前的;他们不是狂妄分子,不是风头主义者,而是脚踏实地富于实际精神的人们。"❶理想是精神性的东西,它要转变为现实,离不开作为主体的人为之努力与奋斗。理想的追求需要具有理想道德品质的人的努力,而人们在追求理想社会的奋斗中,也发展、完善和锻造着自身新的道德品质。离开了对理想社会的追求,人的道德也难以达到高尚的境界。

4. 树立道德理想的重要性

道德是现实性与理想性的统一,不仅是实然,更重要的是应然。在现实生活中,真善美与假恶丑并存。道德理想源于现实,但又超越现实。它一方面对现实生活给予辩证的审视,对假恶丑的东西加以贬抑和排斥;另一方面对现实中真善美的东西加以确认和发扬。道德理想是真善美的结晶,具有巨大的感召力,它激励人们为完善社会、完善自身而努力。道德理想的功能是道德能动作用的集中表现之一,对于一个文明的社会尤其重要。

对于个人来说,聪明才智和能力的增长与发挥不是天生的,是在学习、思考、观察、实践、总结中不断形成和培养起来的。在这个过程中,是勤奋还是懒惰?是奋发向上还是消极颓废?是坚持不懈还是浅尝辄止?这些都极大地影响着一个人聪明才智与能力的发展和发挥,而这些都与他的道德理想息息相关。不同层次的道德理想,不同层次的事业目标,影响着人们对事业的追求。一个人追求的目标越高,其才智与能力就发展越快,而短浅的目标常常影响和阻碍着智力的充分开发和发展。当一个人把自己奋斗的目标定位于造福人类、为人类的解放和幸福而奋斗时,所激发出来的不仅仅是勤奋的努力,而且是无私无畏的献身精神。马克思说过:"在科学的入口处,正像在地狱的入口处一样,必须提出这样的要求:'这里必须根绝一切犹豫;这里任何怯懦都无济于事。'"❷献身于人类的事业,才敢于面对各种困难,才敢于克服各种艰难险阻,为了目标的实现不惜贡献出自己的一切,才能够充分发挥其大智大勇。没有高尚的道

---

❶ 中共中央文献研究室:《建党以来重要文献选编(1921—1949)》第 14 册,人民出版社 2011 年版,第 591 页。
❷ 中共中央马克思恩格斯列宁斯大林著作编译局:《马克思恩格斯选集》第二卷,人民出版社 1972 年版,第 85 页。

德理想,这一切是难以想象的。

(二)道德理想在品德形成中的作用

道德理想,特别是进步的道德理想,在人们道德品质的形成过程中,具有重要作用。

1. 道德理想是形成和增强道德责任感的重要条件

道德理想能激励人们以某种道德责任感履行社会义务。人们的高尚品德,可以有各种各样的表现。但集中到一点,就是能以高度的道德责任感去履行自己应当承担的社会义务。在这个意义上可以说,能不能以高度的道德责任感自觉履行对社会和他人的义务,是一个人是否具有高尚道德品质的重要标志。这种道德责任感的形成和增强,其中一个重要方面,就在于正确确立人生的目的,热切追求某种完善的社会道德关系和完美的理想人格。所以,历史上各阶级都十分热心于倡导符合本阶级利益的道德理想。中国封建社会的杰出政治家诸葛亮,就曾经热情地倡导人们"立大志""修人品";强调"志当存高远""恢弘志士之气",力戒"碌碌滞于俗,默默束于情,永窜伏于凡庸",玩物丧志,无所作为。

道德理想可以鼓舞人们以强烈的道德责任感探索并走上革命的人生道路。从中外近现代的历史看,进步的道德理想对人们道德责任感的作用,在许多无产阶级革命家身上是表现得尤为明显。毛泽东同志在湖南第一师范读书时,就强调一个人应当"立一理想,此后一言一动皆期合此理想"❶,并把"以天下为己任""改造中国和世界""牺牲个人以利社会"作为自己的人生目的和道德理想。他说,个人身家利益与社会、民族利益的关系,犹如腕之于全身,"惟其爱天下万世之诚也,是以不敢爱其身家。身家虽死,天下万世固生,仁人之心安矣"❷。这种"以天下为己任"的人生目的,这种"牺牲个人以利社会"的道德理想,对于他探索救国救民的道路,以及不久转变为共产主义者,不能不说是一种巨大的鼓舞力量。这种情况在老一辈无产阶级革命家中不胜枚举。他们面对残酷的社会现实和日益增长不满情绪,思考着人生的价值和道路,追求着进步的理想人格。一旦形成稳定的认识,就不惜放弃自己优越的生活条件,甘愿为人民的解放事业承担牺牲和危险,拯救社会和人民于水火之中,从而走上了为共产主义奋斗的革命道路。

共产主义的道德理想能使人们以高度的道德责任感,为社会主义和共产主义奋斗。共产主义的道德理想,是人类发展至今最先进、最科学的道德理想。历史和现实都表明,人们一旦确立并追求共产主义道德理想,就会以高度的道德责任感自觉完成社会主义和共产主义事业赋予自己的历史使命。相反,如果失去或放弃了这种道德理想,就会对社会主义和共产主义事业丧失责任心,就会变得目光短浅、毫无气节、毫无原则、随波逐流,甚至会做出背弃和损害社会主义、共产主义事业的行为。在我国革命过程中,当遇到严重挫折或失败时,一些人彷徨消沉、动摇离队,甚至叛变投敌;而另一

---

❶ 毛泽东:《毛泽东早期文稿(1929.6—1920.11)》,湖南人民出版社1990年版,第589页。
❷ 中共中央文献研究室:《毛泽东早期哲学思想研究》,湖南人民出版社1980年版,第50页。

些人则擦干净身上的血迹,掩埋好牺牲同志的尸体,又继续沿着既定道路前进,百折不挠、奋战不息,表现出忠贞不渝的革命气节。还有的人愈是在这种最困难的时刻,愈是坚定地走到革命队伍中来,成为人们高度赞颂的优秀共产主义战士。在实现共产主义事业的征途上,之所以有两种截然不同的态度和表现,原因之一就是他们在人生价值选择和道德理想上有着深刻的分歧。正反两方面的经验表明,在现代,想要能够以高度道德责任感履行对社会的义务,并进而养成高尚的品德,就必须在实践中坚定自己的社会主义、共产主义理想和信念,追求共产主义道德理想。

2. 道德理想是确定和提高道德境界的重要条件

道德理想还同人们的道德境界有着密切关系。进步的道德理想,往往可以使人们的道德境界超出当时的世俗偏见和平庸观念。

人们生活于一定的社会关系之中,在道德境界上总是要受当时的历史条件制约。离开现实的社会历史条件来谈论人们的道德境界,就不是唯物主义的态度。但是,历史和现实的许多事例表明,处于同样历史条件和社会地位的人们,在道德境界上却也会有所区别。看不到或不承认这种区别,也不是真正唯物主义的态度。各个时代、各个阶级的人们,都是从现实的社会关系中吸取自己的道德观念,也都是从一定的社会条件出发来确立自己的道德境界。但是,现实的社会关系和社会条件本身很复杂,有的具有历史必然性,有的虽然存在却已经或正在丧失其历史必然性。因此人们从现实的社会关系和社会条件中吸取道德观念和确立道德境界同样很复杂。有的人可能从具有历史必然性的社会关系和社会条件中吸取道德观念和确定道德境界,有的人可能从已经或正在丧失历史必然性的社会关系和社会条件吸取道德观念和确定道德境界。所以,生活于同样历史条件下的人们,有的能够超出世俗偏见和平庸观念,有的则受世俗偏见和平庸观念的束缚,从而显现出道德境界的高低。正是基于这一点,马克思主义并不要求人们在确定道德境界时脱离现实,而只是教导人们要摆脱社会消极现象的迷惑,超出世俗偏见和平庸观念的眼界,力求从现实的历史必然性出发,来确立并不断提高自己的道德境界。

进步的道德理想可以帮助和鼓舞人们确定符合历史必然性的道德境界。进步的道德理想,对于人们超越世俗偏见和平庸观念,从现实的历史必然性出发,确立和提高自己的道德境界,有着不可忽视的重要作用。进步的道德理想,不同程度地正确反映和表达了现实社会发展的客观必然性,因而可以直接帮助人们确立、超越当时社会消极现象和世俗偏见的道德境界。其次,进步的道德理想是一种巨大的精神力量,因而可以在不同程度上鼓舞人们拨开繁杂迷惘的现象,摆脱世俗偏见和平庸观念的束缚,去探索社会发展的历史趋势,从而在深刻认识时代潮流和历史方向的基础上,确立和提高自己的道德境界。进步道德理想的这种作用,在不少伟大历史人物身上都表现得很明显。他们中的一些人,出身于剥削阶级,生活于腐败的社会环境,但由于接受了或形成了进步的道德理想,往往能在不同程度上做到"出污泥而不染""世皆浑浊而独清",有着超出同时代、同阶级大多数人,以致在今天也是值得赞叹的道德境界。

共产主义的道德理想,深刻正确地揭示和表达了目前社会发展的历史必然性。共产主义道德理想对人们树立和提高道德境界所起的积极作用,是其他任何道德理想不可比拟的。无产阶级运动的历史表明,不少原来属于剥削阶级的人,在还没有摆脱本阶级的利益要求和道德观念的束缚时,道德境界往往是平庸低下的,但当他们一旦接受并选择了共产主义道德理想,就使自己的道德境界焕然一新,并步步升高,最终成为具有高尚道德品质的人。一些出身于无产阶级和其他劳动阶级的人,按照他们的阶级利益和社会地位来说,本质上可以比出身于剥削阶级的人更容易达到更高的道德境界。但事实上,他们在没有具备共产主义道德理想之前,道德境界往往不高,甚至会掺杂着剥削阶级偏见的影响。只有在他们完全确立了共产主义道德理想之后,才使自己的道德境界飞跃到更高的水平。

共产主义道德理想,对于人们确立和提高道德境界,之所以能起到如此重要的作用,归根到底,就在于它最深刻最正确地揭示和表达了这个时代社会现实的历史必然性。同现实之间没有任何有机联系的理想,不论看起来多么崇高,对于人们的道德境界,都是软弱无力的,或者逐步变成软弱无力。共产主义道德理想确实崇高,但它从来没有脱离过现实。而且,它本身就是现实,即明天的现实,将要发生的现实。有人认为,在社会主义初级阶段,宣传共产主义道德理想,要超出"一心为自己""一切向钱看"的狭隘眼界,是不顾社会主义初级阶段现实的空话、大话和"左"倾,这是完全错误的。实际上,共产主义的道德理想,最重视社会主义社会现实的根本属性和历史必然性,并必将随着社会主义社会向共产主义社会过渡,而逐步成为明天最普遍最普通的现实。况且,党员、干部正是因为愿意为共产主义奋斗终身,才加入共产党,在入党之后,就标志着进入了为共产主义事业奋斗终身者的行列之中,也就标志着选择了对共产主义社会理想和道德理想的追求。对共产主义事业、对共产主义理想三心二意、半心半意或假心假意,都是对干部应有道德理想的背离。

3.道德理想是人们选择道德行为的重要条件

在人们道德行为的选择上,道德理想的作用是不容忽视的。进步的道德理想,往往可以帮助人们比较正确、比较自由地进行道德行为的选择。

只有把握客观必然性,才能自由地选择道德行为。人们的道德行为,不论人们意识到或是没有意识到,总是带有选择性的。人们在道德行为上的不同选择,从根本上说来,都有其内在的必然性。正如我们前面已经说过的,进步的道德理想,之所以被认为是进步的,就在于它关于完善社会道德关系和完美道德人格的标准,不同程度地正确反映了现实社会关系的客观必然性,把握了历史前进的方向,体现了先进社会力量和广大人民群众的根本利益。因此,一个人如果真正树立了进步的道德理想,从而掌握了完美人格的道德标准,就可以自觉地果断地克服或完全抛开那些正在或已经丧失的必然性的束缚,而选择符合现实社会关系的客观必然性的行为。道德理想的这种重要作用,对于共产主义道德理想来说,非但不会例外,而且会显得更加突出。

总之,道德责任感、道德境界和道德行为等问题,在人们道德品质形成过程中,占有显著的地位,甚至是形成道德品质的前提。先进的道德理想,则是解决这些问题的重要精神条件。因此,干部道德理想的建立,对于干部形成高尚的共产主义道德品质非常重要。为了使共产主义道德原则和规范所表达的要求,转化为干部精神世界中稳定的道德品质,就必须加强共产主义道德理想的教育,使之从不自觉变为自觉。

(三)共产主义道德理想

1. 共产主义道德理想的内容

共产主义道德理想是在马克思主义科学世界观的基础上提出的,反映了社会发展的客观要求和人民群众的美好愿望。它包含的内容非常丰富。从总体上看,共产主义道德理想的核心,是要求人们忠诚于共产主义事业,全心全意为人民服务。与此相应的,它把集体主义、爱国主义、全心全意为人民,牺牲奉献以及热爱劳动、坚持真理、人们之间平等互助等道德规范所要求的品德融为一体。马克思、恩格斯提出"为人类服务"的道德理想,并把为人类服务和为无产阶级的共产主义事业奋斗统一起来,指出了共产主义者应有的高尚品德。列宁、斯大林进一步丰富了共产主义道德理想,不仅要求有饱满的革命热情和坚强的革命毅力,而且要求用人类创造的全部知识财富武装自己的头脑。毛泽东同志在他的许多论著中,从各个方面对共产主义理想人格的崇高品德,做了深刻的经典性表述。毛泽东同志在领导中国革命和建设过程中,还把白求恩、张思德、刘胡兰、雷锋等优秀的共产主义战士,作为体现共产主义理想人格的现实典范积极加以倡导。所有这一切,都进一步丰富了共产主义理想人格的内容和特征。改革开放以来,尽管在社会转型的大背景下,在旧的道德规范受到强烈冲击而新的道德规范尚未形成、完善和巩固的情况下,我们党的两代领导集体,始终坚持用理想的道德人格教育人民、教育党员,把孔繁森、李素丽、李国安、王廷江等一大批优秀人物,作为新的历史条件下体现共产主义理想人格的典范积极加以倡导,在处于社会主义市场经济这一新的历史条件下如何体现共产主义理想人格方面,做出了开拓性的探索,进一步丰富和发展了共产主义理想人格的品德内容和特征。这些一直是共产党人强大的力量源泉,它激励了一代又一代人为了民族的解放、人民的幸福和祖国的建设事业而前赴后继、英勇奋斗。

2. 共产主义道德理想与剥削阶级道德理想的本质区别

第一,共产主义道德理想具有广泛的群众基础。一切剥削阶级的道德理想,都代表着少数剥削者的利益和要求。因此,他们的道德理想即使起过进步作用,也往往摆脱不了私有观念的束缚和剥削阶级的偏见。这也从根本上决定了他们的道德理想,是与广大人民群众对立的,缺乏群众基础和感召力。与此相反,共产主义道德理想扎根于劳动人民,来自劳动人民的道德生活体验,集中体现了人民群众的利益和意志,高度概括了劳动人民的优良品德。因而,共产主义道德理想具有最广泛的群众基础,并因此能以无与伦比的感召力,激励广大人民群众积极投入创造历史的活动。

第二,共产主义道德理想具有坚实的科学基础。一切剥削阶级的道德理想,往往从神秘的"天命"或抽象的"人性"出发,推出"圣人""贤人""完人"的偶像,欺骗或强迫人们对他们的道德理想顶礼膜拜,这些都不是以科学认识为基础的。与此相反,共产主义道德建立在马克思主义科学世界观的基础上,正确地反映了社会发展的客观规律,代表了时代潮流的前进方向,凝聚了人类对完美人格应有品德的一切正确经验和认识。正因为如此,随着历史的发展,它不但能为人们所接受,而且会引导人们不断使自己的品德上升到更高的境界,使社会成员中不断涌现出共产主义新人。

第三,共产主义道德理想具有深厚的实践基础。剥削阶级提出的道德理想,总是脱离具体的社会实践,空谈抽象的人格和人格修养。它们也往往把理想人格变成玄之又玄的神秘偶像,说成是极个别人才可能达到的境界。甚至像孔子所说的,他提出的理想人格的至善品德,连他推崇备至的圣人尧舜也不能完全达到。与此相反,共产主义道德理想是在群众性社会实践基础上总结出来,并且完全是为了适应社会实践的需要而概括出来的。它高出于现实社会中人们的普通道德水平,无疑是崇高的,但又因植根于现实的社会实践之中,因而是可以实现的。事实上,在现实生活中的许多先进人物身上,特别是那些优秀领导干部,如焦裕禄、孔繁森,甚至许多普通的党员干部和群众中的先进分子身上,也多少都具有这种理想人格的道德因素。

(四)干部道德建设与道德修养要强化对道德理想的追求

人都是有一些精神的,道德理想的选择和确立就体现了人们在道德方面的精神追求。对道德理想的追求、体现在道德方面的进取精神、对于社会理想与道德理想追求中自强不息的奋斗精神,都属于内在动力。它们对于社会道德的发展和道德主体个人的发展,都具有至关重要的意义。加强干部道德修养,强化这种对于道德理想追求的精神并使之趋于高度自觉,就要从干部道德修养的内在动力上给予更多的关注。

1. 要有对道德理想的追求精神

马克思列宁主义认为,利益是道德的基础,义与利是统一的。在社会主义市场经济条件下,随着生产力的不断发展,我们不仅要肯定人们对功利的正当追求,更需要强调人们对道德理想的追求,才能使社会主义市场经济沿着健康的方向发展。人,不仅是经济人,还是道德人;不仅要满足物质生活的需要,还要追求精神的价值。人除了物质需要之外,还有思想、有理智、有精神寄托、有理想和道德的追求。人的幸福不仅限于物质生活,精神生活的高尚和富足也是重要方面。单纯的物质享受并不能给人带来幸福。正如西方许多社会学家所指出的:"社会正面临着一个深刻的精神问题,不仅仅是青年人,还有很多人都感到人生没有目的……缺乏可以激励人心的道德价值观念。"这说明人们对幸福生活的追求,绝不仅仅是物质上的满足,精神生活的充实丰富,往往比物质生活更重要。许多人由于有着远大理想,有着对道德理想的追求,即使在物质生活困难时,也仍然是精神上的富有者,充满了革命乐观主义精神,能在所从事的事业、忘我地工作、真正的友谊、纯洁的爱情等方面得到快乐,从内心感到幸福。他们在能够享受优越的物质生活条件时,做到不奢侈、不移志,做物质的主人而非奴隶。

缺乏这种正确的追求,一味追求金钱、权力、享受,甚至腐朽糜烂的生活,结果不但没有得到幸福,反而会尝到苦果。在这方面,许多无产阶级革命家为我们树立了光辉的榜样。今天,我们每一个党员干部都应当学习这种崇高的精神境界,通过理想人格的模范作用和引导作用,形成、塑造自己的人格,追求高尚的道德理想和道德情操,使自己成为一个精神高尚而充实的人。

2. 追求道德理想要有进取精神

提倡对道德理想的追求,要弘扬进取精神,才会向着道德理想的目标前进。我国历史上就有奋发进取的传统。老庄哲学排除人的主观努力的,主张"无为""不敢为天下先",排除了进取精神。这种消极无为的人生观为封建时代处于穷途末路的人士所欣赏,成为他们精神上自我安慰的麻醉剂。而《易经》则开创了进取精神的先河,主张刚健有为、自强不息,提倡进取的人生态度。孔子则创立儒家学派,献身教育,以其不懈的奋斗进取精神走完自己坎坷的人生之路。无产阶级是人类历史上最伟大的阶级,它继承和发展了历史上劳动人民和一切进步人物的进取精神,而且最富于革命的进取精神。列宁把在革命斗争中形成并得到磨炼的无产阶级品质概括为"有耐心、能坚持、有决心、有决断、善于反复试验,反复改进,不达目的决不罢休"❶。不言而喻,进取精神是其中的重要内容。

然而,无产阶级的进取精神要在社会生活中得到充分发扬,并带动社会其他成员形成进取的社会道德风尚,也并非易事,而是依赖于一定的历史条件。社会主义市场经济的建立,为我们形成了有利于弘扬进取精神的社会环境。市场经济的竞争机制决定了必须在全社会振奋起积极向上的进取精神,克服那些安于现状、思想懒惰、惧怕变革、墨守成规的惯性思维。竞争给人带来压力,推动人们积极向上,树立进取精神。社会主义市场经济与崇尚进取的社会道德风尚的内在的契合,还由于社会主义市场经济理论的提出本身,就离不开进取精神。改革开放以来,我们党在理论上的一系列重大突破,实现与时俱进,其中就闪耀着进取精神的光辉。

提倡进取精神,追求道德理想,确立良好的社会道德风尚,还必须有高尚的价值目标和正确的导向。有的人"进取精神"很足,但完全是为了个人利益,有时甚至不惜损害他人的利益、集体的利益、国家的利益,这是不可取的。进取精神不应否定,而应该将其"拨正航向"。从另一方面看,一个人在进取过程中,只顾自己不顾及他人与社会,那么,他在实际生活中往往会碰壁,这种"进取心"难以持久,会走向反面甚至铤而走险。

3. 追求道德理想要有自强不息的精神

对道德理想的追求,是自我完善的行为通过行动才能实现,在行动中要有自强不息的精神。没有这种精神,就无法冲破各种艰难险阻,战胜私欲和邪恶,就不能成为一个具有高尚道德理想的人。自强,就是一种自胜自立、革新图强的精神和实践。古人也把"自强"称作"自振",就是自己奋发努力、振作有为的意思。自强不息来自于《易

---

❶ 列宁:《列宁选集》第4卷,人民出版社1972年版,第177页。

经》中的名言"天行健,君子以自强不息"。意思是说,天道运行,周而复始,刚健不衰;君子应当像天那样,坚持不懈,努力奋进。人为什么要自强呢?因为人生天地之间,要依靠天地又要改造天地,天地是变动不居的,因此必须因势应变、革新图强、奋斗不息。同时,人类要自强,不单是天地运行、世界发展的大势所迫,还有自身的原因。人们固有的情欲和社会生活的利益追求,使人常常被狭隘的私欲所束缚,如荀子所说,"蔽于一曲而暗于大理",蔽于私欲而害于公利。人类要健康发展,必须不断克己自胜,才能完善自身,从而有益于他人与社会的进步,这就是人类的主观能动性。在这个世界上,要成就任何事情,尤其是成就大事业,非有自强不息的精神不可。它必须克服种种困难,经历千辛万苦,百折不挠才能有所成就。在道德领域也是如此。干部要加强道德修养,追求高尚的道德理想,就必然要抵制各种腐败生活方式和错误思潮的影响,必须有自强不息的精神。老子有一句名言"胜人者力,自胜者强",说明一个人如果能够战胜自己的缺点和弱点,才算是真正的强者。反之,一个人连自己的缺点、弱点都不能克服,就不会是坚强勇毅之人,更不会有力量去战胜竞争者或敌对者。自强不息作为一种道德精神,要求人们克己自立、艰苦奋斗、不断进步,为国家和民族建功立业。它作为个人品德,是进德修业、自立成人的根本;作为民族精神,是中华民族强盛不衰的精神力量。这种自强,是立志为国家、民族建功立业的自强,是以"天下为己任"的自强,而不是自私自利、个人主义的"自强"。

延伸阅读 把践行对党的誓言作为毕生追求——丁仲华

丁仲华(1926—2020年),原名丁金海,男,汉族,中共党员,浙江省湖州市人,原民航总局政治部组织部部长。

丁仲华是新四军老战士,1949年立三等功,1955年获"解放奖章",2015年获"中国人民抗日战争胜利70周年"纪念章,2019年获"庆祝中华人民共和国成立70周年"纪念章。丁仲华19岁参加革命,21岁加入中国共产党,参加过鲁南战役、孟良崮战役、解放济南、淮海战役、渡江战役,历经战争岁月的洗礼,多次获得功勋荣誉。他始终听从党的召唤、服从组织安排,全心全意为人民服务,把践行对党的誓言作为毕生追求,为革命和建设贡献全部力量。离休后,他继续发光发热,认真细致做好所在支部工作在行业内外发挥老党员优势和作用,教育引导广大党员群众特别是青少年一代坚定理想信念、传承红色基因、发扬红色传统,产生了积极影响。

丁仲华所在的民航总局机关离退休干部法华寺党支部是一个有着光荣传统的先进基层党组织。从2001年到去世前,他一直任支部组织委员。长期以来,支部会议的记录工作都由丁仲华负责。每一次他都尽量详细地做好记录,以便详尽传达给每位党员。

除每周固定的学习制度外,法华寺党支部还有一项特殊的制度:坚持学习日交党费。每当收到交纳党费收据时,丁仲华便立即附上党费收缴明细表后传阅,供大家核对监督。年终时他会将本年度党费收支情况向支部大会汇报,留存党费如何使用问题经支委会研究,由支部大会讨论决定。

离休30多年来,丁仲华格外重视对青少年的关爱。"做好下一代人的思想教育工作,我们国家的未来就有希望了!"这是他始终坚信的理念。丁仲华语重心长地告诫同学们:"抗日战争的最大教训就是国家弱小,人民就要被欺负。希望大家不忘国耻,努力学习,德智体全面发展,为建设祖国而努力奋斗,为实现中国梦而奋发图强。只有国家兴盛强大,我们才能永享和平幸福。"

2020年8月16日,丁仲华在一张红纸上写下了遗嘱,其中的最后一条,也是最长的一条是:从抚恤金中取出10万元,作为向党组织交的最后一次党费。

在丁仲华的家里,桌子上的抹布是一条破旧的枕巾,墙角的拖把是用旧秋衣改造而成的,天花板上有几处墙皮龟裂,用透明胶布粘着……家里的很多东西都是旧的,但是案头4本保存良好的《中国共产党章程》熠熠生辉。翻至扉页,上面字迹清楚地分别写着"十二大""十四大""十六大""十八大"。他把党章摆在案头,把党放在心里。

2020年11月26日,丁仲华同志在北京逝世。他捧着一颗心来,那是革命军人保家卫国的雄心,是共产党员赤诚为民的初心,是人民公仆敬业奉献的真心。他不带半根草去,烛光将尽之时,他还交代家人,在火化的时候不许为自己穿上新的衣服,只能从穿过的里面挑。他一生忠于共产党员的信仰,不忘共产党员的初心,人民不会忘记,祖国不会忘记。

第二节 树立正确三观,提升内在驱动力

领导干部道德养成与正确的世界观、人生观和价值观的建设是紧密相连的。领导干部要在马克思主义世界观的指导下,坚持知行合一,用科学的世界观、正确的人生观指导自己的行动,坚持正确的价值观,在奉献中实现自己的人生价值。2021年4月19日,习近平总书记在考察清华大学时指出:"自觉树立和践行社会主义核心价值观,在勤学、修德、明辨和笃实上下功夫,自觉用中华优秀传统文化、革命文化、社会主义先进文化培根铸魂、启智润心,加强道德修养,明辨是非曲直,增强自我定力,矢志追求更有高度、更有境界、更有品位的人生。"❶可见,塑造领导干部正确的价值观,是提升领导干部道德影响力的关键。

一、世界观与干部道德

(一)世界观与干部道德的内涵与外延

世界观是人们对于生活在其中的整个世界以及人和世界之间的关系的根本观点、

---

❶ 教育部:《习近平新时代中国特色社会主义思想学生读本(大学)》,人民出版社2021年版,第226页。

根本看法,包括世界的本质,世界上各种事物之间的联系,以及在这个世界上的地位和作用等问题的根本观点、根本看法。世界观和干部道德建设是密切联系的。世界观决定道德观,其正确与否,决定着干部道德是否建立在科学的前提下,决定着道德建设和修养能否成功。科学的世界观对于干部自觉地确立正确的道德观、形成高尚的道德品质具有重要的作用。世界观是人们对世界的看法,道德观是对世界根本看法中的重要内容,即对人与社会之间客观关系的认识。道德能够帮助人们更好地认识社会,调节人我关系、群己关系,激励人们不断向上,使人得到自由全面和谐的发展。它能激励人们改造自己的主观世界与客观世界,使个人不断实现自我超越和自我完善,使社会文明不断进步,日趋理想和完善。道德是一种特殊的社会意识形态,本质上看是人们把握世界的一种方式,建立在人们自觉基础上。能否以科学的世界观指导自己的道德行为,决定着一个人道德水平的高低。一个共产党员以马克思主义科学世界观为指导,就能在想问题、做事情时,以是否符合社会最大多数人的利益为指向,以社会的高尚道德标准为自己的标准。

道德水平的高低对世界观的形成和发展也具有重大的影响。良好的道德,有利于个体选择和确立科学的世界观。许多革命者正是从热爱祖国、立志救国救民出发,苦苦寻求革命的真理,最后选择和信仰了马克思主义世界观,从而走上无产阶级革命道路。世界观与道德是内在统一的。只有确立了科学的世界观,才能自觉遵守和履行干部道德;而干部道德则是世界观的实践形态,科学的世界观必然表现为高尚的道德情操。同时,是否履行干部道德又是对是否确立正确世界观的一种检验。树立科学的世界观是干部在职业行为中能否廉洁奉公的重要保证。干部能否在自己从政的道路上规规矩矩办事、堂堂正正做人,也取决于是否能够树立正确的世界观。

道德建设的过程就是树立正确世界观的过程,道德涵养水平的高低影响科学世界观的牢固程度,决定能否自觉用科学世界观指导工作、学习和生活。科学世界观的牢固树立需要道德力量的约束,道德建设的成败取决于用什么样的世界观做指导,二者密切联系,互为因果。树立科学世界观必须不断进行道德建设,进行道德建设必须以科学世界观做指导。树立科学世界观是一个共产党员必须解决的根本问题。作为新时期的党员领导干部,如果没有科学的世界观作指导,就不会有正确的人生态度、人生目的和人生价值,对于世界的认识就可能是片面的,对于其道德观的形成就可能带来巨大的反作用。

(二)加强道德建设必须树立科学的世界观

干部要养成良好道德,必须树立科学世界观,在道德建设中改造自己的主观世界。在人的主观世界中,世界观和人生观居于核心的地位,人的其他精神要素都受世界观和人生观的影响,并在世界观和人生观的支配下,形成特定的精神活动趋向,干部道德其实也就是干部主观世界在社会伦理道德方面的反映。因此改造主观世界是树立正确的世界观、人生观和价值观,同时也是干部道德建设必须要夯实的基础。人的主观世界一旦形成,就具有相对的稳定性和独立性,并对人改造客观世界的活动产生影响。马克思主义的世界观是科学的世界观,其核心是辩证唯物主义和历史唯物主义。我们倡导的社会主义世界观,既符合马克思主义,又与中国特色社会主义文明和中华民族优秀传统道德相吻合。这样的世界观,是中国特色的马克思主义世界观。有了这样的世界观、人生观和价值观做指导,无论能力大与小,人生路上就不会犯原则错误。

世界观虽然看不见、摸不着,却是人生的导航器和总开关,领导干部安身立命的根本。要不断改造世界观,让自己的世界观与社会主义核心价值观和谐统一。有了正确的世界观,才会有正确的人生观和价值观。纵观近些年来贪腐官员的忏悔录,都提到"放松了世界观改造",说到底就是自觉不自觉地毁掉了正确的世界观。党员,特别是党员领导干部,如果世界观有偏差,政治上就会迷失方向,权力观、金钱权、价值观就会错位。共产党员是中华民族先锋队队员,不能把自己混同于普通群众。面对党旗宣过誓的人,就应该以马克思主义的世界观为标准,自觉改造自己的世界观,争取成为有道德追求和道德情操的人。

为什么要改造世界观,而且要不断改造,终身改造?因为社会是不断发展变化的,特别是社会主义市场经济条件下,领导干部面临的诱惑繁多,考验严峻。违纪违法被查处的领导干部曾经也是兢兢业业,一心为民的,但是定力不足,五心不静,守不住底线,经不起考验,放松了世界观的不断改造,而前功尽弃。党员领导干部,应该是德才兼备,以德为先的人,更应做改造世界观的带头人,不能把自己混同于普通群众。能力过硬,世界观也要过得硬。德不配位,难以服众,也行之不远。领导干部改造世界观的意义重大。为官一方,其言行具有示范作用,影响着一个单位、一个地区的政治生态,更要认真改造世界观。位高权重者面对的诱惑更多更大,很可能成为"围猎"的对象,才和德受到的考验更加严峻。戒贪念、忌私欲,是领导干部改造世界观的必修课、常修课。

也有人认为文化水平高了,就不用改造世界观了。随着经济社会的发展,国民文化知识大为提高,特别是领导干部大多是高学历,大多还有名校教育背景。但是一旦世界观动摇了,理想信念缺失,高学历的干部反而危害更大,成为高风险的干部。可见改造世界观,与学历高低、知识多少、能力大小并无关系。孔夫子的弟子曾子曰:"吾日三省吾身。"就是每天夜深人静时,积极自觉地反思自己,发现有不当之言、不当之行,便知错就改。改造世界观,是一场灵魂深处的自我革命,生命不息,改造不止。周恩来总理当年曾经说过,"要注意改造自己的世界观,要活到老、学到老、改造到老。"❶领导干部在改造客观世界的同时,更应改造主观世界,自我完善,净化心灵,杜绝违法乱纪,让正确的世界观内化于心,外化于行。

(三)坚持知行统一,不断改造世界观

树立科学世界观,是一个改造主观世界的客观过程。任何人只有参加到社会实践

---

❶ 高路:《共和国元勋风范记事》,人民出版社1990年版,第185页。

中，不断提高自己认识世界和改造世界的能力，才能改造自己的主观世界，从而树立科学的世界观，形成良好的道德。改造世界观要坚持做到知与行的统一。马克思认为，在改造世界的生产活动中，生产者也通过生产而发展和改造着自身，形成新的力量、新的观念、新的需要和新的语言。毛泽东在《实践论》中也反复强调："你要有知识，你就得参加变革现实的实践。你要知道梨子的滋味，你就得要变革梨子，亲口吃一吃。你要知道原子的组织和性质，你就得实行物理学和化学的实验，变革原子的情况。你要知道革命的理论和方法，你就得参加革命。"[1]知行合一的世界观改造途径是历史的、发展的，既没有一蹴而就的"知"，也没有一劳永逸的"行"，因而世界观的改造也将是一个无休止的动态过程。知侧重于认识世界、发现规律。行侧重于改造世界、践行规律，两者互相依赖、相互统一，紧密相连。在理论上割裂两者，必然无法践行唯物主义，实践上主观背离两者，知行不一，或知而不信，信而不行，必将给个人和党的事业发展带来损失。

干部在世界观改造中要做到理论与实践、知与行统一，必须从以下几方面着手：

第一，努力学习求真知。知是行的前提，没有真知，就没有灼见，更没有科学的践行。古人云：非学无以广才，非学无以明识，非学无以立德。无论是技能方面的"知"，能力方面的"知"，还是修养方面的"知"，都离不开学习。在新的历史条件下，领导干部只有坚持学习，才能不断获取新知识，掌握新技能，提升内心修养，才能在不同层面获得"知"。习近平总书记在担任中央党校校长期间说过："勤于学习、善于学习，是领导干部提高素质、增强本领的重要途径。今天，世界在发生巨大变化，中国在发生深刻变化，我们党的情况也发生了许多变化，新情况、新问题、新知识、新事物层出不穷，我们不懂得、不熟悉的东西很多，只有与时俱进地加强学习，才能担当起领导重任。可以说，领导干部的学习水平，在很大程度上决定着工作水平和领导水平。"[2]领导干部加强学习不仅是个人行为，更是政治责任。我们应该用宽广的眼光观察世界和自己的实践，坚持刻苦学习党的基本理论，特别是习近平新时代中国特色社会主义思想，学习党领导人民在长期奋斗中积累的丰富经验，学习一切反映当代世界发展的新知识，学习做好工作所必需的一切知识。

第二，正确取舍真躬行。知行合一是马克思主义的世界观，更是对领导干部的一贯要求。领导干部往往拥有较高的理论素养，具备了"知"的能力，但是实践中却经常发生领导干部知而不信，或信而不行的现象。每个人都知道"知行合一"，但在实践中又是另外一回事。就好比所有领导干部都知道贪污腐败收受贿赂是错的，但还有人冒着风险吃拿卡要，这样的人他的知与行明显是"不合一"的。习近平总书记指出："'知'是基础、是前提，'行'是重点、是关键，必须以'知'促'行'、以'行'

---

[1] 毛泽东：《毛泽东选集》第一卷，人民出版社1991年版，第287-288页
[2] 中共中央文献研究室：《十七大以来重要文献选编》上，中央文献出版社2009年版，第214页。

促'知',做到知行合一。"❶知行合一,既要真知真识,内化于心,也要言行一致,表里一致。由此可见,知行合一关键就在取舍,在于对善恶的理解和践行。作为领导干部,对于应该践行全心全意为人民服务的宗旨是内心明晰的,但是面临着利益的取舍、关系的权衡,能否取大义、舍小利,能否逐清廉、舍贪念,就显得尤为重要。能否真正做到知行合一,不仅是对领导干部能力素质的要求,更是对领导干部政治素质和道德品行的考验。

第三,求真务实是戒空谈。空谈误国,实干兴邦这是千百年来人们从历史经验教训中总结出来的重要经验。坐而论道,看似渊博,却严重违背了知行合一的要求。知行合一关键是如何践行,要反对形式主义和文牍主义。知行合一也是学用结合的过程,用和行不能靠花拳绣腿、标语口号、发文开会。领导干部在其位却难负其责,不仅没有履行岗位职责,也违背了从政的道德。要树立正确政绩观,戒空谈、重实干。杜绝不做先谈、边谈边做、谈而不做的,杜绝谈工作时豪言壮语、舌吐莲花,干工作时推诿扯皮、挑肥拣瘦。党的事业成败关键在干部,关键在实干。邓小平同志曾经强调:"世界上的事情都是干出来的,不干,半点马克思主义也没有。"❷领导干部要严于律己,靠实干立身,凭实绩进步,不图虚名,不好高骛远,不虚度光阴,在真扎实干中增长才干,提升修养。

二、干部道德与人生观

(一)人生观与干部道德的内涵与外延

人生观是人们对于人生目的和意义的根本看法和态度,它决定着人生的道路和追求。人生观包含的内容很多,但最基本还是人们关于人生目的、人生态度、人生价值的问题。

人生目的就是为什么活着的问题,也是人生观的核心问题。人生观方面许多问题的解决,最终取决于这个问题解决得如何。人生态度就是如何做人的问题,即怎样对待生活的问题。在人生的路上,难免会碰到各种各样的问题,如公与私、生与死、苦与乐、义与利、荣与辱、美与丑等等。具有不同目的的人,对这些问题的态度是各不相同的,可以说,人生态度由人生目的派生出来,或者说是人生目的的具体体现。人生价值问题是个人对社会的贡献和索取的关系问题,即人生的作用和意义问题,这就是我们通常所说的价值观,是世界观和人生观的应用和体现。人生观指导并支配着人们道德品质的形成和发展,规定着道德行为的基本倾向和道德评价的根本态度,制约着道德行为的最终目标。

人生观作为一种思想意识,在人们道德品质的形成过程中担任着重要角色,具有

---

❶ 中共中央宣传部:《习近平新时代中国特色社会主义思想学习纲要(2023年版)》,学习出版社、人民出版社2023年版,第74页。

❷ 中共中央文献研究室:《十六大以来重要文献选编》下,中央文献出版社2008年版,第874页。

增强人们自觉履行社会义务的道德责任感的作用。这主要表现在：进步的人生观能激励人们以某种责任感履行社会义务，这是一个人是否具有高尚道德品质的重要标志。这种道德责任感在很大程度上来源于正确了解人生的目的和意义，从而热切追求某种完善的社会道德关系和完美的理想人格。进步的人生观可以鼓舞人们以强烈的道德责任感探索人生的道路，把"以天下为己任""牺牲个人以利社会"作为自己的人生目的和道德理想，形成"天下兴亡，匹夫有责"的强烈道德责任感。共产主义的人生观能使人们以高度的道德责任感为社会主义和共产主义而奋斗，人们一旦确立并坚持共产主义人生观，就会有高度的道德责任感，自觉完成社会主义和共产主义事业赋予自己的历史使命。

人生观是确立和提高道德境界的重要条件，进步的人生观往往可以使人们的道德境界超出当时世俗偏见和平庸观念。这是因为人们总是从现实的社会关系中吸取自己的道德观念，也都是从一定的社会条件出发来确立自己的道德境界。所以生活在同一历史条件下的人们，有的能够超出世俗的偏见和平庸观念，有的则受其束缚，从而显现出道德境界的高低。进步的人生观可以帮助人们确立符合历史必然性的道德境界，因为其不同表达和反映了现实社会发展的客观必然性，是一种巨大的精神力量，可以鼓舞人们摆脱世俗偏见和平庸观念的束缚，探索现实社会的历史必然性，从而在深刻认识历史发展方向的基础上，确立和提高自己的道德境界。

人生观是人们选择道德行为的重要条件。因为只有把握客观必然性，才能正确地选择道德行为。人们之所以能够比较正确地选择道德行为，从根本上说，就在于能够深刻了解行为选择上的必然性及其意义，使决定自己选择行为的必然性和行为客体所具有的必然性达到一致。进步的人生观可以帮助人们选择符合现实社会关系发展趋势的行为。进步的人生观之所以为进步，就是因为它关于人生目的、价值和道路的规定，关于完善社会道德关系和完美道德人格的标准，不同程度地正确反映了现实社会关系的客观必然性，把握了历史前进的方向，体现了先进社会力量和广大人民群众的根本利益。一个人如果真正树立了进步的人生观，具备了正确的人生目的、人生价值和人生意义，就可以择定符合现实社会关系的客观必然性的行为，从客观必然性出发，确立和提高自己的道德境界。

树立正确人生观与提升干部道德修养相互作用。人生观以人生目的和人生意义为基本内容，而干部道德修养则是形成共产主义人生目的、人生意义所进行的一种涵养锻炼的功夫。正确的人生观一经形成，就必然时时处处表现出高尚的道德修养境界。良好的干部道德对干部人生观的形成和完善也具有推动作用。提升干部道德修养，就要把握住干部道德与人生观的关系，在解决人生观问题上多下功夫。只有把干部道德修养和树立正确人生观联系起来，才能在对待人生价值、人生目的、人生态度等人生观的基本问题上，具有正确的态度和看法。

（二）干部应有的共产主义人生观

干部是社会主义、共产主义事业的担当者，其人生观必须是共产主义的人生观。

其核心是大公无私的集体主义,是全心全意为人民服务。这种人生观同以往在私有制基础上形成的利己主义人生观有着本质区别,是在现代化大工业和公有制基础上,在辩证唯物主义和历史唯物主义的世界观的指导下形成和发展起来的。它批判地继承了历史上一切进步人生观中的积极因素,是无产阶级对历史发展规律的认识和对历史使命自觉认识的结果。

干部应有的共产主义的人生观,是以马克思主义世界观为指导,站在为共产主义而奋斗的历史高度,对人生的意义、价值、目的和态度给予的正确回答,其基本特征表现在以下几个方面:

第一,它以实现共产主义崇高理想作为人生目标。实现共产主义是社会发展的必然,是人类历史上最壮丽的事业,共产党人的人生目的是无比崇高和伟大的。领导干部树立了实现共产主义的人生目的,就要努力在日常的工作和生活中以此为动力,不断向着这个目标前进。

第二,无产阶级人生观,以大公无私的集体主义作为人生道路的原则。与社会化大生产相联系的无产阶级,在长期的生产活动和革命斗争中,逐步形成了严格的组织性和纪律性,他们的阶级地位和历史使命,必然会以集体主义作为自己人生道路的原则。因此,无产阶级人生观要求个人利益服从集体利益,即服从广大人民群众的整体利益。领导干部具备了无产阶级的人生观,就能把个人利益和整体利益真正统一起来,在两者发生矛盾的时候,以集体利益为重。

第三,以乐观主义精神积极面对人生。对人生道路乐观坚定,对人生前途充满信心,是无产阶级人生观的典型特征。由于无产阶级人生观具有共产主义的理想和集体主义的道路,因而对人生和社会前途充满了信心。无论在什么情况下,即使革命事业遭受挫折,即使人生道路遇到坎坷,具有无产阶级人生观,也会坚信自己的事业是正确的,始终充满着乐观向上的精神,在人生道路上步履坚定、勇往直前。

第四,以全心全意为人民服务作为自己的人生价值。《中华人民共和国宪法》明确中华人民共和国的一切权力属于人民,各级政府都是人民政府,是人民意志的执行者和利益的捍卫者,政府工作的根本宗旨是为人民服务,政府工作的基本原则是对人民负责。全心全意为人民服务是党的根本宗旨,是党的一切工作的出发点。干部只有把自己的生活、生命和职业道路同社会历史的进步、同广大劳动群众的幸福和整个人类的解放事业联系起来,把自己的一切贡献给社会主义和共产主义壮丽事业的时候,才是最有价值、最有意义的人生。要心怀敬民之心,爱民之心,为民之心。

(三)在确立正确人生观上下功夫

确立正确人生观是干部道德建设必须要解决的问题,只有确立正确人生观,干部在履行其职责、处理个人与他人、个人与集体、个人与社会之间的关系时,才会以共产主义的道德规范自己,形成良好的干部道德。领导干部提升道德修养,树立正确人生观,就必须解决人生观的基本问题,即确立正确人生目的、正确认识人生价值、树立正确人生态度。

第一,确立正确人生目的。人们进行任何一种活动,从事任何一项事业,自始至终都有一个自觉的目的在驱使和支配。人生目的是人生实践活动的前提和起点,决定人生的根本方向和道路。一个人如果真正懂得了自己是为人民大众而活着,从而确立正确的人生目的,在人生道路上就会心胸开阔、干劲倍增,道德情操高尚,就能克服一切困难,经受任何挫折和考验,朝着既定目标前进。人生目的决定人生价值。不同的人生目的影响着人们对社会的贡献,制约着人生的价值实现。古往今来,一切顺应社会发展方向,确立正确人生目的的人,都竭尽全力,为社会做出大量的贡献,因而其人生是有价值、有意义的。对于每个干部来说,只要确立了正确的人生目的,就会有坚定的生活信念和高尚的精神境界,不管处在怎样的工作岗位上,都会产生强烈的事业心和责任感,激发出巨大的积极性和创造性。

干部确立正确人生目的,首先要提高自己的思想觉悟,主要包括政治品质和思想道德,即用马克思主义的世界观和人生观指导自己。其次要锻炼自己意志品德。荀子说:锲而不舍,金石可镂。人生道路不可能一帆风顺,许多艰难险阻需要用坚强的意志来克服,意志薄弱者很难实现高尚的人生目的。再者要掌握知识和才能。知识和才能是干部建设社会主义物质文明和精神文明,满足社会需要,实现人生目的的重要手段,否则,实现共产主义的人生观只是纸上谈兵。

第二,正确认识人生价值。人生价值就是人的社会价值。即人对社会的贡献和社会对人的承认。对人生价值的认识是进行人生实践活动的重要标准之一,不同的认识可以导致完全不同的人生。追求极端个人主义、金钱至上、享乐主义人生价值的人可能遗臭万年,人生价值不值一提。而那些为国家民族利益的实现而英勇献身、名垂青史的英雄,其人生价值重如泰山。干部正确认识人生价值,就是要把握正确衡量人生价值的标尺,把个人对国家、对社会、对人民所做的贡献作为标尺,而不是把金钱、地位、名利等作为衡量人生价值的标尺。

第三,树立正确人生态度。人生态度是人们在社会生活实践中对待客观事物,对待他人和对待自我的基本态度,它和人生目的、人生价值一起构成人生观的核心内容。各种不同类型的人生态度,从根本上看都是受特定人生观的支配和制约,特定的人生观又总是具体地体现在人们对待人生的态度、目的和人生意义之中。消极的人生观表现出来的人生态度不外乎吃喝玩乐、消极颓废,而积极的人生观则是催人奋发向上,认为人生应该为人民的事业和社会的进步做出贡献等。

干部树立正确人生态度,要做到认真学习马克思主义理论,用科学的世界观指导自己的思想。马克思主义是观察、处理人生问题的科学世界观和方法论,是正确的人生态度的理论基础。掌握马克思主义科学理论,就能认清社会发展的方向,自觉顺应历史的潮流,正确对待和处理人生道路上的各种曲折。要积极投身社会实践,因为实践是干部树立正确人生态度的社会物质条件。要自觉培养艰苦奋斗的意志品质,吃苦在前享受在后。共产党人所从事的事业是人类历史上最崇高的事业。也是充满着艰辛的伟大事业。如果没有艰苦奋斗的意志品质、不能吃苦在前,享受在后,没有先天下之忧而忧,后天下之乐而乐的人生态度,就不可能完成自己的历史使命。因此领导干部确立正确人生态度必须要敢于吃苦,乐于吃苦。

三、干部道德与价值观

(一)价值观与干部道德的内涵与外延

价值观是指人们在价值问题上的基本观点和基本看法,也就是价值认识,是对价值的确认,体现为价值取向、价值目标、价值标准和价值追求。这里所提到的价值观是指人生价值观。人生价值是从一般价值概念引申而来的,是指人们在其生命活动过程中作为主体时社会给予的物质和精神上的满足和肯定,作为客体时给予社会的物质和精神上的满足和肯定。人生价值问题是个人对社会的贡献和索取的关系问题,即人生的作用和意义问题。人生价值包括两方面:人的社会价值和人的个人价值。人的社会价值是指个人对满足社会物质需要和精神需要所作出的贡献。人的个人价值是指社会对作为社会成员的个人在物质和精神两方面在何种程度上给予满足。人生价值观具有多样性和复杂性,以及强烈的倾向性,每个人都会自觉不自觉地倾向或选择一种价值观。价值观对一个人具有定位和导向作用,指导人们在社会生活和实践中进行价值选择。

价值观是人的世界观在人生价值问题上的反映。人对世界的看法决定人对自身存在价值的态度,人对人生的态度、目的和意义的看法决定人们对自身价值的定位。一个人有什么样的世界观、人生观,就会有什么样的价值观。干部道德观念的形成直接受个人价值观的影响,正确的价值观是干部履行职责,处理个人与他人、个人与集体、个人与社会关系的基本依据。只有在正确价值观的指导下,干部才能正确认识自身,正确对待人生,从而形成和遵循符合党和国家、人民利益的思想品德。因此,要形成正确的干部道德观,必须要形成和巩固正确的人生价值观。真正确立了高尚道德信念的人,其价值观融天下、国家、家庭、个人于一体,把政治上的建功立业和造福于民作为生命意义的体现。正确价值观不是与生俱来,而是在社会生活中逐步形成的。两个家庭出身、成长经历、工作环境完全相同的人,其价值观可能会截然相反。究其原因,个人在社会实践中的修养起了决定性的作用。可见,干部的道德修养对于形成和巩固正确的价值观具有重大意义。相反,即使一个人已经具备了正确的价值观,如果不注意道德修养,其价值观也可能发生蜕变。

(二)新时期领导干部应有的价值观

共产党人的价值观是以全心全意为人民服务,以集体主义、无私奉献为核心的崭新价值观。它反映了共产主义的价值观念,是社会主义精神文明建设的本质要求。

中国共产党人的崇高理想就是最终实现共产主义,使全体人民过上幸福美好的生活。为此,将全心全意为人民服务作为自己人生的价值体现。全心全意为人民服务是党的性质和宗旨的直接体现。中国共产党是中国工人阶级的先锋队,是领导中国特色社会主义事业的核心力量。这样一个核心力量没有独立于人民利益之外的特殊利益。对于广大党员干部来说,向人民负责和向党负责是一致的。这种一致的基础就是人民利益。党的性质决定了党的宗旨就是全心全意为人民服务。毛泽东指出:"全心全意为人民服务,一刻也不脱离群众,一切从人民的利益出发,而不是从个人或小集团的利益出发;向人民负责和向党的领导机关负责的一致性,这些就是我们的出发点。"❶一切从人民的利益出发,一切对人民负责,这也是共产党区别于其他政党的一个显著标志。无论是在艰苦的革命战争年代,还是在社会主义建设时期,我们党始终坚持立党为公、执政为民,艰苦奋斗、无私奉献,涌现出了一大批优秀的共产党员。他们为了人民的利益舍身忘我、无私奉献,表现了共产党人高尚的价值观,为党赢得了崇高的威望。在发展市场经济的新形势下,共产党员要坚持全心全意为人民服务,就要通过发展市场经济来解决人民日益增长的美好生活需要和不平衡不充分的发展之间的矛盾。举富民旗帜,立市场潮头,努力为建设社会主义现代化强国做出贡献,这是当前为人民服务价值观的重要内容。

无产阶级的阶级地位决定了无产阶级的阶级本性和历史使命,进而决定了为完成这个历史使命所需要的团结、协作、共同奋斗的集体主义精神。集体主义在社会主义初级阶段的社会价值导向中占据核心和主导地位,是社会主义道德调节个人和社会关系的根本指导原则。党员干部集体主义的基本点,就是从社会整体利益和人民群众根本利益出发,把集体利益(社会整体利益)摆在高于一切的位置,坚持个人利益服从集体利益、局部利益服从整体利益、暂时利益服从长远利益。在保障社会整体利益的条件下,实现个人利益和社会整体利益的有机结合,当个人利益和社会利益发生矛盾时,自觉地使个人利益服从于社会整体利益。在发展市场经济的大潮中,党员干部集体主义的价值观就是要以人民群众共同富裕为目标,正确处理市场经济条件下各种复杂的利益关系,注重集体与个体、整体与局部利益的最佳结合,在实现为人民服务的过程中,实现自身的人生价值。党员干部集体主义的价值观就是把个体的价值体现融于集体的利益实现之中,达到个体与集体的和谐一致,从而实现个体的价值追求。

(三)实现共产党人的人生价值

进行干部道德建设,树立正确价值观,最终要体现在每个人的行动上,即在工作、学习和生活中,用正确价值观指导自己的行动,实现共产党人的人生价值。

第一,在全心全意为人民服务,为最大多数人谋取最大利益的实践中实现自身价值。全心全意为人民服务是党的根本宗旨,是每个共产党员的行为原则,也是对于党

---

❶ 毛泽东:《毛泽东选集》第三卷,人民出版社1991年版,第1094页。

员干部的最根本的道德要求。毛泽东指出:"我们一切工作干部,无论职位高低,都是人民的勤务员,我们所做的一切,都是为人民服务。"❶领导干部要实现自身价值,就必须要树立全心全意为人民服务思想。张思德在平凡的烧炭岗位上勤恳工作,以自己的生命实践了重于泰山的人生价值。雷锋在日记中写道:"人的生命是有限的,而为人民服务是无限的,我要把有限的生命,投入到无限的为人民服务之中去。"❷他把为人民服务作为人生价值的体现,表现了共产党人的高尚情怀。

干部实现全心全意为人民服务,为最大多数人谋取最大利益,首先要一切从人民群众利益出发,甘当人民的勤务员。一切从人民群众利益出发,以个人利益服从人民群众的整体利益,把人民群众的利益看得高于一切,是全心全意为人民服务的基本要求,是共产党人一切工作的出发点。一切从人民利益出发,就要时刻把人民群众的利益放在心上,做到想人民之所想,急人民之所急。一切从人民群众利益出发,就必须使自己的言论、行动符合广大人民群众的利益,在选择和评价自己或他人的言行时,以广大人民群众的根本利益为最高标准。一切从人民群众利益出发,就是坚持人民群众的利益高于一切,以个人利益服从人民群众的利益,在必要的时候,甘于为人民群众的利益而牺牲个人利益甚至生命。其次,要关心人民群众的物质利益和精神文化需求,努力使人民摆脱贫困,过上幸福生活。关心人民群众的疾苦,为人民群众排忧解难,努力使人民群众摆脱贫困过上美好生活,不断提高人民群众的生活水平,是全心全意为人民服务的一个重要要求。要在组织人民、领导人民、帮助人民发展生产,满足他们的物质和文化需要,提高其政治觉悟和文化程度的工作中发挥先锋模范作用。再次,要坚持密切联系人民群众,认真倾听人民群众的呼声。密切联系人民群众是我们党的优良传统和作风,是党的一切工作取得胜利的重要法宝。要实现全心全意为人民服务的价值,就要与群众紧密联系在一起,与人民群众同呼吸共命运,认真听取群众的意见和要求,使自己的思想和行动充分反映人民群众的愿望和要求,真心实意地为人民群众解决问题。只有这样,干部才能真正得到人民群众的爱戴拥护,共产党员的价值才能有坚实的基础。最后,要勇于同一切危害人民群众利益的思想和行为作坚决的斗争。现阶段我国社会还存在着少数敌对分子,还存在着剥削阶级的思想,干部在同各种违法乱纪行为,同一切危害人民利益的思想和行为的斗争中,能集中体现党员干部的凛然正气,体现作为中坚力量的社会价值。

第二,弘扬团结协作、共同奋斗的集体主义精神,在带领群众共同致富中实现社会中流砥柱的自身价值。集体主义是一切从人民群众利益出发的大公无私思想,是无产阶级先进性和革命性的集中表现。领导干部作为社会主义、共产主义事业的领导者和承担者,只有弘扬集体主义精神,才能实现其社会先进分子、中流砥柱的人生价值。这

---

❶ 《毛泽东军事文集》编写组:《毛泽东军事文集》,军事科学出版社、中央文献出版社1993年版,第746页。
❷ 《雷锋》杂志:《见证人讲述:雷锋日记》,人民出版社2018年版,第129页。

就要求他们首先必须正确处理集体和个人的关系,坚持集体主义,反对个人主义,坚持个人利益和集体利益、眼前利益和长远利益、局部利益和全局利益的一致性,在个人利益和集体利益发生矛盾时,暂时舍弃个人的利益。其次要勇于和善于带领群众前进,要注意把集体主义精神融入自己的一切行动中。要努力学习各种科学本领,正确理解贯彻执行党的路线方针政策,带领群众发展生产脱贫致富,不让一个群众游离于共同富裕之外。再次,实践集体主义,要勇于同极端个人主义作斗争。极端个人主义是一种以个人利益为根本出发点的人生态度,它强调个人利益是唯一现实的利益,是人生的最高价值,单方面要求社会成为达到个人目的的手段,却不愿为社会做任何奉献。干部必须同极端个人主义作斗争,坚决反对和谴责一切从自我出发、不择手段地追求个人利益,把个人利益凌驾于国家和社会整体利益之上的错误思想和行为。应当不断检讨自己,巩固一个党员的价值目标和理想追求。

第三,在努力工作、无私奉献中实现自身价值。人生价值是通过改造社会劳动表现出来的,共产党人的人生价值,最终要体现在努力工作,无私奉献上。首先,干部要勤奋学习,努力掌握做好工作的各项本领。努力工作不能只是表现在口头上、书面上,而应该落实到具体的行动中。尤其在知识经济时代,在群众的知识水平和个人素质不断提高的时代,干部一定要不断学习各种专业知识,掌握过硬的本领,能创造性地执行党的路线方针政策,才能带领群众不断前进。没有过硬的本领,不可能站在群众的前列,党员的价值实现也就无从谈起。其次,干部要发扬无私奉献精神。评价一个人的价值,不是以其从社会获取多少来衡量,而是以其对社会贡献的大小为标准。发扬无私奉献精神要做到三点:一是不斤斤计较个人得失,只要对党和人民有利的事,都要带头去做。二是在个人利益与集体、国家利益发生矛盾时,在物质利益不好平衡时,自觉服从党和人民的利益,吃苦在前、享受在后,把方便让给别人,把困难留给自己。三是在关键时刻、在危急关头、在需要的时候,为了党和人民的利益,勇于牺牲个人利益,直至自己的生命。在无私奉献中,个人的人生价值才得到最大的体现。

延伸阅读　忠诚贡献,书写赤子人生——袁庚

袁庚(1917—2016年),原名欧阳汝山,男,汉族,中共党员,广东宝安人,招商局集团原常务副董事长,原蛇口工业区管委会主任。他不断冲破思想禁锢,大胆创新实践,提出了一系列与市场经济相适应的新观念,开展了一系列体制机制的新变革。他率先在深圳打响改革开放"第一炮",提出"时间就是金钱,效率就是生命"这一突破思想束缚、具有强大感召力的改革口号,创办培育了我国第一个外向型工业园区——"蛇口工业区",成为我国改革开放"排头兵",并由此催生出招商银行、平安保险等一批优秀企业。他的勇于探索和改革创新,为我国改革开放提供了宝贵经验,做出了重要历史性贡献,并荣获香港特别行政区政府"金紫荆勋章"。

这位从深圳大鹏走出的热血青年,穿越抗日战争的硝烟、解放战争的炮火,从军事情报到国家外交,从隐蔽战线到改革前哨,在各个历史时期,以超人的智慧、卓越的胆识、勇敢的精神,为党和国家的事业忠诚贡献,书写着赤子人生。尤其是十一届三中全会以来,为中国改革开放事业作出了积极探索和突出贡献。

1979年,在党中央的领导下,袁庚执掌的招商局从香港跨海而来,在南海之滨的深圳蛇口率先炸响改革开放"第一炮",创办了中国第一个外向型的工业园区——蛇口工业区。

蛇口工业区创办以来,在袁庚的带领下,打破禁锢、解放思想、大胆实践,采取了一系列推动经济社会发展的新举措。特别是1981年袁庚提出的"时间就是金钱,效率就是生命"口号,给保守僵化的守旧思想造成了强大冲击。随着蛇口工业区的成功实践以及之后又大力倡导的"空谈误国,实干兴邦"等口号在中华大地广泛传播,改变了人们的时间观念、效率观念、价值观念,在很大程度上引领推动了全国的思想大解放。

改革开放初期,在极度缺乏人才的情况下,1981年袁庚推动在全国首次实行人才公开招聘,有力推动了人才的流动和人力资源的解放。同年,创办蛇口工业区培训中心,大力提高人才的政治思想、专业知识等综合能力,并探索企业经营管理者聘任制等,最早在全国推行能进能出、能上能下、能多能少的"六能"改革。这一系列的干部人事制度的探索实践,不仅促进了人才流动、激发了人才潜能、推动了人才解放,还有力促进了整个干部人事制度改革。

在开发建设蛇口工业区的过程中,以提高工作效率和经济效益为基本出发点,遵循经济规律,大胆开展各项制度创新,在全国率先推行了企业的管理体制、分配体制、基建体制、干部人事制度、住房制度、社会保障体系、金融改革等一系列改革试验,创下了24项当时的全国第一。这一系列改革及其推广,有效激发了企业的创造力,解放和发展了社会生产力。

袁庚执掌招商局时已年届花甲,但仍然秉承"以商业成功推动时代进步"的伟大使命,以一个共产党人的责任与担当,率领蛇口人"杀出一条血路",在邓小平、李先念、习仲勋、谷牧等党和国家领导人的大力支持下,缔造出了激情燃烧的蛇口"试管",率先燃起市场经济的星火,使招商局蛇口成为"改革开放的排头兵"。

至1993年,袁庚离任时,在他掌舵招商局的14年里,招商局资产翻了117倍,从4800万元人民币增至56亿元人民币。一个百年老店重新焕发生机,缔造了招商局历史上的第二次辉煌。2018年,在庆祝改革开放40周年大会上,党中央、国务院授予袁庚"改革先锋"奖章。

第三节 塑造高尚人格,提升内在驱动力

高尚人格的塑造,在干部道德建设和道德修养中具有重要意义。干部道德修养的境界和水平,最终会表现在干部人格上。加强干部道德建设和修养的一个重要内容,就是对高尚道德人格的追求和塑造。只有自觉地努力加强道德建设和修养,才能塑造出高尚的道德人格,在人民群众中表现出良好的道德风范。

一、人格与道德人格

人格,是一个许多学科都在研究,人们在日常生活中广泛使用的概念。人们常说,做人要讲人格,要做一个人格高尚的人;以人格担保;不能丧失国格、人格等。其蕴意之重,其含义之明,不言而喻。现实生活中,人们经常使用这个词,都能感受到这个词的分量。但是,从学术研究的角度,从哲学、心理学、伦理学、社会学、法学、医学、文学、美学、宗教学等不同学科,对人格的理解和分析,尚未形成一个为所有学科所共同接受、明晰而又充分的定义。要达到对人格比较完整和正确的把握,就要善于从不同学科的角度去理解,站在一定的高度去理解。

(一) 什么是干部人格

社会既是由具有一般人格特征的个人所组成,同时也区分成具有不同职业或身份特征的人格群体,干部人格就是这样一个概念。干部人格既具有一般意义上的人的本性,同时也具有从事干部职业所应具有的特殊性。干部人格是人的一般本性和干部的特殊的统一,是个性、职业性和社会性的高度统一。其中的职业性和社会性是干部人格的本质,是干部人格区别于其他群体人格的根本所在。一提到干部人格,人们就会联想到一定的地位、权力、责任、社会影响力、服务意识及献身精神等,这些都是由干部所具有的职业特性引起的。干部人格,是这些职业特性的内在化、人格化,更是领导道德水准的突出体现。

(二) 干部人格形象的社会影响

干部人格是干部所具有的内在品性,同时也表露于外,成为干部道德的外在体现。人们通常是通过干部人格的外在表现,也就是干部人格形象,感悟和了解一个人的干部人格。具有什么样的干部人格,树立什么样的干部人格形象,在当今中国社会具有极其重要的意义。

第一,高尚的人格是党员干部行为的动力之源。人格就是力量,人格中蕴藏着作为个体的人,也就是任何活动主体的主动性、积极性和创造性。理论和实践都证明,一个人事业的成功,人格的力量是至关重要的因素。尤其是人格中的道德追求,不仅能使一个人充分发挥他在经验和智力上的潜能,同时可以在一定程度上弥补其在经验和智力上的不足,甚至可能在经验和智力等条件相对匮乏的情况下,做

出别人无法企及的成绩。而且,理论和实践都证明,一个人追求得越崇高,人格越伟大、越高尚,行为的动力就越强,做的事就越有益于人民和社会。马克思在他17岁的毕业论文中就提出要为人类的幸福而选择职业并努力工作,表现出了高尚的道德情操。在之后长期的革命斗争中,马克思之所以能够在物质生活条件非常匮乏的条件下,坚持《资本论》的写作,坚持为社会主义代替资本主义、坚持为人类的解放而战斗,是与他年轻时就确立并始终不渝的高尚情操和道德人格的追求分不开的。为中国革命的胜利和人民解放事业做出卓越贡献,并英勇献身的那些革命先驱们,之所以能不畏强暴、不惜流血牺牲,是与他们信念的坚定、人格的崇高分不开的。只有心系劳苦大众,心系人类解放和社会进步的胸怀,才能达到无我、忘我的境界,才有追求和奉献的执着与无私。社会主义建设时期,执政地位的确立、环境和条件的改变、商品经济大潮的冲击、各种思潮的侵袭,都给干部人格的修养带来了新的考验。能否在权力和物欲的诱惑下,仍然保持干部道德人格的高尚与独立?能否在享受改革开放带来的文明进步成果的同时,先天下人而为明天更高的理想追求而奋斗、而不惜牺牲个人的利益?在这些考验面前,干部道德人格自见高低。人格高尚者,如孔繁森、焦裕禄等,在自己的岗位上做出了突出的成绩,为当代人树立了一座精神丰碑;人格低下者,被人民从干部的队伍中剔除出去,沦为人民的罪人。历史和现实证明,只有人格的高尚,才能做出有益于人民有益于社会的政绩;只有人格的崇高,才能有政绩的永恒。

第二,干部高尚的人格是凝聚起各种力量的重要因素。在路线、方针、政策正确的基础上,干部就是决定性因素,这就是为什么我党一贯十分重视干部队伍建设的原因。干部尤其是领导干部,是社会主义现代化建设事业的领导力量。领导干部带领群众进行社会主义建设,主要有两种方式:一是靠真理的力量,就是科学的世界观和方法论,正确地贯彻执行党的路线、方针、政策,组织领导能力等;二是靠人格的力量,就是道德的力量、表率的力量。领导干部的人格力量是一种非权力的影响力,它没有正式权力的权威性、外显性和强制性,但它却有权力所没有的亲和力、感召力和凝聚力。一个人可能居于高位,拥有正式的权力,人们可能因此而畏惧,不得不服从,但这种畏惧和服从是相当脆弱的,在权力达不到的地方,在权力消失之后,人们会反过来唾弃、鄙视,就是因为其不具有人格的力量。相反,一个人即使不拥有权力,但只要具有人格的力量,就会有很大的凝聚力和感召力。权力只有和非权力的影响力相结合,也就是握有权力同时具有高尚人格,才能使手中的权力充分持久地发挥效力,甚至在权力消退之后,都会在其所热爱的事业中发挥影响力。人们崇尚真理,崇尚科学,同样也崇敬高尚的人格。回顾我们党的历史,从焦裕禄到孔繁森,一代又一代、一批又一批党的领导干部,在平凡的工作岗位上,用自己的实际行动展示着高尚的人格力量,成为社会的灵魂,正义的化身,群众学习的楷模。从他们身上可以看出,领导干部的人格越高尚,就越能在群众心目中享有威望,就越具有亲和力和影响力,也就越能有效地带领广大人民群众前进。领导干部作为群众的带头人、领路者,高尚的人格有着巨大的力量,能够产生广泛的影响。认真学习领会干部人格的深刻内涵,对于各级领导干部进一步提高自身素质,塑造高尚的人格,从而把社会主义现代化建设事业推向前进,具有十分重要的意义。

第三,领导干部高尚的人格对社会具有极强的示范效应。一个社会有什么样的人格追求,在相当程度上取决于这个社会中居于领导职位的领导干部所具有的人格追求,我国政府行为在社会生活中居于重要地位尤其如此。由职业特点所决定,干部人格的高下反映了社会人格水平的高下。20世纪五六十年代,人们之所以认为是道德风尚较好的时代,以至于如今相当一部分人还有种怀旧的情绪,除了大众普遍的道德水平之外,更主要的是因为那个时代我们的党员干部率先垂范,保持和延续了革命时代较高的道德追求和人格风范。同样,改革开放的时代,人们之所以对社会道德风尚不满意,除了对社会中一些人的欺、瞒、拐、骗,不择手段的逐利行为和损人利己的人格不满意之外,更重要的是某些党员干部,利用手中的权力和特殊的地位,损公肥私,甚至不惜出卖国格、人格,泯灭了作为一名党员干部或国家公务人员的良心。党员和国家公职人员的人格也会影响其他人的人格追求。社会需要理想,人们崇尚崇高,即使在世俗化的现代社会中,人们的精神世界也渴望积极向上,这是社会发展、文明进步的内在动力。但在任何社会中,这种理想和崇高都需要典型和示范。在当今中国社会,树立人格追求的目标,并引导人们不断前进,党员干部身负重要使命。以德治国,就需要干部率先做道德的楷模。

第四,高尚的人格,是党员干部拒腐防变的强大武器。人格体现着尊严。尊严是同人的道德人格密切相关的伦理学概念。尊严的意义体现在两个方面:一方面,人对自己的尊严的意识是个人的自我意识和自我控制的一种形式,人对自身的严格要求就建立在这种意识之上;另一方面,个人的尊严也要求其他人尊重这种尊严,同时个人的尊严承认其他人也有相应的权利。前者意味着强烈的自尊与自律,后者意味着威信与威望。体现着尊严的人格,是自尊、自重与他人尊重的统一,是自我维护与他人维护的统一。高尚的干部人格,是社会上一种具有一定地位因而也应具有一定威望的职业所具有的人格品性。高尚的干部人格,不仅在社会上,在人民群众中产生的威信与威望,同时更是抵御自身腐化变质的坚强的内在力量。纵观个别党的高级领导干部蜕变的过程,我们不难发现,他们理想信念的动摇和政治上对党的事业的背叛,首先是从道德人格的沦落开始的。他们或贪图钱财,或贪恋女色,或兼而有之,因贪而生非分之想,因贪而行窃权窃民之举。他们忘记了"君子爱财,取之有道""以义制利"的中华民族的传统美德,更忘记了共产党人"先忧后乐"的传统美德。无数事实说明,党员干部,尤其是党的高级领导干部只有时刻锤炼和造就高尚的人格,才能构筑起一条抗变防腐的内在坚实防线。

总之,干部人格形象与党自身的建设,与整个社会主义现代化建设的事业密切相关。人格是魅力,人格是力量,人格是资源。要从全局的高度,充分认识到塑造和提升领导干部在人民群众心目中人格形象的重要意义,重视和注意挖掘这样一种政治资源,牢固地树立起正确的世界观、人生观和价值观,牢固地树立为党和人民的事业不懈奋斗的信念,不断加强自身人格的锻炼。

二、塑造高尚的人格

干部道德建设必须自觉抵御不健康的人格。高尚人格的培养,是在与各种不健康人格的斗争中形成的。在社会主义初级阶段,由于封建主义传统的影响和资本主义思想的侵袭,由于社会发展和文明程度的限制,现实中的干部人格常常充满了矛盾和斗争。自觉地抵制和防御不健康的人格,争取以正义战胜邪恶,以健康战胜不健康,是高尚人格培养的必由之路。

第一,自觉抵御"庸俗人格"。市场经济有个基本的假设,即人是"经济人"。市场经济以肯定甚至鼓励人们对个人物质利益的追求为前提、为条件、为内在不竭的动力源。市场经济带来了人感性的解放,同时也给人的理想、信念等崇高的精神追求带来了冲击和挑战。现在社会上一些人,嘲笑理想、崇高和道德。有人把这种思潮称作"灰潮",并与人们习惯上所称的"黄潮""白潮"相提并论,说成是市场经济下的三大思潮。其实"灰潮"比"黄潮""白潮"更可怕,更具有危险性,因为它侵蚀的是国民的精神。在这种思潮中,人们放纵的是感性,追求的是享乐,淡化的是责任、尊严、理想等更高的精神追求。这种社会思潮也不同程度地渗透到党员干部队伍中,表现为少数党员干部见利忘义、以权谋私、贪污受贿、追求享乐等。这些党员干部把自己混同于一般群众,泯灭了理想、淡化了信念,丧失了对高尚人格的追求。他们精神空虚、腐化堕落,为了个人、家庭和小集团的利益不惜损害国家和社会的利益,扭曲自己的理性、良心,甚至有的出卖自己的人格、国格、党格。这种低下甚至卑劣的人格追求是非常有害的。因为它不仅降低了整个社会文明的水准,而且也失去了把社会文明推向前进的动力。如原惠州市公安局局长洪永林,因受贿罪被二审裁定死刑时,还为没来得及喝上"路易十三"洋酒而后悔,为没来得及住上"白天鹅"宾馆而惋惜,还希望以后有机会能享受一下。这样的干部,其人格之低下,与旧制度下那些鱼肉百姓、中饱私囊的贪官污吏毫无区别。这样的党员干部,如何能树立自己的威信,如何能带领大家前进呢?

人应该而且也是能够走向崇高,但走向崇高需要党员干部率先垂范。党员干部应当有不同于一般人的更高的人格追求,这是永葆先进性,永远能带领大家前进的内在动力。

第二,自觉抵御"狭隘人格"。在中国传统社会里,自给自足的自然经济长期占统治地位,这种生产方式下养成的人格,具有封闭性和狭隘性。人们长期生产生活在家庭、家族这样狭小的圈子里,其眼界、胸怀容易受到限制。中国传统的文化,是家庭本位的文化,突出和强调个人对家庭、对家族、对自己所处的小集团的义务和责任,君臣、父子、夫妇、兄弟、朋友,这些纯属私人关系的"五伦"片面发展和成熟,而用于处理个人和公共生活的公共关系意识和行为规范极其匮乏。在以自己为核心所形成的小圈子里,个人关系和利益关切程度,如著名社会学家费孝通所说的,由近及远,由内到外,渐渐淡化,以至于完全消失。这就是为什么中国人的热情与冷漠、无私与自私等截然相反的两面,能够同时存在,这都是由与自己关系的远近决定的。自给自足的自然经济的长期统治与小农文化的历久熏陶,使至今走向现代化过程中的中国人,都不能不感到其中的狭隘与局限。我们的党员干部是在中国的土壤中成长的,不可能不受到这种生产方式和文化的影响。早在民主革命时期,毛泽东就教育我们的党员干部,要搞"五湖四海",要为共同的利益,为大众的利益,而走在一起。在社会主义建设时期,党也一再提醒我们的党员干部,要"为人民服务",而不要为自己的小集团服务。但是,现实生活中,我们不难看到,有些党员干部做官、做事的动机并不纯正。他们或者为自己小集团的利益,或者摆脱不了来自家庭、家族、本单位、本行业、本部门、私人关系圈的人情"压力",不惜损害公共的利益,背离了党和组织的宗旨,从而为党和组织所不容。因此,我们的党员干部必须努力克服自身人格的狭隘性、封闭性,做一个一心为公的人,一个高尚的人,一个胸怀开阔和心胸坦荡的人。

第三,自觉抵御"虚假人格"。人格是人的内在状态与外在状态的统一。内在与外在的矛盾是客观存在的,适度的张力是人格不断向上的动力。但当内在与外在状态高度分离时,人格就表现为分裂和虚假。文学和戏剧里把这种表现于外的虚假人格,称为"面具"。戴着"面具"生活的人并不少见,让大家看到的是"面具",而真实的一面却被隐藏起来。这种人总是当面一套,背后一套;骨子里一套,行动中一套;说是一套,做是一套。政治生活中,这种人就是像西方资产阶级政治理论家马基雅维里所说,是既有野兽的狡狯与野蛮又善于掩饰这种兽性,而使自己表现为好人的人;是像中国法家代表人物韩非子所说的,那些善于使用法、术、势,尤其是善于使用其中的权术的人。剥削阶级的政治道德总是表现出其不择手段性和伪善性,表现出人格的虚伪。这种剥削阶级从政者人格经过长期积淀,在我们的党员干部中也有一定的影响和表现,如欺上瞒下、阳奉阴违、投机取巧、假仁假义等不道德行为。领导面前溜须拍马、阿谀奉承、唯唯诺诺,背后却我行我素、刚愎自用;同事面前你好我好、一团和气,背地里却造谣陷害、工于心计、玩弄手腕、争权夺利;群众面前口口声声"看到百姓生活的苦,我都睡不好觉""一谈到腐败,我就很痛恨";背后却大慷人民之慨,大把大把地捞取人民的血汗钱,而无丝毫的羞愧之心、不安之意。这种虚假的人格,严重侵害了干部人格的健康肌体,腐化了社会的风气。诚为德之本,有德贵在真诚,做人贵在真诚。树立高尚的人格,必须与这种表里不一的虚假人格做坚决的斗争。

第四,自觉抵御"依附人格"。这种类型的人,就像藤蔓一样,没有自己的独立人格,必须依赖于某种人,仰人鼻息、百依百顺、低三下四、奴颜媚骨,并以此希冀得到某种保护和好处。这种"依附人格"是以人身依附为基础的,是封建社会生产关系的特定反映。在封建社会里,君、臣之间是"主—奴"关系,反映在人与人的关系,不是"主人",就是"奴仆"。在社会主义社会里,权力本质上属于人民,这就从根本上消除了依附人格产生和存在的制度基础。但由于我们某些具体制度上的欠缺和不完善,也由于人格转型是一个需要不断努力才能完成的过程,这种依附人格,在我们的党员干部中也不同程度地存在。它导致对某些个人的仰赖,而忽视了对人民的责任,对政治生活的危害很大。

三、塑造良好的形象

形象是最直观的宣言。党员干部的形象,直接影响党和政府的威信。社会主义建设实践也充分证明,干部形象对社会主义建设起着示范和凝聚作用,它是党和政府所拥有的重要政治资源。形象好,就能起到"不令而行"之效;形象不好,即使有好的路线方针政策,也得不到充分的体现,"虽令不从",最终损害的还是党和政府的威信。

在新的历史时期,党政干部应树立的基本形象是:树立忠于马克思主义的政治家形象。领导干部,尤其是较高层次的领导干部,应该具有政治家的素质。要建设的高素质干部队伍,就应当由具有社会主义政治家素质的领导骨干带领的德才兼备的干部队伍。塑造马克思主义政治家形象:一是具有政治家的理论素养。党的干部要用马列主义、毛泽东思想和中国特色社会主义理论体系,特别是以习近平新时代中国特色社会主义思想武装头脑,并善于运用这些理论的基本观点、基本方法分析和解决实践中的问题。理论要成熟,信仰要坚定;二是具有政治家的思维。既要善于逻辑分析和科学判断,又要善于做政治分析和价值判断,要有政治家的敏锐性和洞察力;三是具有政治家的眼界。作为政治家眼界要非常开阔,即要善于在理论与现实,历史与未来、民族与世界等多方面多角度地观察问题,寻找对策;四是具有政治家的胸襟。要具有团结人的宽阔胸襟,充分吸纳群众意见,严于律己、宽以待人。五是具有政治家的使命感和责任感。要能够把历史责任感、历史使命和自己人生价值紧密联系起来,并在使命感召和信念驱使下,动员一切可能动员的资源和力量,执着地为党和社会主义建设事业努力奋斗。

树立具有处理复杂事务能力的专家形象。一是具备对复杂事物的识别能力。增强对负责事务的洞察力,善于在纷繁复杂的局势中抓住主要矛盾。善于从纷繁复杂的局势中找到最重要、最核心的问题,运用矛盾分析的方法,透过表象洞悉问题的本质。准确把握矛盾的发展趋势,弄清问题的轻重缓急,真正把问题找准、看透。二是具备对复杂事务的科学预判能力,善于从变化中把握发展趋势。正确、精准的预见可以使领导干部对工作中可能遇到的各种情况做到心中有数,作出必要应对准备,把握工作主动权。但预见不是未卜先知,不能全凭领导干部的聪明和悟性,更不能妄加揣测。要加强规律研究,通过信息积累、思维分析、逻辑推理、可行性论证等科学程序和手段,探寻和发现事物发展的规律,把握事物的发展趋势和潜在风险,做到未雨绸缪、有备无患。三是具备解决复杂问题的能力,善于把对事物分析、预判和决策的结果变为现实结果。领导干部不仅要善于作出决策,还要善于组织和带领群众执行决策,推动决策事项和预期目标的实现。

树立躬身实践带头奉献的实干家形象。"空谈误国,实干兴邦","干部干部,先干一步"。干部的威信源于干。领导的威信从哪里来？靠上级封不出来,靠权力压不出来,靠宣传吹不出来,靠小聪明骗不出来。只有全心全意、尽心竭力地为人民办事,才能逐步地树立起来。这就表明党政干部要树好形象,就必须躬身实践带头奉献。行动是最有力的语言,只有通过实干,干部才能在实践中生"威",才能在群众中有"信"。

树立密切联系群众的社会活动家形象。邓小平一句"我是中国人民的儿子",道出了党的干部,对生死与共的群众的炽热之情;邓小平始终视人民为父母,对祖国对人民无限忠诚和热爱,"以人民满意不满意""人民答应不答应""对人民有利没有利"作为自己观察和处理问题的唯一原则❶。习近平总书记说"我将无我,不负人民"❷,诠释了"无我"的政治品格。他广泛进行调查研究,切实摸准群众的脉搏,倾听群众的呼声,让人民群众有获得感。向群众学习,尊重群众的首创精神,激发和调动群众的主动性、积极性和创造性,让人民群众有参与感。干部要放下架子、摆正位置、理清关系,与群众荣辱与共、忧患与共。杜绝干部与群众形成蛙水关系,即需要时候跳进水里,接近群众,不需要时候跳回岸上,背离群众;杜绝干部与群众形成水火关系,防止关系紧张水火不容;杜绝干部与群众形成油水关系,干部的工作浮于表面。总之,干部贴近群众,群众才能拥戴干部。

树立具有健康个性和人格魅力的社交家形象。干部个人的人格特征,不仅关系干部个人的形象,更代表党和政府的形象,影响党、政府和群众的关系。干部要在群众中形成合力和向前的动力,要在群众和党的方针政策之间架起一道桥梁,这具有促进交往、加强沟通的作用。良好的个性,富有魅力的人格,永远都在沟通和交往中起着"润物无声"的作用。一代伟人周恩来,以他的人格魅力不仅赢得了国人的挚爱,而且征服了国际友人甚至于他的敌人。他集革命者无私、无畏的气势与中国传统的谦逊、典雅等美德于一身,使每一个了解他的人都为之折服。毛泽东谈党性和个性的问题,批评一些人认为共产党要消灭个性,只要党性的错误观点,从哲学的高度阐述了二者的关系,在共产党内,党性是普遍性,个性是特殊性,没有一种普遍性不是建筑在特殊性的基础上的。❸ 世界上绝没有两片相同的叶子,也绝没有两个完全一样的个体。任何党员干部都是个体特性与群体特性的统一。群体特性,把党员干部与其他群众区别开来;个体特性,把"你""我""他"区别开来。因此,说到形象,我们不能把党员干部形象都模式化、标准化、统一化,而要使它更富有个性,使党员干部的形象更真实、更丰满、更有色彩。有人分析认为马克思的人格是"英雄人格",恩格斯的人格是"辩证人格",而毛泽东的人格特征是"奋斗人格",这种区分不是绝对的,但是有价值的。健康的个性、富有魅力的人格,会使干部形象更熠熠生辉!

---

❶ 沈传亮:《向邓小平学习》,人民出版社 2014 年版,第 20 页。
❷ 中共中央党史和文献研究院:《十九大以来重要文献选编》中,中央文献出版社 2021 年版,第 645 页。
❸ 中共中央文献研究室:《毛泽东传》第二册,中央文献出版社 2011 年版,第 721 页。

延伸阅读 微笑天使——杨苗苗

杨苗苗,女,汉族,中共党员,1976年6月出生,大学学历,安徽蚌埠人,安徽省蚌埠市公交集团有限公司驾驶员,安徽省妇联十二届副主席(兼职),党的十八大、党的十九大代表。25年来,她秉承"线路有终点,服务无止境",安全行车超100万公里无事故,服务乘客400万人次零投诉。形成了公交行业服务标杆的"苗苗服务规范体系",被大家亲切称为公交车上的"微笑天使"。荣获全国劳动模范、全国创先争优优秀共产党员、全国道德模范提名奖、中国好人、全国三八红旗手、全国感动交通2013十大年度人物等称号。

1994年,杨苗苗正式成为一名公交驾驶员,平凡的岗位成为她事业奉献的舞台。每天,她提前半小时到岗,检查车辆安全状况,打扫车辆卫生,乘客上车后总是交口称赞,有乘客感慨:"这个车,比我家里打扫得还干净!"

为提高服务水平,她牢记蚌埠全市公交线路的走向、站点,熟悉主要企事业单位、居民小区的地理位置,当好乘客的向导;她的车上常年备有便民伞、常用药等,随时为乘客提供方便;雨天停站时,她小心避开水洼地,于细微处温暖乘客的心;遇到个别不文明乘客,她坚持以理服人,用真诚感化对方,传递城市文明的正能量。

工作之余,杨苗苗尽可能抽出时间学习专业知识。她阅读了大量的驾驶、维修、乘务心理学书籍,虚心向老师傅学习驾驶技巧、修车技术和节能诀窍,学习同行先进经验,将他们的服务方法、节能技巧等运用于自己的工作实践中。

行车途中,她给自己约法三章:文明行车、礼让三先;不开赌气车、不开英雄车、不病车上路;集中精力,谨慎驾驶,不抢点、压点,不违章。她摸索出了40字"安全操作技巧"、36字"节能三字经"以及"五心、六看服务法"等,并毫无保留地传授给同事们。在北京开会期间,她利用休息时间,前往北京公交集团向李素丽登门求教,学习服务技巧,乐于交流服务心得。她还曾前往武汉,实地学习全国"十大节能王"——武汉公交驾驶员王静的"节油法"和为乘客服务的经验。

2012年11月,杨苗苗赴京参加中国共产党第十八次全国代表大会。会议结束后,她认真学习领会中央精神,主动与专家学者交流学习,写出了1万余字的宣讲材料,先后做宣讲报告80余场。2017年,她又当选为党的十九大代表,继续在十米车厢内外发光发热。

蚌埠公交集团对杨苗苗在长期的服务实践中,形成的一套深受乘客欢迎的服务工作标准和经验进行了归纳、提炼,总结出8条内容朴实、操作性强的服务标准,开展了"推行苗苗服务规范,创建苗苗班(车)组"活动。杨苗苗所在的车组被正式命名为"苗苗车组"。

2011年1月,为进一步扩大品牌影响力,蚌埠公交集团精心挑选了以杨苗苗为代表的40名优秀驾驶员,组建了107苗苗线路。该线路成立7年来,服务乘客1600万人次无投诉,行驶里程600余万公里无事故,受到乘客表扬千余次。

第四节 培养道德修养,提升内在驱动力

习近平总书记在党的群众路线教育实践活动总结大会上的讲话指出:面对纷繁复杂的社会现实,党员干部特别是领导干部务必把加强道德修养作为十分重要的人生必修课,自觉从中华优秀传统文化中汲取营养,老老实实向人民群众学习,时时处处见贤思齐,以严格标准加强自律、接受他律,努力以道德的力量去赢得人心、赢得事业成就。各级党组织要加强对党员干部的教育、管理、监督,用好选人用人考德这根杠杆,引导党员干部堂堂正正做人、老老实实干事、清清白白为官❶。干部道德修养主要是指干部在道德上自觉进行的学习、磨炼、涵育、陶冶和提高的功夫,以及经过长期努力所达到的道德品质或素质。干部道德修养,归根到底是培养和造就优良的道德品质。道德品质是由道德认识、道德情感、道德意志、道德信念、道德行为习惯这一系列要素组成。干部的道德品质的培养和形成是有规律的。如《素问遗篇·刺法论》中所说:"正气存内,邪不可干",由量到质和防微杜渐相结合,是干部道德修养的规律。干部道德修养的途径包括读书学习、实践锻炼、党内生活锻炼等。干部道德修养的方法包括自省、慎独、调节需要、"见贤思齐"等。道德修养,贵在自觉,贵在坚持。

一、要强化干部道德修养

干部道德的提高,要靠外界的道德教育,更要靠干部自身的道德修养。"修养",从词义上看,如同种花,"修"是求其粹美,"养"是期其充分,二字合用有切磋琢磨、涵养熏陶之意。干部道德修养主要是指干部在道德上自觉进行的学习、磨炼、涵育、陶冶和提高的过程,以及经过长期努力所达到的道德品质或素质。陈毅的"应知学问难,在乎点滴勤;尤其难上难,锻炼品德纯",吴玉章的"春蚕到死丝方尽,人至期颐亦不休;一息尚存须努力,留作青年好范畴"❷,都是关于修养的功夫。再看《修养歌》:坚定,但不固执;活泼,但不轻浮;勇敢,但不粗鲁;老实,但不愚蠢;忍让,但不软弱;谨慎,但不胆小;自信,但不自负;自谦,但不自卑;自强,但不自骄;自珍,但不自赏;自爱,但不自娇。这些就是需要经过长期修养方能达到的道德境界。

道德修养,是人类依据社会生活和社会道德的要求,对自身道德素质的自我改造和自我完善,是社会道德体系及其道德要求在个体成员身上的实现。道德修养,是道

---

❶ 新华月报社:《新中国65年大事记(下)》,人民出版社2014年版,第1565页。
❷ 马连儒:《中共五老诗词鉴赏》,中央文献出版社2008年版,第200页。

德活动的基本形式之一,是一种个人自我教育的道德活动。它要求个人在道德意识和道德行为方面,自觉按照一定社会或阶级的标准,进行自我教育、自我锻炼、自我改造和自我提高,从而形成相应道德情操,达到更高的道德境界。个人道德修养能力的增强和道德境界的提高,同时也意味着人们整体道德素质的提高和整个社会道德的进步。凡是注重自身道德建设、关心社会道德状况的人,无不注重道德修养。道德修养的内驱力,来源于个人内在的道德需要。

干部道德修养,归根到底是培养和造就优良的道德品质。道德品质是一定社会或阶级集团的道德原则规范在个体身上的体现,是人们在长期的道德实践中所不断追求并逐渐形成的,通过人们自身的思想意识和行为方式所表现出来的稳定的道德倾向和特征。道德品质既包括人们主观上对一定的道德规范的认识,也包括人们基于这种认识所产生的具有稳定性特征的行为习惯,它是主观上的道德认识和客观上的道德行为的统一。道德品质是由道德认识、道德情感、道德意志、道德信念、道德行为习惯这一系列要素组成的。它们各自反映了道德品质的某一环节,之间的相互联结、前后依随,构成了道德品质的全貌。可以说,干部道德修养,就是干部在自己的知、情、意、信、行等干部道德的诸方面下功夫,从而形成自身道德品质的过程。即通过提高道德认识,陶冶道德情感,锻炼道德意志,从而坚定道德信念和培养道德习惯的过程。

二、提高干部道德认识是基本前提

(一)提升干部道德认识的科学内涵

道德的行为是以对道德的真理性认识为基础的。没有真理性的道德规范是没有说服力和感召力的。道德认识是人们对某种社会道德关系以及关于这种道德关系的理论、原则和规范的认知与接受。要具备某种道德品质,首先就必须对特定道德关系以及调节这种关系的原则规范有所理解和认识。道德认识不仅是人们对道德现象和道德关系的理解与认识,还是人们对道德行为和习惯进行价值取舍的意向。它直接影响到一个人的道德判断水平和道德行为类型,进而影响其道德境界的层次。

对于每一个干部来说,必须明确知道干部道德的要求是什么,为什么要遵守这些道德准则,如果违背了它们又会给社会主义事业带来什么样的后果。人们的任何道德行为,都是对一定道德要求自觉认识和自由选择的结果,都是在一定的道德认识指导下发生的。没有正确的干部道德认识,绝不会有自觉的高尚的道德行为。因此,树立每一个干部正确的道德认识,是干部形成优良道德品质的第一步。

干部必须提高自己的道德意识。道德意识包括善与恶、义与利、集体与个人、荣与辱、权利与义务等一系列的道德观念。干部作为社会主义国家的公民,当然也要遵守普通公民所应遵守的道德规范,具备普通公民所应具备的道德观念。但对于干部而言,尤其应该提高与干部角色密切相关的一些突出的道德意识。

(二)要树立正确的善恶观与义利观

善恶观念是伦理道德中最基本的一对观念,它是对人或事进行道德评价的最一般的概念,通常是作为道德与不道德的同义语。具体来说,善是指符合一定道德原则和规范的行为或事件,恶则是指违背一定道德原则和规范的行为或事件。善恶观念是指人们对某种行为或事件道德与否的评价和看法。善恶观念是伦理道德的核心部分,人类历史就是不断地认识善恶、判断善恶、并努力扬善抑恶、走向自身完善和社会完善的历史。善恶是利益的表现和反映,因而不同的历史时期包含不同的内容,不同的阶级对善恶也有不同的理解。但人们总是把那些有利于他人和人类群体的生存、发展与进步的行为或品质看作是善的,把那些不利于他人或人类群体的生存、发展与进步的行为或品质看作是恶的。对于干部道德而言,凡是符合工人阶级和广大人民群众利益的行为通常就是善的,违背和损害工人阶级和广大人民群众利益的行为就是恶的。干部要树立正确的善恶观念,并以此为标准,处理好各种利益关系,扬善抑恶、改恶从善,培养自己成为一个崇善而有道德之人。

义利观说到底是道德与利益的关系。"义"与"利"都是具有多重含义的概念,但通常人们在使用这一对概念时,往往是将"利"理解为私利,将"义"理解为公利。在社会主义的义利统一观中,共产党员、党员干部的义利统一观居于最高层次。最高层次的义利统一观与一般公民的义利观既有相同之处,也有着明显的不同。其相同之处在于,无论是公民还是党员、干部,同样都承认正当个人利益的合法性,同样应当有对于个人利益追求的约束,同样应当有更高的追求和引导。不同的是共产党员尤其是领导干部不能停留于普通公民的层面。作为社会主义事业的领导者,必须更严格、更高的要求。但是,干部是社会中的骨干分子,是人民群众的领导者与组织者,必须在工作和生活中走在前列,带领群众去实现奋斗目标。干部的正当利益应当在人民群众共同富裕中实现。在个人利益与党和人民的利益孰轻孰重的问题上,应当把党和人民的利益放在第一位。在需要的时候,在关键时刻,干部必须要为党和人民的利益做出牺牲,直至自己的生命。这是干部区别于一般群众的最本质的内容。

三、修炼干部道德意志是重要保证

(一)干部道德意志的含义

道德意志是指人们自觉克服困难和障碍,作出道德决断,而达到履行道德义务的能力和毅力。它已经不单纯是心理上的体验,而是人们行为的驱动力和精神支持,比道德情感更进一步。道德意志在一个人的成长过程中具有十分重要的意义,它既体现责任意识的增强,也体现在道德意志的理性自觉、独立果敢、坚韧不拔和自我控制等方面,对道德人格的培养都具有十分重要的影响。实践表明,我们党和国家的各级干部养成坚强的革命毅力和道德意志是非常重要的。中国革命之所以胜利,正是我们党的一大批优秀儿女艰苦奋斗、百折不挠,不被恶欲和恶势力所征服,不被困难、挫折、死亡等威胁所压服而取得的结果。而今有的干部在新的历史条件下走向堕落,与革命意志、道德意志消沉、衰退不无关系。因此,各级干部必须十分重视自身道德意志的锻炼。只有保持旺盛的朝气和坚强的革命意志,才能百折不挠地克服征途上的任何困难,也才能够在各种复杂环境中战胜自我,经得住各种考验,保持高尚的道德品质。

(二)道德意志的特性

道德意志的特性体现在以下几个方面:一是独立性。独立性的内涵就是指不屈从周围环境,不迁就社会流俗等,能够独立自主地选择合乎道德原则的行为,自己承担由此而来的道德义务和道德责任,做自己命运的主人。出淤泥而不染,近墨者而不黑,都体现了独立性。二是坚韧性。道德意志的坚韧性充分表现在一个人能百折不挠,克服各种困难和挫折,以成就自己的目的。践行道德或依照道德原则行事并非毫无阻碍,道德意志的坚韧性要求人们不畏艰难,不气馁,不灰心,正所谓"大雪压青松,青松挺且直"。三是果断性。果断性是指人在作出决定和实施决定时以科学的认识作背景,能迅速而坚决地做出决断的能力。就道德方面来看,决断能力体现在不迟疑、不动摇、不三心二意、不优柔寡断等方面。四是理性自觉。理性自觉是对意志的目的、手段及其社会意义的认识和理解。意志行为若缺少理性自觉,其独立性就会成为孤家寡人,坚韧性就会成为冥顽不化,果断性就会成为鲁莽草率。五是自控性。自控性或自制力是指意志克制、协调和控制自己的情绪的能力。具有自制力,如同机动车具有制动系统,能够把握住自己的行为,主宰自己,战胜自己。这种能力既表现为对善的坚执,又表现为对违背善的各种愿望、动机和情绪的抑制。道德修养达到这种程度后,便能心定气清,淡如秋水,能抵挡得住任何诱惑的进攻。古人云"自胜者强",没有自制力是谈不上意志坚强的。

(三)道德意志的培养与磨炼

道德意志品质的培养不是一蹴而就的。所谓"十年树木,百年树人",培养一个人的意志品格必须树立崇高的理想,确立远大的志向,将理想与实际生活结合起来,并且要求人们积极参加各种实践活动,在实践中磨炼意志,提高自我反省、自我评价、自我控制和自我激励的能力,所有这些无疑对意志的培养具有直接的作用。然而,意志的培养还必须于顺逆两境中磨炼。人生活的现实世界,基本上不外顺逆、穷通两境。顺境容易使人盲目而惰,懈怠懒散。逆境容易使人悲观、消沉,以致颓废不振。所谓意志的培养即必须于这两种环境中磨炼造就。生活中的得志或不得志,并不是践行道德与否的决定因素。一个人生活中即便处处是坦途,也不能对其道德增加一分一毫;反之,一个人的生活哪怕是穷居陋巷,不堪其忧,随处都是逆境,也不会对其道德减损一分。道德品格上的高风亮节,在于个人主观上能否自觉、不断、随时随地陶冶和磨炼自己,砥砺自己的德行。

现实生活中,尤其是在市场经济条件下,各种各样的诱惑很多,诸如权力、金钱、美色、名利等。这些考验着每一个干部道德意志的坚定性。善于拒绝诱惑,是人生的一种道德境界,也体现出为人的一种气节。拒绝诱惑并不难,关键是要有坚定共产主义的理想信念,有高尚的品德、坚强的意志和毅力。要经常用马克思主义的世界观、人生观、价值观检查自己的言行,在任何复杂的情况下,不为名利所动,不为金钱所惑,不为美色所诱,不为私欲所扰,不为权力所乱,这样才能立于不败之地。要有一身正气,不信邪,遇诱而不动,遇惑而不迷,始终头脑清醒。正所谓"富贵不能淫、贫贱不能移、威武不能屈"。这是一种修养,一种风骨。也只有心存浩然正气的人、意志坚强的人,才能在酒色财气诱惑的时候,做到"心有长城挡狂澜",挺直腰杆,断然拒绝。拒绝诱惑,把握住自己,尤其要防止在复杂的环境中随波逐流、同流合污,不怕人情难却,不怕暂时遭受孤立,坚决抵制歪风邪气,真正做到出淤泥而不染,近墨者而不黑。也正是在各种各样的诱惑中,磨炼道德意志,经得住各种考验,才表现出领导干部应有的风范。

四、坚定干部道德信念是关键因素

通过道德认识、道德情感、道德意志的培养、陶冶和磨炼,就能最终确立正确的道德信念,养成良好的道德习惯。

道德信念是对一定道德义务的真诚信仰和强烈责任感,是既有感情色彩又得到强化的道德意识。支配行为的道德观念、道德意识逐渐深入到人们的情感和意志活动中,内化为道德信念。当道德观念上升为道德信念后,道德原则就不仅仅是一种他律,而是为了人民履行某种道德行为的内在需要,当行为违背道德原则时,会感到不安、内疚、惭愧。也就是说,当人们的道德信念已经形成,人们的行为完全听从自律的支配时,一种稳定的道德品质也就形成了。领导干部一旦牢固地确立了社会主义、共产主义的道德信念,不仅能以强烈的道德责任感,自觉自愿地按照社会主义、共产主义道德的要求,去履行领导者、组织者的责任,而且能以坚忍不拔的毅力,排除一切艰难险阻,使正义的行为从一而终。无产阶级革命先驱李大钊在敌人的绞刑架下,大义凛然地说:"绞死了我,绞不死伟大的共产主义!"❶方志敏烈士在敌人的牢房中写下了气贯长虹的诗句:"死,敌人只能砍下我们的头颅,绝不能动摇我们的信仰!因为我们信仰的主义,乃是宇宙的真理!为了共产主义牺牲,为了苏维埃流血,那是我们十分情愿的啊!"❷无数革命先烈,正是因为坚信他们所从事的共产主义事业是最合理、最进步、最正义的事业,坚信这一事业经过若干代人的奋斗必定最终胜利,所以能够做到鞠躬尽瘁、死而后已。可以说,坚定的道德信念,是一切共产主义者的强大精神支柱。因而它的确立,是干部道德修养所应达到的目标。

如果说道德信念蕴含于干部的心灵深处,属于内在,那么,良好的道德习惯则是表现于干部行为,属于外在。当一个人不再时时事事需要诉诸道德思考,而是自然而然地按照一定的道德要求去选择自己的行为时,就意味着已经养成了一定的道德习惯。道德习惯,指的是人们在道德实践活动中持续不断地重复某种道德行为,使之逐渐积淀在心中,形成为自然而然的行为方式。道德习惯不仅是道德认识、道德情感、道德意

---

❶ 《李大钊传》编写组:《李大钊传》,人民出版社1979年版,第219页。
❷ 中央组织部党员教育中心:《信仰:我们的故事》,人民出版社2013年版,第220页。

志、道德信念的有机融汇,还是特定道德行为不断重复积累而成的结晶,是在道德实践基础上道德意识和道德行为的统一。道德习惯的养成有赖于道德行为的持续性和一贯性。如果只是偶然做了一件有道德的事,远远不能说明具有了某种道德习惯。只有一再重复,并且使这种行为方式成为性格中的固定因素时,才可以说其具有了这种道德习惯。道德习惯的形成,大大简化了道德选择、道德判断等活动的过程,使行为主体在需要实施某种道德行为时,会不假思索地完成符合某种道德规范的道德行为。优良的道德习惯绝不是什么上天赋予的,也不会在某个时间突然形成,归根结底还要靠道德自觉、靠行动、靠人的道德实践。干部要自觉提高道德修养,就是要自觉地进行道德实践,像优质钢里熔进碳、硅、锰、碱、硫等五种主要元素那样,在自己身上融进认识、情感、意志、信念、行为习惯这五种道德"元素",培养高尚的干部道德品质,从而更好地为党和人民的事业而奋斗。

五、深化干部道德修养的规律研究

正如事物的发展是有规律的一样,干部的道德品质的培养和形成也是有规律的。认识和掌握这些有规律性的东西,有助于我们从根本上把握干部道德修养的实质,找到提高干部道德修养的正确途径。

(一)干部道德修养符合主观客观相统一原则

"正气存内,邪不可干",是干部道德修养的一个规律。按照中医理论,"正气"代表人体抗病能力,"邪气"表示风湿寒暑等致病因素。当人充满正气时,外来的邪气就难以侵入。干部自身道德素质,是能否在改革开放条件下立于不败之地的重要因素,从而也揭示了干部道德修养的规律,就是干部进行道德修养,要向内使劲,培养一身正气,努力使自身具备社会主义、共产主义的道德品质,才能防止蜕化变质。

在干部道德修养过程中,主观努力是最重要的,是摆在第一位的。我们党也对领导干部提出要讲正气、修内功,要提升自身修养等要求,就是指道德上的自我反省、自我改造和自我提高,消除自己的不良道德意识。但外部客观条件的影响和制约也不可忽视。比如,社会上的不良风气不利于道德修养,尤其能影响那些意志不坚定者,而良好的社会风气则有利于促进个人道德修养的升华。在一个好的集体里,人与人之间存在着同志般的关系,洋溢着既有统一意志,又尊重个性特点,彼此信任、互相关心的气氛,彼此可以通过相互学习、相互切磋、相互影响、相互激励、相互监督、相互仿效,促进自己道德品质的提高和完善。

道德修养中主观努力和客观制约两者之间的相互关系,有助于我们进一步把握道德修养的这一基本规律。如果每一个干部正确理解和掌握了这一规律,便有助于在道德修养中避免忽视个人的主观努力或忽视外部客观条件制约等片面倾向,有助于重视加强道德修养的自觉性,正确地利用外部条件,掌握道德修养的主动权。

(二)干部道德修养符合量变质变规律

道德品质的培养不是一蹴而就的,而是日积月累的过程。合抱之木,生于毫末;千里之行,始于足下,个人道德修养过程也是如此。我国古代哲学家荀子早就指出:"积土成山,风雨兴焉,积水成渊,蛟龙生焉,积善成德,而神明自得,圣心备焉,故不积跬步,无以至千里,不积小流,无以成江海。"这里讲的就是道德修养过程中通过个人努力,从量变到质变的道理。质量互变的规律同样体现在道德修养中,高尚的道德品质的形成,只能是修养者逐步积累善良的道德意识和道德行为,循序渐进的结果。我们要争取在道德品质上好的"质变",就一定要在持之以恒的"量变"上下功夫。

道德修养不是与生俱来的,需要不断的修炼,同时也不是一劳永逸的。在"量变"上下功夫,也表现在防止倒退,就是通过逆向的量的变化,从原有较高的道德品质向较低的道德品质蜕变。这就要求在道德上做到"防微杜渐",防止温水煮青蛙。三国时期的刘备在遗嘱中提醒儿子,"勿以恶小而为之,勿以善小而不为",南北朝著名史学家范晔在论述官员作风时也说,"禁微则易,救末者难",都是讲的同一个道理。许多走上腐败道路的干部在忏悔自己的罪行时,都谈到就是最初的"收礼"开始,逐步放弃良知、丧失党性,搞权钱交易,最终覆水难收。正是错误的第一步,导致了他们悔恨不已的"质变"。因此,领导干部应慎独慎微,防微杜渐,从而避免思想上、品德上的蜕变。

这些规律,揭示了干部道德品质修养和发展的必然性,为我们更好地开展道德修养指明了具体途径。

延伸阅读 以弘扬道德素质追求人生真谛为梦想——孔祥瑞

孔祥瑞以弘扬道德素质追求人生真谛为梦想,从码头工人到享誉全国的"蓝领专家",全国道德模范,作为中国工人代表登上美国《时代》杂志封面。

孔祥瑞,男,汉族,中共党员,1955年1月出生,天津市人,天津港净诺中发华能媒码头有限公司孔祥瑞操作队原党支部书记、队长,天津港(集团)有限公司科学技术协会原副主席。参加工作以来,他坚持边干边学,学以致用,练就了"听音断病"的绝活,成为"门机大王""排障能手",从一位初中文化的工人成长为生产一线的"蓝领专家"。主持"降低皮带机万吨故障时间"等各类技术创新项目180多项,为企业节约增效过亿元,多次填补了我国港口系统设备接卸煤炭的技术空白。党的十七大、十八大代表,荣获全国优秀共产党员、全国劳动模范等荣誉称号,2009年当选100位新中国成立以来感动中国人物。

以岗位为课堂,勤奋学习,矢志创新,这是天津港人眼中的孔祥瑞。作为人们熟知的全国劳动模范,40多年来孔祥瑞从一名港口工成长为一名"蓝领专家"。他组织实施了220多项技术创新项目,获得10项国家专利,为企业创造经济效益超亿元。

这些年来,天津港的货物吞吐量飞速增长,已经从千万吨跃升至超过5亿吨,如今正在向世界一流的绿色智慧枢纽港口迈进。

"以前设备跟不上,压船是常事,眼看着门机出故障自己却不会修,心里有提多着急了。"孔祥瑞说。

门机设备是保障港口生产、提高装卸效率的关键设备。从事装卸工作以来,孔祥瑞就把门机的基本性能和所有技术参数烂熟于心,每天记录设备运行状况,发现问题随时向专业维修人员请教。几年下来,孔祥瑞不仅能操作,还掌握了维修技术。

"可以没有文凭,但不能没有知识。"孔祥瑞就这样把生产现场当课堂,把同事当老师,把死知识变成了活知识,又把活知识变成了真本事。

2001年,在天津港建设亿吨大港的过程中,孔祥瑞所在的装卸队承担了2500万吨货物的装卸任务。设备还是这些设备,人还是这些人,可任务量却增加了近30%。

孔祥瑞组织技术骨干集体攻关,通过"抓斗起升、闭合控制合二为一"的创新,成功挤出了15.8秒,每台门机平均每天多装卸480吨,使全年装卸任务完成了2717万吨,超过预定目标。这一操作方法推广到天津港各码头。

2006年天津港"北煤南移"战略加快推进,孔祥瑞踏上了新岗位。在天津港南疆港区,他迎来了世界最先进的煤炭连续作业生产线。在没有先例借鉴的情况下,孔祥瑞主动请缨,勇于担当。组织编写了全国港口第一本系统设备故障维修技术指南,将日管保养和维修的42项做法加以总结归纳,供一线工人解决"疑难杂症",实用性强,深受欢迎。

2012年,天津港成立了"孔祥瑞劳模创新工作室",负责难题攻关,培养后备力量。身教重于言传的孔祥瑞,在天津港带出了一批年轻的"港口工匠"和技术能手,用自己的成就证明了知识型工人的价值。

孔祥瑞获得过种种荣誉称号,但他还是始终保持着拼搏向上、创新不服输的精神。如今已经退休的孔祥瑞,仍不遗余力地把自己多年来的技术、经验传授给一线职工。

第五章 强化外在约束,提升道德影响力

如果说道德是外在环境作用于自我意志的自律约束,道德环境则是劝人向善、启发信念和思想觉悟的外在影响的总和。道德环境同行为主体的意愿、认知和情感结合,就能够促进主体迅速对其行为可能性做出判断,为主体道德影响和行为选择提供重要现实依据。良好的道德氛围促使道德主体陶冶道德情感、锻炼道德意志和坚定道德信念,从而逐渐形成具备良好道德习惯的有德性之人,并顺利实现领导干部行为选择的主体道德化。领导干部总是在一定环境中进行活动,营造健康良好的道德环境氛围约束力,便于领导干部做合乎道德标准的行为选择,增强领导干部道德在其所处环境的影响力。

为此,要注重改造、优化和培植良好的道德环境氛围,营造出弘扬正气和抑恶扬善的道德环境氛围,推动领导干部认真履行法律和党内法规的强制性规定,自觉履行领导干部道德责任,增强道德影响力。要加强对领导干部的道德宣传,树立道德行为典型示范,惩戒失德行为。此外,营造有利于领导干部道德完善和发展的人文社会环境,构建有利于领导干部道德约束的人文精神生长机制。鼓励社会公众参与领导行为监督和道德评价,帮助领导干部培养人民主体意识,通过道德社会功能,强化领导干部的道德自律。

第一节 对当前道德建设的环境分析

环境就是相对于中心事物周围所存在的事物而言的,赖以生存和发展的客观因素或者条件。从哲学角度分析,环境则主要是指人类主体以外的世界,它是相对于人类主体而言的客观条件。人类的道德活动作为一种特殊的社会意识形态,道德环境与人类道德活动形成与发展紧密相关的。社会舆论、传统习惯等都会对道德评价标准和道德的行为规范产生一定的影响。面对纷繁复杂的社会现实,党员干部特别是领导干部务必把加强道德修养作为十分重要的人生必修课,自觉从中华优秀传统文化中汲取营养,老老实实向人民群众学习,时时处处见贤思齐,以严格标准加强自律、接受他律,努力以道德的力量去赢得人心、赢得事业成就❶。由此可知,道德活动与道德环境如影随形,人类道德活动势必会产生和影响其道德环境。

---

❶ 新华月报社:《新中国65年大事记(下)》,人民出版社2014年版,第1565页。

一、道德环境的概念界定及基本特征

(一)概念界定:道德环境的内涵分析

就内涵而言,道德环境就是指影响或制约道德形成与发展的条件、氛围等诸多元素的总和,主要包括政治经济、文化教育、社会舆论、传统习俗等要素。由此可知,道德环境作为社会人文环境的重要组成部分,往往通过人们的道德观念和言行等影响他人和社会。从社会发展生产力与生产关系的角度而言,道德环境则是道德主体作用于特定对象的社会关系,与道德主体、客体、影响范围等诸多因素具有紧密联系,更加突出其社会属性而非简单的自然属性。

从多学科和多视角的不同标准来看,道德环境作为人类社会运行的重要系统要素,在不同历史时期和发展阶段的构成要素区别极大。按照道德环境的条件性质及其对人类社会影响,可以将道德环境划分为良好与否、软硬环境等不同性质。根据道德环境对他人和人类社会的影响范围,可以将道德环境划分为大、中、小等特定环境,并从不同角度形成道德环境的层次差异。

一般而言,宏观的道德环境是指我国各族人民道德观念和行动的整体氛围,主要包括整个国家国情国力的政治经济、文化教育等诸多要素。中观的道德环境则主要是指人类社会生产和生活的某个行业、领域、单位或者群体的道德活动,主要包括对人类道德观念和行为产生影响的民俗文化和社会氛围等构成要素。微观的道德环境相比占比最多的中观环境,则更加注重道德主体及其个人认识、情感、行为等,其日常道德观念和行为表现对他人和社会的影响。

整体而言,道德环境对他人和社会道德观念和行为的示范作用,尤其是权威或者知名人物道德修养,对他人和社会道德意识和行为影响更大。

(二)共性与个性:当前我国道德环境建设的基本特点

从多学科、多角度和多视域角度而言,对道德环境的概念界定与内涵分析,是对环境概念的系统化概括,更是对人类道德活动领域的具象化。从哲学角度而言,共性与个性是一般道德环境的基本特点和主要表现。

其一,从道德环境性质来看,它是可以感受到的一种客观存在,我们身处其中却又感受其存在。道德环境与道德观念、言行等紧密相关,客观存在于人类社会生产与生活的诸多领域。

其二,从道德环境运行状态而言,因社会主体意识与客观需要而生,则兼具有时代性与相对独立性。同时,道德环境主要取决于人类社会生产与生活的发展程度,与特定社会的政治经济、文化教育等因素紧密相关,因此具有人类社会不同发展阶段的时代特点。

其三,从道德环境作用的方式方法而言,其作为人类社会特有现象的作用途径也是多样化的。道德环境熏陶将极大影响人们的道德意识与行为,尤其是在舆论宣传和典型案例倡导下,有助于形成可控、可变动的良好道德环境。同时,道德环境所形成的良好氛围与无形压力,不像法律法规强制执行的命令形式,而是潜移默化地影响和制约道德观念和行为。道德主体通过突发事件所形成的临时道德环境,在特定条件下可以对主体道德观念与行为产生抑制或者激励作用,例如面对歹徒的正义冲动等所释放的主体道德潜能。

二、良好道德环境约束力是增强领导干部道德影响力的重要因素

马克思曾明确指出:"人创造环境,同样,环境也创造人。"[1]换而言之,人类主体内在的思想观念和行为,都是对外部客观环境的能动反映。在我国改革开放与现代化建设的市场经济环境下,领导干部拥有公共权力日益面临更加复杂多变环境。为此,有必要营造有利于提升领导干部道德影响力的环境约束力,主要包括:领导干部所处的人文环境(社会文化、风气等因素)、社会环境(社会公德、职业道德等因素)、学习环境等因素。由此可知,新时代提升领导干部道德影响力,首先要从优化道德环境约束力着手。

(一)以人文环境滋养领导干部道德影响力

领导干部道德影响力的提升过程,既是一个理论创新的建构过程,也是一种精神文化的传承过程。文化对领导干部道德修养具有认知、审美和教育功能,人文素养将对领导干部道德影响力产生直接影响,因此要充分发挥人文环境滋养领导干部道德影响力的陶冶作用。人文环境是人类社会道德价值的文化价值基础,道德影响力只有沐浴在人文环境里才能更稳定持久,因此亟须强化领导干部道德修养的人文精神培养工作。加强人文教育,提升领导干部的文化素养和价值认同,养成领导干部道德人格,提升其道德影响力,最终实现领导干部道德修养的完善。其中,重建人文精神的价值取向,是强化领导干部道德影响力的重要途径,旨在促进领导干部的人文境界提升和理想人格塑造,以人文精神之火点燃领导干部对公平正义、忠诚担当和廉洁为民的价值追求。

(二)优化学习环境,提升领导干部道德影响力

党的十九大报告中强调,领导干部要切实增强学习本领等八项本领,提升应对、防范和化解各种风险挑战的本领和能力。学习本领是新时代领导干部必须具备的执政本领和能力,是提升领导干部道德影响力的重要途径和方法,优化学习环境对领导干部增强学习本领至关重要。深入分析领导干部贪污腐败问题的深层原因,就包括集体学习氛围不浓甚至忽视学习,未将读书学习作为提升自身道德修养的方法途径。为此,优化领导干部道德修养的学习环境氛围,让领导干部保持其阅读习惯和阅读时间,是提升领导干部道德影响力的有效方式。勤于学习、乐于学习和善于学习,将有助于

---

[1] 中共中央马克思恩格斯列宁斯大林著作编译局:《马克思恩格斯选集》第1卷,人民出版社1972年版,第43页。

提升领导干部道德影响力,强化领导干部的政治素质和道德修养。优化学习环境,可以有效提升党内思想道德水平,切实增强领导干部应对风险考验的学习本领,强化理论学习和业务学习,以坚定领导干部的理想信念。

(三)良好的道德素质是领导干部道德影响力的社会基础

我国城乡社会的公民道德素养和整体道德水平,舆论氛围和人文社会环境好坏与否,都将成为影响领导干部道德影响力提升的重要因素。良好的社会环境有助于形成良好的道德氛围,提升领导干部道德影响力的环境约束力,不良的道德环境则会助长不道德行为与观念。公民道德与领导干部教育有助于提升领导干部道德影响力,而人文制度与社会环境则是其道德影响力的外在保障,人文道德和法治制度等也是遏制官员腐败的重要因素。要将道德教育、道德修养、法治制度和社会环境相结合,始终保持领导干部道德影响力的提升在正确轨道和合理框架之内,并对提升其道德影响力起到根本性、全面性、稳定性和长期性的规约作用。

三、强化领导干部道德影响力及其道德环境的优化路径

良好的道德环境逐渐形成与发展起来后,就会在一定时期内形成相对稳定的道德文化氛围,并对社会价值观念、风俗习惯等产生深远影响。为此,要加强和提升领导干部道德影响力,亟须优化其道德环境的实现路径。究其原因,良好的道德环境可以潜移默化地感染人们观念和行为,逐步影响和塑造人们的道德品行与综合素质,并对全社会的安全有序发展产生积极推动作用。

(一)优化领导干部道德运行环境的相关机制

要强化领导干部道德影响力,亟须优化其运行的道德环境,构建起良好运行环境的相关机制。尤其是通过规范和优化领导干部日常的道德环境,可以通过领导干部道德影响力扩大其积极作用,预防和弱化不良道德环境对其道德影响力的负面影响。

从影响领导干部道德影响力及其运行环境的规律来看,领导干部的道德环境深受周围道德环境的潜在影响,道德环境好坏将直接影响领导干部道德影响力。要更好发挥领导干部的道德影响力,就要统筹好影响其道德活动的主体、场所等因素,通过改善和优化其道德环境,提升其道德影响力。领导干部通过自律和他律等方式进行自我调整,根据社会良好的道德观念、公序良俗等,不断优化和改善自身的道德观念和道德行为。领导干部道德影响力往往通过道德活动,潜在影响他人和社会观念、情感和行为,进而通过道德活动营造健康有序的道德环境。

从制约领导干部道德影响力及其道德环境的诸多要素而言,不同历史时期人类社会发展的特点差异性较大,领导干部道德影响力发挥与否将深受其所在政治经济、文化教育等道德环境因素影响。可见,影响领导干部道德影响力发挥的道德环境,是一个由诸多要素构成的相互作用的系统。道德环境作为人类社会生存与发展的重要组成部分,与社会环境诸多因素的各个层面都密切相关,势必要受到社会环境诸多因素

的影响或者制约。实际上,领导干部道德影响力的提升过程,就是道德主体通过其活动与环境彼此影响,逐步提升自身道德水平和拓展内涵的优化过程。

(二)优化领导干部精神文化生活,创造良好道德环境

要充分发挥大众传媒的宣传作用,营造良好的社会舆论与道德氛围,切实提升领导干部道德影响力。众所周知,传统的大众传播媒介通过引导社会舆论,强化或弱化人们道德观念、情感和行动等,对领导干部等主体的道德修养产生潜在影响。伴随着网络信息化与大数据自媒体时代的来临,如今的传媒更能及时提供经济社会发展的新思想和新观念,领导干部等道德主体可以便捷地获取最新信息。针对大众传媒传播的即时性、广泛性等特点,大众传媒对于提升领导干部道德影响力、营造良好道德环境和引领道德风尚具有重要作用。此外,大众传媒对提升领导干部道德影响力也作用巨大,因此亟须坚持正确的社会舆论导向,宣传先进人物和道德规范,通过宣扬积极健康内容和揭露违法犯罪乱象,帮助领导干部等营造明辨是非的良好舆论氛围。

除了强化领导干部道德文化传播与社会舆论环境,亟须构建提升领导干部道德影响力的惩恶扬善机制,形成提升领导干部道德影响力的良好道德环境。不仅要强化对领导干部道德环境及其社会舆论,也要采取必要措施对领导干部进行评价,通过奖惩机制来引导领导干部的道德行为。既可以通过物质上,也可以通过精神上奖惩,抑或通过社会舆论与利益支持等激励机制,努力提升领导干部道德影响力,并在全社会形成良好的道德氛围。

(三)通过治理社会经济、政治、文化和教育环境,优化道德环境

要提升领导干部道德影响力,必须营造良好道德的社会环境。正如恩格斯在《英国工人阶级状况》中强调:"资本主义社会人的整个状况,他们周围的整个环境都使他们的道德堕落。"[1]恩格斯这里所说的环境,就是指整个社会环境。正是因为人类生存与发展都离不开自然界与社会环境,所以要重视提升领导干部道德影响力的道德环境。因此就必须优化社会环境,使社会的经济环境、政治环境、文化环境和教育环境,成为我们形成良好的道德环境的外部保障[2]。提升领导干部道德影响力作为全社会的系统性工程,需要社会各个方面力量共同参与其中,协调配合、齐抓共管,以形成提升领导干部道德影响力的环境。

要优化提升领导干部道德影响力的经济社会环境,大力发展社会生产健全中国特色社会主义市场经济体制,为提升领导干部道德影响力提供良好的经济体制保障。要强化和完善提升领导干部道德影响力的政治制度和环境,努力抓好领导干部道德修养、党纪国法和党风廉政建设,优化全社会政治环境,以提升领导干部道德影响力。大力整治和优化创造提升领导干部道德影响力的文化道德环境,注重挖掘不同文化或思

---

[1] 中共中央马克思恩格斯列宁斯大林著作编译局:《马克思恩格斯文集》第1卷,人民出版社2009年版,第428页。

[2] 朱巧香:《道德环境及其优化机制》,《中共浙江省委党校学报》2001年第4期。

想传统,有效整合和融合吸收古今中外的传统文化或外来文化精髓,强化优秀传统文化对提升领导干部道德影响力建设的重大作用。

要优化提升领导干部道德影响力的教育环境与实现路径,强化家庭熏陶、学校教育与社会教育等外在作用,引导领导干部了解和认同相关道德要求,并积极营造有利于提升领导干部道德影响力的环境条件。改善和提升领导干部道德影响力,需要通过道德教育涵养其道德品质,并在全社会形成良好的舆论氛围和环境。领导干部优化道德环境的重要途径,就是要明大德、守公德、严私德。领导干部明大德,就是要讲政治、对党忠诚老实,做到"铸牢理想信念、锤炼坚强党性,在大是大非面前旗帜鲜明,在风浪考验面前无所畏惧,在各种诱惑面前立场坚定"[1]。站在讲政治的高度,登高望远,居安思危。

领导干部守公德,就是要树牢正确的权力观,做到强化宗旨意识,全心全意为人民服务,恪守立党为公、执政为民的理念。领导干部要始终牢记权为民所赋、权为民所用、利为民所谋,正确看待和运用手中的权力,始终以党和人民的事业为重,为人民掌好权、用好权,用人民赋予的权力服务好人民。

领导干部严私德,就是要严格约束自身言行,真正将人民赋予权力用于人民之中。领导干部要修身养性,积极培养健康向上的兴趣爱好,防止私欲膨胀。

对于领导干部道德的教育引领,需要从多维度多角度,有的专家还提出领导干部要修好仁德、智德和勇德,仁德就是作风和道德;智德就是领导干部的能力,把中央精神和当地实际相结合,并选择合适的方式去为人民服务的智慧;勇德就是要有胆有识、勇于担当,不惧怕责任、压力和风险。

延伸阅读　道德环境研究新视角

《道德环境研究》作者朱巧香,是2015年武汉大学出版社出版的图书。本书描述了对道德环境研究的创新性探索,从道德环境的宏观、中观、微观等多层次入手,对社会生活各领域包括信用道德环境、制度道德环境、媒体道德环境、家庭道德环境、学校道德环境、企业道德环境等层面,对道德环境进行分门别类的研究,以探寻市场经济良序运作的伦理基础,以求打造良好的社会道德环境。该研究在理论层面,拓宽了哲学上对环境问题研究的视野,丰富了伦理学及环境哲学的研究内容,一定程度上填补了对道德环境问题研究的空白。在实践层面,希望营造良好的社会道德环境,以促进个体良好道德的养成,使市场经济主体以合乎德性的行为,参与到社会的良性运行中,向人们展示通过形成什么样的道德环境、社会秩序和制度安排,人类社会才能有效地创造和使用财富,从而增加个人、群体、国家乃至整个人类社会的福祉,以实现中华民族伟大复兴的中国梦。

---

[1] 洪向华:《领导干部治理能力十讲》,人民出版社2020年版,第79页。

第二节 强化道德教育,提升道德敬畏

党的十八大报告指出:"抓好道德建设这个基础,教育引导党员、干部模范践行社会主义荣辱观,讲党性、重品行、作表率,做社会主义道德的示范者、诚信风尚的引领者、公平正义的维护者,以实际行动彰显共产党人的人格力量。"[1]道德敬畏源于道德主体的道德情感体验。强化道德敬畏,有利于道德主体从内心认同道德准则,形成道德品质,促进道德内化。党的十八大以来,以习近平同志为核心的党中央高度重视领导干部道德建设,通过对领导干部开展道德品格、纪律规矩等专题教育,强化领导干部道德修养水平和法治规矩意识。

一、道德敬畏是领导干部政治成熟的应有胸襟与法纪要求

习近平总书记在党的十九大报告中强调:"让党员、干部知敬畏、存戒惧、守底线,习惯在受监督和约束的环境中工作生活。"[2]可见,领导干部要保持对人民赋予权力的道德敬畏,始终勤政廉洁地履职尽责和为民服务。以习近平同志为核心的党中央始终保持对人民群众的道德敬畏,通过正风肃纪、道德教化与依法奖惩等多种方式,培育全体党员尤其是领导干部的道德敬畏与法纪意识。新时代领导干部要紧密围绕着自我净化的道德高度,要始终保持忠诚于党和人民群众的道德敬畏与党性宗旨,强化领导干部履职尽责与为民服务意识。新时代领导干部要增强"四个意识"、坚定"四个自信"、做到"两个维护",要淳化社会风气,切实增强领导干部的道德敬畏与法纪规矩意识。

领导干部要带头贯彻落实全面从严治党,通过领导干部先进人物和道德模范的榜样示范引领作用,以实际行动践行领导干部对党和人民群众的道德敬畏与法纪意识。在新时代伟大社会革命和党的自我革命过程中,习近平总书记强调"思想建党和制度治党"的崭新要义,彰显领导干部在社会道德生活中的道德敬畏、道德情感。为此,孔子在《论语·季氏》中曾言:"君子有三畏,畏天命,畏大人,畏圣人之言。小人不知天命而不畏也,狎大人,侮圣人之言。"[3]自从党的十八大以来,以习近平同志为核心的党中央强化对领导干部的道德教育,积极培育领导干部道德敬畏意识并提升领导干部道德影响力。习近平强调:"各级领导干部要对权力、对人民常怀敬畏之心,习惯在"放大镜"和"聚光灯"下行使权力。

领导干部要对党和人民事业充满道德敬畏,始终保持履职尽责的积极进取与奋斗

---

[1] 胡锦涛:《坚定不移沿着中国特色社会主义道路前进 为全面建成小康社会而奋斗——在中国共产党第十八次全国代表大会上的报告》,人民出版社2012年版,第50页。

[2] 习近平:《决胜全面建成小康社会 夺取新时代中国特色社会主义伟大胜利——在中国共产党第十九次全国代表大会上的报告》,人民出版社2017年版,第66页。

[3] 任继愈:《中国哲学史》第1册,人民出版社1996年版,第78页。

状态,以实际行动解决人民急难愁盼的现实问题。领导干部要始终保持道德敬畏之心,认真依法依规行使人民赋予权力,决不挥霍、擅权滥用党和人民信任与权力。领导干部在工作行为和纪律遵守方面,要随时保持履职尽责的平常心,遵守法纪要求与道德规范,苦干实干。领导干部要始终对党纪国法心存戒惧,严格按照宪法法律和党内纪律的规矩要求,规范和完善党政权力运行制约和监督体制机制。

领导干部要心存敬畏和守住底线,不要触碰党纪国法的高压线,将改进作风和强化党性修养相结合。领导干部要对全党和全国人民群众忠诚老实,要始终心存敬畏和手握戒尺,而做到知信行合一,严格遵守党纪国法和政治规矩纪律要求。领导干部要严明党纪国法和严守党规党章,学习先进人物与道德模范,始终坚持为民服务的纪律红线和道德底线。时时告诫家属亲情和身边人员保持道德敬畏,坚守"莫伸手、伸手必被捉"的法纪红线❶。习近平总书记强调:"要严格执行干部管理各项规定,讲原则不讲关系……坚持以严的标准要求干部,以严的措施管理干部,以严的纪律约束干部,使干部心有所畏、言有所戒、行有所止。"❷

习近平总书记在党的十九大报告中,再次明确强调了正风肃纪,知敬畏和存戒惧的重要性。领导干部要胸襟宽阔,注重将遵守党纪国法与强化道德教化相结合,使知敬畏和存戒惧思想达到新高度。领导干部道德影响力及其自我修养的敬畏之心,关键在于其自我内心构筑的道德门槛和心性秩序,并在道德言行上自我遵循、自我净化和自我超越。要以道德教育形成领导干部道德影响力及其敬畏心态,始终保持对党和人民事业绝对忠诚的法治意识与道德敬畏,通过法治等硬约束与道德教化的软文化相结合,提升领导干部道德影响力。只有领导干部对党纪国法和道德规范的敬畏之心,才能贯彻落实和严格执行党的基本路线方针政策,顺利推进社会主义现代化强国和中华民族伟大复兴的奋斗目标。

二、领导干部必须勇于践行知敬畏和明底线的道德敬畏言行

领导干部通过道德教育形成道德敬畏意识与作风,始终勇于践行知敬畏和明底线的实践要求,并通过党纪国法和规章制度规范和约束自身行为。领导干部要始终具有道德敬畏言行的内在认知,不断在社会实践中检验其道德意识与作风。在伟大事业和伟大斗争中必须坚持战略定力,以严明纪律、严守规矩与道德敬畏,始终坚守对人民的知敬畏与明底线的宗旨意识。领导干部要始终践履道德敬畏之心与言行,为实现人生理想信念而自我反省和自我约束。

领导干部要始终保持道德敬畏之心,以自己实际行动履职尽责,践行为民服务的党性宗旨。康德曾说:"有两样东西,我们愈经常持久地加以思索,它们就愈使心灵充满日新月异、有加无已的景仰和敬畏:在我之上的星空和居我心中的道德法则"。为

---

❶ 邓联繁:《建设廉洁中国:时代新篇章与廉学新视角》,人民出版社2018年版,第147页。
❷ 中共中央党史和文献研究院:《十八大以来重要文献选编》中,中央文献出版社2016年版,第97页。

此,领导干部要依法依规行使权责,保持康德所说无条件的道德敬畏之心,积极培育和践行道德敬畏的规矩意识。领导干部要在工作、学习和生活等诸多方面,以实际行动始终忠诚于党和人民的伟大事业,保持对自然、社会和人民的道德敬畏。领导干部要在遵守道德和法治轨道上履职尽责,始终保持对党和人民事业忠诚的道德敬畏,以信仰力量引领其日常生活工作的实际言行。

领导干部要做践行道德敬畏的言行标杆,关键在于强化道德敬畏之心和敬畏之行。"领导干部要心存敬畏,不要心存侥幸。只有警钟长鸣,才能警笛不响。"[1]老百姓对于天地等的道德敬畏不同于领导干部,主要是源自对于天地君亲师等分析视角差异,而道德敬畏则有助于提升领导干部的道德影响力。领导干部要学习先进人物与道德模范的榜样示范作用,以实际行动履行自身职权和肩负相应职责,始终勇于践行知敬畏和明底线的道德言行。

其一,领导干部要敬畏人民赋予权力的观念。领导干部要对人民赋予的权力始终保持敬畏之心,严格按照法律法规和规章制度的程序,依法依规行使权力和履行职责。要明确领导干部的权责原则及其负面清单,通过道德敬畏和遵纪守法的实际行为,切实提高领导干部道德影响力。

其二,领导干部要有遵纪守法的规矩意识。党纪国法和政治规矩作为规范领导干部道德敬畏的行为准则,规范和约束领导干部及其身边人员的言行。领导干部正是通过敬畏党纪国法和道德规范,以实际行动落实全心全意为人民服务宗旨,通过道德敬畏、法纪约束等克服"纸老虎""稻草人"现象,最终避免导致领导干部丧失道德敬畏和规矩意识的"破窗效应"。

其三,领导干部要敬畏人民群众。要坚持人民群众是真英雄的历史唯物主义观点,坚持人民群众是社会历史、物质财富和精神财富的创造者观点。在中国革命、建设、改革和发展的实践探索过程中,领导干部始终与人民群众保持紧密的血肉联系,不断取得中国革命、建设、改革和发展的历史性成就。领导干部的道德敬畏,不仅仅是思想、观念和精神上,更重要的是其道德言行的实际表现。

延伸阅读 以德立身 以德立学 以德施教——曲建武

> 曲建武,男,汉族,中共党员,1957年7月出生,辽宁大连人,大连海事大学教授。无论是作为普通的辅导员、学生处处长,还是校党委副书记、辽宁省高校工委副书记、辽宁省教育厅副厅长,在他眼中,工作的核心和根本都是为学生服务。他把教书作为职业,把育人作为追求,把青春奉献给了教育事业和心爱的学生,荣获时代楷模、全国优秀教师、全国师德标兵、全国高校辅导员年度人物等荣誉称号。

---

[1] 邵龙宝:《中西智慧与人格建构》,人民出版社2021年版,第570页。

"假如让我再选择,我还会做一名辅导员。"谈起多年前的那个决定,曲建武依然态度坚定。2013年,曲建武作出决定,辞去领导职务,到大连海事大学当一名普通辅导员。"2013年我56岁,我想在退休前再完整地带一届学生。"曲建武说,"我要圆了这样一个梦,不忘初心。"

"不忘初心",是曲建武一直挂在嘴边的四个字。毕业留校做辅导员后,他投入满腔热情,和学生们同吃同住同乐。他当年的工作手册上,详细记录了每一位同学的情况,包括家庭、学习、个人特长喜好等。因为工作出色,曲建武先后担任学校学生处处长、校党委副书记,后来又被提拔为辽宁省委高校工委副书记、省教育厅副厅长、正厅级巡视员。这些年,不论在什么岗位,曲建武最牵挂的始终是学生。

2013年7月,曲建武来到大连海事大学,成为公共管理与人文学院2013级139名学生的辅导员。他首先给每一位同学做了一份电子档案,并让学生写下自己的大学梦想和最关心的问题。他把自己的手机、微信向同学们公开,承诺24小时为同学们开机,他对同学们说:"我将伴随和见证你们的成长。"曲建武说到,也做到了。

他随身带着一个小本子,上面记着每个学生的生日。无论身在何处,只要有学生过生日,他都会结合学生当时的情况送上一份祝福,有时甚至是上千字。

为了学生的成长,他发给学生的微信信息有260多万字;他建立爱心基金,全部用于帮助家庭困难学生;端午节,他给每个学生送粽子;中秋节,又给学生们送月饼;冬季,给贫困生每人一箱苹果……

曲建武不只是在学校里关注着每一个学生,很多学生和他们的家长都说,曲老师对他们而言,已经不只是老师,还是知心朋友,甚至是亲人。

近年来,曲建武先后获得"全国时代楷模"、第七届全国道德模范、"最美奋斗者"等荣誉称号。曲建武几乎每天会接到来自全国各地让他作报告的邀请。只要时间允许,他不会推辞:"我有37年从事学生工作的心得和经验,哪怕每次只能影响到一个人,就不枉此行。"

在海大110周年校庆期间,曲建武用自己获得的50万元奖金,设立了一项宗旨为"你为祖国服务,我为你服务"的励志基金,奖励那些表现优异的辅导员、思政课教师和大学生。"我个人还将再投入50万元,同时吸纳社会捐献资金,在我的余生,让励志基金发挥更大效能,激励更多的人投身到服务国家的行列中去。"

第三节 培养良好家风,提升道德内核

2016年12月12日,习近平总书记在会见第一届全国文明家庭代表时说:"中华民族历来重视家庭。正所谓'天下之本在家'。尊老爱幼、妻贤夫安,母慈子孝、兄友弟恭,耕读传家、勤俭持家,知书达礼、遵纪守法,家和万事兴等中华民族传统家庭美德,铭记在中国人的心灵中,融入中国人的血脉中,是支撑中华民族生生不息、薪火相传的重要精神力量,是家庭文明建设的宝贵精神财富。"❶家风又称门风,指的是家庭或家族世代相传的风尚,即一个家庭中的风气,也是给家中后人们树立的价值准则。家风是一个家庭或者家族逐步形成并世代延传的精神内核,也是一个影响社会行为规范和道德品行的价值缩影。《礼记·大学》中曾记载:"欲治其国者,先齐其家。"对于领导干部来说,家风涵养作风、折射党风、关乎政风、影响民风。家风是社会风气的重要组成部分,家风相连成民风、民风相融汇国风。廉洁政风和清湛家风犹如车之两轮,相得益彰。政风弊绝家风正,家风浩然政风清。

习近平总书记援用"将教天下,必定其家,必正其身""心术不可得罪于天地,言行要留好样与儿孙"❷等,告诫全体党员尤其是领导干部做好家风家训教育,严格要求自己的言行符合领导干部的标准。习近平总书记强调领导干部家风作为其作风的重要表现,其家风家训建设将对普通群众的价值认同极具导向作用,有助于巩固和提升领导干部治国理政的能力与道德影响力。领导干部要努力使自己的人格完善完整,就必须重视家庭道德建设,重视八小时之外的道德人格形象。领导干部首先要从自身出发找差距,将自身的正能量不断传递给其亲属子女等。领导干部及其家庭成员要自觉筑牢心理防线和抵制社会不正之风,学习先进人物与道德模范敢于斗争的自我革命精神,充分发挥好新时代领导干部在家风建设中的示范带头作用。

一、中国家风文化的历史传承

在中华民族5000多年文明史中,"家风"扮演着关键角色。家风是一个家庭(族)代代传承的价值信念、道德规范与行为准则,体现着一个家庭(族)的精神信仰、道德风貌、整体气质。在中华民族绵延赓续的优良家风传统中,形成了非常突出的家风特质。优良家风,是中华民族历史长河的积淀,是中华优秀传统文化的凝结,是传统士大夫精神追求的结晶。优良家风的传承,是华夏文明源远流长的彰显,是中华民族文明传承与弘扬的轨迹。习近平总书记指出:"尊老爱幼、妻贤夫安,母慈子孝、兄友弟恭,耕读传家、勤俭持家,知书达礼、遵纪守法,家和万事兴等中华民族传统家庭美德,铭记在中国人的心灵中,融入中国人的血脉中,是支撑中华民族生生不息、薪火相传的重要

---

❶ 中共中央文献研究室:《习近平关于社会主义文化建设论述摘编》,中央文献出版社2017年版,第147页。
❷ 习近平:《习近平谈治国理政》第二卷,外文出版社2017年版,第165页。

精神力量,是家庭文明建设的宝贵精神财富。"❶他强调:"抓作风建设要返璞归真、固本培元,在加强党性修养的同时,弘扬中华优秀传统文化。……每一位领导干部都要把家风建设摆在重要位置,廉洁修身、廉洁齐家。"❷领导干部只有管理好自身的"小家",才能治理好国家这个"大家"。

　　自古以来,中华民族就有重家教、守家训、正家风的文化传统,就有"修身、齐家、治国、平天下"的德政思想传统,说明树立良好家风对廉洁从政的重要性和对于形成领导干部良好道德品行的重要作用。有什么样的家风,往往就有什么样的做人做事态度和为人处世伦理。优良家风不是一朝一夕形成的,它需要一个家庭的数代甚至世代传承。家风关系到人的精神成长和品德形成,影响深远。而家风的形成,与贫富无关,关键在于父母的德行修养。著名作家老舍先生曾经这样写道:"从私塾到小学,到中学,我经历过起码有二十位教师吧,其中有给我很大影响的,也有毫无影响的。但是,我真正的教师,把性格传给我的,是我的母亲。母亲并不识字,她给我的是生命的教育。"❸家风的熏陶和濡染对于个人形成稳定而成熟的价值取向、人格品德、情感意志、生活态度等有着决定性作用。传承优良家风主要传承的是价值观念和精神信仰。家风是一个家庭或家族重要的文化基因和精神基因,在代际间传递,影响着家族的兴衰。

　　家风是一个家族、家庭繁衍兴旺的基础,没有家风的熏陶,家族发展就无从谈起。所以,古人说"君子之泽,五世而斩",俗语也有"富不过三代",这些都是在强调家风的重要性。"家之兴替,在于礼义,不在于富贵贫贱。"❹优良家风潜移默化、润物无声地影响着人们的心灵,规范约束着人们的行为。我们敬仰的中国航天之父钱学森,成就卓著,影响深远,更为可贵的是他的拳拳报国心。钱学森的学识与品格,也与他的家族不无关系。事实上,由古至今,钱氏家族人才辈出,群星璀璨。钱学森、钱三强、钱伟长、钱钟书……钱家的千年辉煌,并不在于独特的生财之道,也不在于一纸家训传久远。而在于钱家子孙世代传承的精神骨气——不拘小节,但求利国利民的大家风范;不谋一家,愿为万世开太平的浩然正气!家训的第一句就是:"心术不可得罪于天地,言行皆当无愧于圣贤。"❺关于国家则提出:"利在一身勿谋也;利在天下者必谋之。"❻当某件事只对本家庭有好处、对自己好处,就不要轻易行动;若是对天下有好处、对国家有好处,就要全力以赴。在家训中倡导社会责任,正是钱家人才辈出的重要原因❼。东汉开国功臣、著名军事家马援在烽火硝烟中不忘教诲子侄辈修身,做到守恭默、慎交友、戒妄议、辨是非。

---

❶ 中共中央文献研究室:《习近平关于社会主义文化建设论述摘编》,中央文献出版社2017年版,第147页。
❷ 习近平:《习近平谈治国理政》第二卷,外文出版社2017年版,第165页。
❸ 张桂兴:《老舍论集》,人民出版社2010年版,第77页。
❹ 李军:《传统文化与国家治理现代化》,人民出版社2020年版,第132页。
❺ 张彦、沈丹:《涵养好家风:党员的10堂主题党课》,人民出版社2018年版,第4页。
❻ 张彦、沈丹:《涵养好家风:党员的10堂主题党课》,人民出版社2018年版,149页。
❼ 吴黎宏:《领导干部要讲政德》,中国方正出版社2018年版,第1版。

纵观历史不少贤哲人士,都非常关注家教家风,编写家训,如黄庭坚《黄氏家规》、朱熹《朱子家训》、诸葛亮《诫子书》、袁黄《了凡四训》等。朱熹在《朱子家训》中倡导重德修身:"有德者,年虽下于我,我必尊之;不肖者,虽年高于我,我必远之。"从中可以看出朱熹对德的重视程度,这与我们今天所倡导的"以德为首"的教育思想有相似之处。在朱熹看来,重视道德修身就同"衣服之于身体,饮食之于口腹,不可一日无也,可不慎哉"。他还就如何重德修身提出了许多深含哲理的见解:"人有恶,则掩之,人有善,则扬之。"这句话是指对别人善恶行为所持的态度,对行恶的人要抑制,对行善的人要宣传表扬。他强调要注重长期的修炼,要诸恶莫作,众善奉行,注意小节,细心修养,才能养成高风亮节。朱熹还认为,善心和恶念不可能同时存在于一个人的心灵河流中。人之所以有善恶之别,只是各自内心所禀之气有清浊厚薄之分。内心禀清气厚者,易为善,禀清气薄者,倾于恶。

二、中国传统家风的精神内核

家风家教文化影响着中华民族精神的生成。家风一词,最早见于西晋著名文学家潘岳。当时与潘岳有"双璧"之称的夏侯湛,自恃文才超群,将《诗经》中有目无文的六篇"笙诗",补缀以成《周诗》。潘岳认为:这些诗篇不仅温文尔雅,而且可以看到孝悌的本性。为与友人唱和,潘岳因此写作了《家风诗》,自述家族风尚:"绾发绾发,发亦鬈止。日祗日祗,敬亦慎止。靡专靡有,受之父母。鸣鹤匪和,析薪弗荷。隐忧孔疚,我堂靡构。义方既训,家道颖颖。岂敢荒宁,一日三省。"在诗中,通过歌颂祖德、家族传统来自我勉励。家风家教代代相传,影响着民族精神,家国情怀、读书济世、耕读传家、孝老睦邻、勤俭节约等优良家风,融入了民族血脉。

(一)家国情怀

家国情怀,是中华优秀传统文化的显著特征。家是最小国,国是千万家。家是国的基础,国是家的延展;家是安身立命之始,国是承载梦想之地。家风的"家",既是家庭的"家",也是国家的"家"。因此,家风就自然包含着家国情怀。从"修身齐家治国平天下"到"天下之本在国,国之本在家,家之本在身",从"一寸丹心图报国,两行清泪为思亲"到"烽火连三月,家书抵万金",呈现了中国人亘古不变的家国情怀及其蕴含的良好家风。《钱氏家训·国家篇》提到:"利在一身勿谋也,利在天下者必谋之。"利益得在自己一人就不去谋取,得在天下百姓就一定去谋取。左宗棠家书《与孝威孝宽》中提到:"天地民物,莫非己任;宇宙古今,融彻于心。"天地、百姓、万物,都与自己息息相关,理应勇于担当责任。爱国主义是传统家风家教的核心主题。数千年来,中华民族在发展进程中饱受磨难、历尽沧桑,却始终屹立于世界民族之林,究其原因,就在于中华民族形成了爱国主义的"民族之魂",具有自强不息、抵御外侮的不屈力量。基于"家国天下"的文化根源,中国传统家风家教极为重视爱国主义的教育,传统家风家教往往都会训导子弟要立爱国之志、成报国之才。岳飞从军抗金之前,母亲在其背上刺字"精忠报国",诸如此类的爱国教育故事不一而足、千古流传。传统家风家教训导子女景慕爱国之士,"利于国者爱之,害于国者恶之",对爱国与否体现出了明确的价值判断与强烈的好恶情感。爱国主义是传统家风家教的核心主题,在爱国主义民族精神的形成过程中,家风家教发挥了极为重要的影响。

(二)读书济世

"忠厚传家久,诗书济世长。"重视读书的家风古已有之。我国有着古老的书籍文明和久远的读书传统,读书继世、崇尚读书之风绵延数千年。一代又一代读书人,形成了维系民族精神的纽带,筑牢了凝聚家国共识的基础。苏轼一生宦海沉浮、历经坎坷,其词大气豪放,其人豁达乐观又不乏柔情。苏轼的家风源于曾祖父苏杲、祖父苏序的"扶危济困",继承了父亲苏洵的"诗书传家""志存高远",在传承家族优良传统的基础上,展现了读书正业、孝慈仁爱、为政以德之风。《聪训斋语》中写道:"故读书可以增长道心,为颐养第一事也。"读书可以增长追求世间法则至理之心,是颐养心性的第一等事。曾国藩在家书中提到:"盖士人读书,第一要有志,第二要有识,第三要有恒。有志,则断不甘为下流;有识,则知学问无尽,不敢以一得自足,如河伯之观海,如井蛙之窥天,皆无识者也;有恒,则断无不成之事。此三者缺一不可。"士人读书,第一要有志气,第二要有见识,第三要有恒心。有志气,就决不甘居下游;有见识,就明白学无止境,不敢有一点收获就自满自足,像河伯观海、井蛙窥天,都是因为没有见识;有恒心,就绝没有干不成的事。这三个方面缺一不可。作家梁晓声说:"最好的家风,一定是有读书传统的家风。"读书是生活习惯,更是传递价值观的方式,正直、忠诚的品行在书香浸润中代代传承。

(三)修身养德

修身养德是中华优秀传统文化中的重要内容,也是传统家风的精神内核。倡导依靠内心安静来修养身心,依靠俭朴作风来培养道德。古代家训,大都浓缩了作者的生活经历、人生体验和学术思想等多个方面。诸葛亮被后人誉为智慧的化身,一生为国,鞠躬尽瘁,名传后世。他写给其子诸葛瞻的《诫子书》就是一篇充满智慧之语的家训,是中国古代家训中的名篇,同时也是诸葛亮对自己一生的总结。全文仅86字,但却浓缩了诸葛亮一生智慧——"夫君子之行,静以修身,俭以养德,非淡泊无以明志,非宁静无以致远。夫学须静也,才须学也。非学无以广才,非志无以成学。淫慢则不能励精,险躁则不能治性。年与时驰,意与日去,遂成枯落,多不接世,悲守穷庐,将复何及!"从这篇家训中可以看到传统家风中修身励志、好学惜时、宁静超脱的品格。此外,诸葛亮还有告诫外甥庞涣所写的《诫外甥书》:"夫志当存高远,慕先贤,绝情欲,弃凝滞,使庶几之志,揭然有所存,恻然有所感;去细碎,广咨问,除嫌吝,虽有淹留,何损于美趣,何患于不济?",他告诫外甥,要树立远大理想,追慕先贤,节制俗念。诸葛亮在两篇家训中,强调了修身学习,立志做人的重要性。袁黄在《了凡四训》也写道:"务要日日知非,日日改过;一日不知非,即一日安于自是;一日无过可改,即一日无步可进。"就是说要不断发现自己的错误和不足,改过自新,安于现状就无法进步。

(四)清正廉洁

中国历代家规家训非常注重清廉教育。尚志何以守廉。所谓"清正在德,廉洁在志","志正则众邪不生",中华优秀传统文化蕴含鲜明的尚志守廉思想。崇俭朴以养廉。"俭以廉为本,奢为贪之源""欲为清白吏,必自节用始"。中华民族有着浓厚的俭廉文化传统。厚德性以育廉。做官先做人,养廉先养德。以德育廉是中华优秀传统文化的又一重要思想。正家风以促廉。古人说:"居官所以不能清白者,率由家人喜奢好侈使然也。""将教天下,必定其家,必正其身。"清白传家,正家促廉是历代清官廉吏的共同特点。东汉"四知太守"杨震,"性公廉,不受私谒",始终以为官清白为座右铭,拒绝为子孙置办家业,为后世子孙留下清白的英名和家风。守法纪以护廉。"奉法循理,无所变更,百官自正。"为官者只要遵奉法度,按原则办事,品行自然就会端正。中华优秀传统文化对守法护廉也给予了高度重视。据史书记载,明太祖朱元璋一天早朝时问群臣:"天下何人最快乐?"有人说功成名就最快乐,有人说富甲天下最快乐,只有一个大臣说"畏法度者最快乐",一语惊众人。朱元璋听了大为赞赏,随后委以重任。

三、领导干部以身作则率先垂范

领导干部作为人民群众的表率,应当严格要求自己,做家庭成员和身边人员的表率。领导干部要处理好亲情、友情和工作感情,管住管好配偶、子女和身边工作人员,避免为情所迷、为情所忧和为情所害。

(一)要正视廉洁治家的亲情教育

古语云:"人非草木,孰能无情?"亲情伴随我们一生。但是,领导干部为了其家庭亲属获得暴利,以一己私利而忽视人民的利益,就会变成了亲情的傀儡。领导干部要重视廉洁治家,严格治家。

俗话说:"国有国法,家有家规。"为人父母者要留给后人什么?林则徐强调儿女从父母这里继承更多的应当是如何为人处世,以及健康成长成才和积善行德的方式方法。领导干部要重视家风家训建设的"晴雨表",树立家规来规范自己、亲属和身边工作人员,就显得尤为重要。毛泽东对家属子女的要求一向严格谨慎,一方面要求子女积极向上,关心他人;另一方面坚持原则,绝不用手中权力为子女谋职位。他提出三不准原则:恋爱,但不为亲徇情;念旧,但不为旧谋利;济亲,但不以公济私。毛泽东要求子女树立贫民思想,告诫子女:"靠毛泽东不行,还要靠你们自己去努力,去奋斗。不要把我挂在你们嘴边上去唬人,要做一个普通人。"❶陈云同志为亲人定下"三不准":

---

❶ 王均伟:《重温毛泽东关于艰苦奋斗的论述》,《求是》2020年第4期。

不准家人搭乘他的车;不准家人接触他看的文件;不准家人随便出入他的办公室[1]。习仲勋同志也曾对家人说:"不能在我工作的地方从事任何商业活动,不能打我的旗号办任何事,否则别怪我六亲不认。"[2]领导干部要从清廉官员的家规家训中汲取智慧,以老一辈无产阶级革命家为榜样,借鉴经验,搞好家风建设,不仅自己要身正,还要倡导家人廉洁自律,正好家风、管好家人,处好家事。

(二)要正视友情和慎重交友规矩

纵观友情,人皆有之。领导干部尤须正视友情和慎重交友,这更是极为严格的政治规矩和纪律要求。因此,领导干部要远离那些心怀不轨、功利势利之人。领导干部要学习无数仁人志士善待友情和正视友情,在物资匮乏的艰苦岁月中同甘苦共患难,在改革开放的浊流激荡下不忘初心、牢记使命。领导干部要特别重视其交友之道,与唯利是图朋友交往就会滋生腐败,从而逐渐导致领导干部丧失其交友本真。

领导干部要严守交往关,多交益友、公私分明。《大学》说:"安其学而亲其师,乐其友而信其道。"拜师交友,以学以道,"道"有善恶之别,交友不可不慎。普通人交友尚需谨慎,领导干部更需慎之又慎。因其身份的特殊性,在现实生活中领导干部往往就会成为一些别有用心的人的"围猎"对象。正所谓"君子之交淡如水",真正友情是无私帮助朋友的默默奉献,是相敬如宾的真心交往,不掺杂权力和金钱。不难发现,很多领导干部从违规违纪走上违法犯罪之路,或多或少源自变质变味、戴着虚假面具的"友情"。领导干部尚未认识到虚假友情背后的权钱交易本质,就难以摆脱被"友情"所裹挟的权钱权色等交易纽带与关系枷锁。纵观近些年落马的干部,因为不正当朋友圈造成不当利益关系的比比皆是,稍有不慎就会被"糖衣炮弹"所迷惑,从而走向犯罪的深渊。因此,领导干部在交友时一定要慎重,要有选择,要坚持原则。要重视交友对象的德行情操,勿近愚痴人,应与智者交,尊敬有德者。要把握好度,在与朋友相处时,坚持公私分明、秉公办理。要严守工作纪律,有敬畏责任之心,不该拿的坚决不拿,不该去的地方坚决不去,坚决守住为官做人的底线。

(三)以良好家风净化社交圈、生活圈和朋友圈

人生有三件事可谓大事:为人、处世、修身,其中为人是指与人交往的态度。而善于为人的重要表现之一是修德乐善、诚信交友,并达到"人伴贤良品自高"的境界。党员领导干部是治国理政的骨干力量、关键少数,更应秉持这一理念修身立德,不断净化自己的"朋友圈"。

近年来,在畸形的官场文化影响下,一些官员的"朋友圈"逐渐演变成了"腐败圈"。他们在贪念驱使下,成为商界的"围猎"对象,一步一步与其"朋友"结成了腐败"同盟",不惜逾越党纪国法的底线,为"朋友"输送利益,最终沦为阶下囚。人民日报

---

[1] 严爱云:《陈云与中国共产党的制度建设》,人民出版社2015年版,第240页。
[2] 贾巨川:《习仲勋同志的家风》,《学习时报》2017年2月8日。

曾经发文《让"朋友圈"清清爽爽》,提及要净化朋友圈,远离六种人:远离"能量大"的人,这种人有一种人总是神秘兮兮,给人感觉来头很大、"水很深";远离"会来事"的人,他们往往整天阿谀奉承,善于揣摩心思、投人所好,甚至想你之未想、急你之未急,特别善于帮你"摆平""搞定"麻烦。远离"花大钱"的人,出手阔绰、花大钱不眨眼的人,未必是豁达大方。"天下没有免费的午餐"。远离"江湖气"重的人,江湖气说白了是一种匪气、痞气和戾气,在官场上叫"官油子",在社会上叫"老油条"。远离"颓废消极"的人,朋友圈整天还发些歌厅泡吧等纸醉金迷的东西。远离"自由散漫"的人,他们经常发一些自以为自由、意识流的东西。这种人大多不讲约束,组织观念淡薄,集体意识淡化,懒散疲沓、松松垮垮。唐代贯休的《行路难》:"浅近轻浮莫与交,地卑只解生荆棘。"和自由散漫、轻浮轻率的人交往久了,往往会向往"牛栏里关猫,进出自由"的生活,逃避监督、规避管理,这距离出事也不远了。

领导干部要自觉以良好家风净化社交圈、生活圈和朋友圈,不断强化领导干部的道德修养、党性锻炼和忠诚教育。要树立良好生活等价值观和道德观,随时管好、说服教育身边人和枕边人要慎重交友,时刻提防领导干部及其亲属成为居心叵测之人开展行贿等违法犯罪突破口。为此,习近平指出:"在道德情操上打开了缺口,出现了滑坡,那就很难做到清正廉洁,很难对社会风气起到正面引导和促进作用。"❶由此可知,领导干部要以良好家风净化社交圈、生活圈和朋友圈,避免领导干部及其亲属亲戚因自身兴趣喜好而遭受渗透和"围猎"。

总之,随着我国改革开放对领导干部参与经济社会生活的深入影响,领导干部要高度重视自身的道德修养和作风建设,强化自身对权力的敬畏、对社会弱势群体的道德关怀。学习红色家风家训和中华优秀文化精髓,坚持用思辨眼光进行分析甄别,充分发挥其教家立范、家国整合功能,促进社会主义新家风和传统家风家训发展。要强化对领导干部良好家风家训的教育培训力度,个人方面要学习历史上的良好家风和模范人物,社会方面多开展优秀传统文化与现代社会治理智慧的教育宣传,积极营造领导干部良好家风创建的价值引领与道德氛围。

四、强化对家风家教的制度约束

俗话说,没有无规矩,不成方圆。为此,要加强对领导干部及其亲属的权责监督力度,强化对领导干部良好家训家风建设工作的软硬措施,既需要思想教育和自我约束等精神层面的教育涵养"软措施",又需要扎牢规范和完善领导干部内外监督的制度性介入"硬约束"。

(一)将家风家训纳入领导干部的考核体系

要培育和提升领导干部良好的家风家训,仅靠领导干部及其家属亲戚的自我反省

---

❶ 习近平:《之江新语》,浙江人民出版社2007年版,第261页。

觉悟是不够的,必将导致领导干部良好家风家训建设缺乏相关组织和制度保障。除了坚持以工作业绩、领导提名、年龄资历等为参考的原有标准,还要关注领导干部良好家风家训等家庭美德建设。当前,要强化对领导干部家风建设的考评力度,将其家庭关系和谐、家风良好、邻里和睦等"家庭美德"标准,逐步纳入领导干部政绩考核等相关工作体系中,作为绩效考核的重要标准,将领导干部的个人品德、家庭美德、邻里意见作为其提拔晋升的重要依据,并将其作为贯彻落实"德才兼备、以德为先"领导干部标准的重要内容之一。

(二)强化和完善领导干部家风监督管理相关体制机制

当前,应强化对领导干部及其亲属家风建设的监管制度建设,严格落实领导干部及其亲属家风建设的权责认定与追责机制。值得注意的是,在领导干部形成家风不正的诸多影响因素中,家风监督管理体制机制尚不健全影响深远。近些年领导干部"亲属圈"的贪腐案件,正是由于监督难以触及其亲属"空白区"或"盲区",最终导致领导干部亲属成为滋生贪污腐败的"重灾区"。为此,要强化对领导干部及其家属亲戚违法违纪问题监管力度,完善领导干部及其亲属违法违纪问题的监管体制机制。

由此可知,只有领导干部及其亲属带头遵纪守法,才能有效提升领导干部道德影响力。领导干部要带头落实党纪国法与党内规矩纪律要求,以自身实际言行躬行"廉洁齐家,自觉带头树立良好家风"❶。同时,强化对领导干部及其亲属廉洁自律制度规范和纪律要求,明确对其违纪违法问题监管的负面清单及惩处力度。要按照领导干部及其亲属的权责范围与内容,探索量化、细化领导干部及其亲属家风建设的监管指标,尝试将领导干部亲属良好家风家训纳入其奖惩考评中。

要严格执行领导干部及其亲属等相关事项报告制度,扎紧领导干部权力制度牢笼,以便于减少各种权力寻租空间,严格规范和监督约束领导干部。不仅要对领导干部开展清廉家风家训等教育活动,还要组织领导干部的配偶、子女及其他亲属接受廉洁教育,通过签订助廉承诺书等方式方法,将廉洁家风落到实处。

(三)完善领导干部及其亲属家风建设的奖惩制度与机制

与此同时,要强化对领导干部权力运行制约和监督,并在良好家风家训等方面率先垂范。相关部门要做好领导干部家风建设的监督工作,充分发挥党内外监督作用,完善领导干部权力的监督渠道,构建较为完善的新时代党内权力运行制约监督体系。纪检监察机关要充分发挥党内监督、法律监督和群众监督的功效,完善信访举报制度等发挥人民群众监督的主渠道功能,构筑领导干部监督管理体系,实现对领导干部"八小时"工作之外的各种圈子文化监督"无死角"。此外,还要重视领导干部家风常态化监管机制建设,紧跟时代步伐,加大依法治国力度,健全家风监督管理制度,扫除

---

❶ 中国政法大学党规研究中心:《党规学(党员干部版)》,人民出版社2020年版,第233页。

家庭监督的"空白区",为领导干部廉洁从政努力争取一片净土。

延伸阅读 书记讲好家风课干部勤修德与廉

围绕修德和修廉两大主题,曲阜实施党员干部修身计划,建立起"以德为先、实绩至上"的用人标准,积极探索考准考实干部"德"的有效途径。

据介绍,在领导干部选拔任用中,曲阜市推行了干部"德"的正反双向同步测评,正向内容设有理想信念、个人品行等六大项34条指标,反向内容设有政治素质不高、作风漂浮等十二大项46条指标,尤其将干部是否遵守孝道作为干部选拔任用和评先树优的重要依据,通过个别谈话和测评印证,切实把干部"德"的表现考准考实,真正把德才兼备的好干部选出来、用起来。

此外,曲阜打造了"儒韵清风"品牌,建设机关、学校、企业、社区、村居五大类"廉洁道德讲堂",同时挖掘传统中的家规家训,打造"一线一带一课堂"廉勤教育精品线。由党组织一把手带头为领导干部及其配偶上廉政家风课,借助领导干部的"另一半"监督好八小时之外的"另一面",让党员干部自觉树立正确的权力观、义利观,营造出良好政治生态。据曲阜市纪委书记、监察委主任高西强介绍,曲阜市今年将把廉政教育向镇街部门延伸,利用全市已建成的100余个廉政文化示范点、516处廉洁教育讲堂和近5处廉政教育基地,组织指导各基层党组织书记为辖区党员开展"书记家风课"活动。

"中华传统文化中蕴含着丰富的治国安邦、为官从政、修身养性等宝贵思想,如果把这些优秀传统文化创造性地应用到干部队伍建设中,有助于培养干部的'为政之德'。"曲阜市委书记刘东波介绍,作为儒家文化发源地,近年来曲阜积极探索将优秀传统文化融入政德建设,探索通过优秀传统文化对党员干部进行政德教育这一新课题,目前已开发出"三孔"、孔子研究院等干部政德教育现场教学点,同时新打造一批"优秀传统文化传承体验村居"教学点,已有近5万名来自全国各地的党员干部到曲阜接受传统文化教育。

《人民日报》(2018年03月22日11版)

第四节 发挥模范作用,提升道德引领

孔子言:"上好礼,则民莫敢不敬;上好义,则民莫敢不服;上好信,则民莫敢不用情。"由此可知,从古至今我国都非常重视官德与民德建设,着重净化社会风气和提升社会道德水准。提升领导干部道德影响力,事关个人品德及党和政府良好形象,还能够积极引导利他行为和社会公众言行。领导干部在道德建设方面要率先垂范,带头践行社会公德、职业道德,以实际行动引领全社会形成良好道德氛围。为此,习近平同志

指出:"要大力加强思想道德建设,引导党员、干部自觉践行社会主义荣辱观,培养高尚的道德情操和健康生活情趣,始终保持蓬勃朝气、昂扬锐气、浩然正气,用自己的模范行为和高尚人格感召群众,引领社会风尚。"❶

一、中国共产党领导集体高度重视道德影响建设

长期以来,中国共产党高度重视领导干部道德建设,强调道德模范和先进人物对全社会的榜样示范作用。自从中国共产党诞生以来,我们党通过制定《中国共产党章程》和对客观形势的深入分析,始终要求广大党员尤其是领导干部要发挥模范带头作用。为此,毛泽东、蔡和森等中国共产党早期领导人都曾明确指出,我们党必须吸收那些信仰马列主义的"真同志",即要吸收那些真正信仰马列主义的革命者。

大革命失败后,中国共产党武装反抗国民党的革命中心开始由城市转移到农村地区。南昌起义、秋收起义到广州起义等以城市为中心的革命战争都失败了,从井冈山星星之火到中央苏区创立的燎原之势,中国共产党开始在中央苏区等区域开始局部执政实践,苏区干部勇于肩负起各项工作,吃苦在前、享受在后,发挥了模范带头作用。应当传承和弘扬苏区干部好作风,加强领导干部道德模范作风建设,发挥领导干部率先垂范的道德影响力。领导干部务必争做带头人,要求人民群众所做到的事情,领导干部必须能够首先做到。

为了有效提高苏维埃区域各级党政组织的局部执政能力,毛泽东同志在中华苏维埃共和国第二次全国苏维埃代表大会上表扬和介绍了当时兴国和长冈乡的好做法,党团干部要在苏维埃县乡各项工作中充分发挥其模范带头作用。"兴国的同志们创造了第一等的工作,值得我们称赞他们为模范工作者……这种'第一等工作模范'的出现,正是兴国县和长冈乡的干部以身作则、严于律己、密切联系群众、处处艰苦奋斗、廉洁奉公、不谋私利的结果。"❷苏区领导干部在各项工作中模范带头的自觉行动,加强和改进了苏区领导干部和机关的作风,并在苏区群众中产生了强大的说服力和凝聚力。

为了弘扬苏区干部好作风,创造"第一等的工作"等奋斗目标,领导干部在各项工作中发挥其道德表率的模范带头作用,营造以独立自主和艰苦奋斗推动苏维埃党政各项工作的良好氛围。正如原中央苏区老百姓传唱的民歌,"苏区干部好作风,自带干粮去办公。日穿草鞋干革命,夜走山路访贫民"❸,用朴实语言诠释了苏区领导干部模范带头的优良作风及其道德影响力。正是在充分发挥领导干部道德影响力及引领力下,苏区军民在艰难的革命战争条件下自力更生、艰苦奋斗,创建和发展了苏维埃党政

---

❶ 中共中央文献研究室:《十七大以来重要文献选编》中,中央文献出版社2011年版,第265页。
❷ 毛泽东:《毛泽东选集》第一卷,人民出版社1991年版,第140页。
❸ 李小三:《与领导干部谈领导力》,人民出版社2011年版,第197页。

的各项事业,并保障苏区人民群众生活。

中国共产党在中国革命实践中培育党员干部的优良作风,不断提升领导干部在革命群众中的道德影响力。中共六大通过的《中国共产党组织决议案草案》中明确规定:"考核一个党员应该以其政治认识、纪律性及对工人阶级利益的牺牲性为标准。此外,还加上他与广大工农群众的联系,他在这些群众中的威信和影响,指导群众的能力的标准。"❶1929 年 6 月,中共六届二中全会强调要注意吸收党员的条件:"要有坚强的阶级觉悟、政治认识,能在党的支部中工作,是斗争中的积极分子,最好有社会职业或要有决心向社会中求工作出路的人。"❷

在抗战期间,中国共产党人通过延安整风等方式,以领导干部的模范行动肩负起抗日任务。毛泽东在中国共产党领导抗战的艰苦环境中,强调:"在为抗日民族统一战线和民主共和国的一切任务而奋斗时,共产党员应该做到最有远见,最富于牺牲精神,最坚定,而又最能虚心体会情况,依靠群众的多数,得到群众的拥护。"❸毛泽东在 1938 年发表的《中国共产党在民族战争中的地位》一文中,从多角度阐释了我们党领导抗日战争的历史责任与模范作用:"在八路军、新四军中,应该成为英勇作战的模范,执行命令的模范,遵守纪律的模范,政治工作的模范和内部团结统一的模范。在和友军发生关系时,应该坚持团结抗日的立场,坚持统一战线的纲领,成为实行抗战任务的模范,成为统一战线中各党相互关系的模范。在政府工作中,应该是十分廉洁、不用私人,多做工作、少取报酬的模范。在民众运动中,应该是民众的朋友,而不是民众的上司或官僚主义的政客。"❹

随着抗战胜利后国民党反动派发动内战,中国共产党人始终将自身建设贯穿于解放战争时期,并将其作为关系人心向背的关键任务来抓。中国共产党指导各个地区结合土地改革的实际情况,深入开展了以"三查三整"等多种形式的整党整军活动,加强全党全军的纪律意识和全心全意为人民服务的宗旨意识。在新中国成立前夕,我们党领导全国各族人民群众始终未曾松懈,毛泽东等党和国家领导人适时提出"进京赶考"命题,并告诫全党领导干部继续保持"两个务必"作风。在中国共产党艰难探索革命新道路过程中,领导干部始终保持并发挥着党的先锋模范作用,以坚定意志和优良作风带领人民群众战胜异乎寻常的艰难困苦,并以敢于斗争、敢于胜利的自我革命精神迎来新中国诞生。

纵观我们党团结带领全国各族人民艰苦奋斗的自力更生过程,领导干部的道德修养对全党、全国各族人民道德建设起着重要的引领作用,也是新时代中国特色社会主义道德建设的核心价值所在。领导干部作为人民公仆,要全心全意为人民服务,具备过人才能、道德修养和人格魅力,成为对人民具有道德感召力的道德榜样。

---

❶ 中央档案馆:《中共中央文件选集》第 3 册,中共中央党校出版社 1991 年版,第 294 页。
❷ 中央档案馆:《中共中央文件选集》第 5 册,中共中央党校出版社 1991 年版,第 231 页。
❸ 毛泽东:《毛泽东选集》第一卷,人民出版社 1991 年版,第 263 页。
❹ 毛泽东:《毛泽东选集》第二卷,人民出版社 1991 年版,第 521 页。

二、领导干部争做道德模范,带头提升其道德影响力

党员尤其是领导干部道德言行的社会关注度极高,因为领导干部肩负着服务人民的神圣职责和使命任务,亟须树立良好的品德修养、过硬作风和党政形象。领导干部要争做全社会思想道德的模范,自觉肩负起其在社会思想道德建设中的责任,做道德遵守者、维护者和引领者。要认真分析领导干部的思想道德建设现状,采取措施推动领导干部思想道德建设,锤炼打造党和人民信赖的高素质干部队伍。要让领导干部争做全社会的道德模范,以实际行动践行"道德模范"的带头作用。

领导干部要做对党忠诚的道德模范。"天下至德,莫大于忠。"❶习近平总书记在十八届中央纪委三次全会上指出:"全党同志要强化党的意识,牢记自己的第一身份是共产党员,第一职责是为党工作,做到忠诚于组织,任何时候都与党同心同德。"❷他在会见全国优秀县委书记时指出:"希望大家对党绝对忠诚,始终同党中央在思想上政治上行动上保持高度一致。"❸他在中共中央政治局民主生活会上指出:"对党忠诚、永不叛党,是党章对党员的基本要求。"❹他在党的十九大报告中提出:"全党同志特别是高级干部要加强党性锻炼,不断提高政治觉悟和政治能力,把对党忠诚、为党分忧、为党尽职、为民造福作为根本政治担当,永葆共产党人政治本色。"❺他在全国组织工作会议上指出:"我们挑选优秀年轻干部,千条万条,第一条就是看是否对党忠诚;我们培养优秀年轻干部,千条万条,第一条就是教育他们对党忠诚,坚决防止政治上的两面人。"❻他两次在中央党校(国家行政学院)中青年干部培训班开班式上指出:"领导干部要忠诚干净担当,忠诚始终是第一位的。"❼对党忠诚,是共产党人首要的政治品质。新形势下领导干部面临着新的考验,这就要求领导干部必须首先对党无限忠诚。

领导干部要做公道正派的道德模范。公道正派是领导干部工作的基本职业道德,事关党的路线方针与政策策略的研究制定与贯彻执行,更是有效提升领导干部道德影响力的重要因素。为此,领导干部必须恪守公道正派的职业道德要求,强化领导干部自身的道德修养和道德言行,坚定政治信仰、政治方向和政治立场。要抓好领导干部职业道德建设的政治方向,强化领导干部道德影响力的政治要求,积极完成党交给领导干部的各项艰巨任务。

领导干部要做清正廉洁的道德模范。领导干部要严格遵守党纪国法的廉洁规定,

---

❶ 本书编写组:《领导干部要提高"政治三力"》,人民文学出版社2021年版,第109页。
❷ 习近平:《习近平谈治国理政》第一卷,外文出版社2018年版,第395页。
❸ 中共中央文献研究室:《习近平关于严明党的纪律和规矩论述摘编》,中央文献出版社、中国方正出版社2016年版,第29页。
❹ 习近平:《习近平谈治国理政》第二卷,外文出版社2017年版,第189页。
❺ 习近平:《习近平谈治国理政》第三卷,外文出版社2020年版,第49页。
❻ 习近平:《在全国组织工作会议上的讲话》,人民出版社2018年版,第28页。
❼ 习近平:《习近平谈治国理政》第三卷,外文出版社2020年版,第519页。

强化领导干部廉洁教育与道德教育的培训力度。在党性修养、思想品质和工作作风等方面,领导干部要严格按照党员标准作出表率,严于律己,为党工作,时刻保持清醒的政治头脑。

领导干部要做艰苦奋斗的道德模范。领导干部要始终保持艰苦奋斗的优良传统,坚持开拓创新、艰苦创业、自力更生,坚定"四个自信",走好新时代的赶考之路。领导干部要敢于直面问题和挑战,以自我革命精神,敢于斗争、敢于胜利,坚决抵制官僚主义等各种错误思想侵蚀。

领导干部要做为人民服务的道德模范。领导干部要始终坚持群众路线,以马克思主义群众观指导做好本职工作,坚持以人民为中心,解决好人民急难愁盼的问题。领导干部要始终站在人民群众的立场,深入基层人民群众中,解决其关心问题,以实际言行贯彻落实全心全意为人民服务的宗旨。

领导干部要争做甘于奉献的道德模范。领导干部要发扬孺子牛、拓荒牛、老黄牛精神,兢兢业业做好为党为国为民服务的各项工作,争做爱党爱国爱社会主义的道德模范。

领导干部要做学习创新的道德模范。面对改革开放与现代化建设的各种风险考验,领导干部要独立自主地开拓创新,以自我革命精神进行理论创新与实践创新。领导干部要发挥好道德模范的示范引领作用,以实际行动探索服务型、学习型和创新型党建新模式,改革传统观念和勇于学习实践的创新之风。

领导干部要做求真务实的道德模范。领导干部要坚持实事求是的思想路线和朴实作风,通过调查研究来解决新时代党面临的诸多挑战,创新党建引领我国经济社会发展的方式方法和实践路径。要力戒形式主义,提倡狠抓落实的好风气,做到说实话、办实事和求实效。

三、领导干部要成为向道德模范学习的先行者

领导干部作为广大党员干部中的"关键少数",是广大党员的行为表率,也是群众评价党风政风好坏的重要标尺。其身份具有政治性,影响着社会、群众对党和政府的观感;其行为具有示范性,决定着党风政风的优良与否。作为领导干部,必须坚持以德修身、以德润才、以德服众,才能形成一级带一级、一级抓一级的示范效应,影响和带动全体党员,以良好的党风政风带动社风民风,从而营造风清气正的从政环境。

领导干部要做崇德向善,向道德模范学习的先行者、示范者、推动者。领导干部身处重要岗位,肩负重要职责,必须以德修身、以德立威、以德服众。否则,无法取信于民,无法从根本上获得广大人民群众的信任、拥戴和支持。领导干部要深刻把握崇德向善的重要性,要深刻理解道德模范对于社会的正向影响作用。正如古人所言,为官者"不患无位而患德之不修""不患位之不尊,而患德之不崇"。领导干部具有良好道德品质,凡事以身作则,其言行堪称社会楷模,才能把国家治理好。

作为党员干部要学习道德模范身上的崇高精神。正确的道德认知、自觉的道德养成、积极的道德实践，可以增强道德判断力和道德荣誉感，为各项事业发展提供深厚的社会基础。道德模范是在道德建设中涌现出来的"佼佼者"，他们既是时代的"标杆"，也是引领广大党员干部群众成长的"风向标"。全国道德模范体现了热爱祖国、奉献人民的家国情怀。作为领导干部要用心传递道德精神，让更多的人能够见贤思齐，自觉地向道德模范看齐，从学习"标杆"到成为"标杆"，发挥道德影响作用。

党员干部要学习道德模范的好作风。道德模范之所以能在各自领域有所成就，最可贵的就在于他们勤奋敬业、埋头苦干的工作作风，党员干部要学习他们脚踏实地的工作态度，既受得住考验也耐得住寂寞。王继才与妻子王仕花在没有淡水、没有电、面积不足20亩的开山岛上，默默坚守32年，坚持每天让五星红旗飘扬在海岛上空，夫妻二人把全部的青春年华献给了祖国的海防事业；扫雷英雄杜富国面对复杂雷场中的不明爆炸物，对战友喊出"你退后，让我来"，以血肉挡住危险，失去了双手和双眼；老英雄张富清，60多年来深藏功与名，一辈子坚守初心、不改本色，用自己的朴实纯粹、淡泊名利书写精彩人生……领导干部要把从道德模范身上学到的精神品质，转化成自身的品德修养，学习道德模范甘于平凡、吃苦耐劳的崇高品格，热爱祖国、奉献人民的家国情怀，树立"功成不必在我、功成必定有我"的信念和担当。

延伸阅读 为建设海洋强国不懈奋斗——贝汉廷

贝汉廷（1926—1985年），男，汉族，中共党员，浙江镇海县人。1951年起参加工作，生前系原上海远洋运输公司指导船长。

贝汉廷同志是新中国第一代远洋船长，1951年毕业于上海航务学院（原上海吴淞商船专科学校）航海系，从一名水手起步开启了海上生活，曾历任"和平"号"友谊"号等轮船大副、船长，先后驾驶15艘远洋轮船，到过40多个国家、80多个港口，为发展祖国的远洋运输事业倾注了全部心血。他刻苦钻研、敢为人先、苦练本领，精通专业技能的同时自学多门语言，多次在远洋航行中化解难题，1961年作为中国远洋货轮"和平"号船长，靠着过硬的航海技术，先后与兄弟船队驶入非洲、亚洲各港，开辟了新中国最早的远洋运输航线；他为国争光、享誉中外，1978年，指挥"汉川"轮以装运了一船半才能运装的整套化工设备而震动德国汉堡港，展示了新中国远洋船长的才华和风度；他首航美国、传播友谊，1979年作为中美恢复海运通航的友谊使者，带领着船员们驾驶着第一艘悬挂中华人民共和国国旗的中远货轮"柳林海"轮首航美国西雅图港，开辟了具有历史意义的中美航线，恢复了中断30年的两国海上运输航线；他挺身而出、见义勇为，1978年，塞浦路斯籍货轮"艾琳娜斯霍浦"号在地中海遇难，途经此海域的"汉川"轮在贝汉廷船长的指挥下，冒着狂风暴雨，成功将难船上的16名船员和

1名家属全部救起;他鞠躬尽瘁、英名永存,1985年,贝汉廷船长抱重病赴德国接新造的集装箱船"香河"轮,终因疲劳过度、心力衰竭,于返航途中病逝在工作岗位上。终年59岁。

贝汉廷1979年和1981年两次荣获上海市劳动模范称号,1979年9月被国务院授予全国劳动模范称号,1980年8月荣立二等功一次,1982年当选为第六届全国人民代表大会代表。交通部政治部在《关于学习贝汉廷同志先进事迹的决定》中称:"贝汉廷同志是一位优秀共产党员,出色的航海家,我国航海界知识分子的杰出代表,远洋船员的一面旗帜。"1964年贝汉廷船长在受到周恩来总理接见时当场表态:"为了发展祖国的航运事业,我一辈子不离开船,不离开海洋!"多年来,贝汉廷船长用生命谱写了新中国航运的序曲,如今在每一个为建设海洋强国不懈奋斗的航海人之间传唱不息。贝汉廷船长图强报国、敢为人先、执着坚守的航海家精神,永远铭刻在航海人的心中。

1979年作家柯岩在《人民文学》第十一期上发表的报告文学《船长》,让更多的人认识了贝汉庭船长,也让更多人知道了"航海家精神"。《船长》中描绘的贝汉廷处处维护民族尊严,把国家利益放在第一位,充满爱国主义和国际主义的激情。文中第一节《汉堡港的变奏》,还入选了中小学生以及高教版中职语文教材。

第六章 加强组织引领,提升道德影响力

一般来说,党员领导干部要发挥道德影响力,除了需要自身具备良好的道德修养,还需要有目的、有意识地通过一定的途径载体、表现形式来影响、感召、教育、引导,从而被了解、被认同、被信服。

第一节 强化领导干部的根本组织原则

《中国共产党章程》中明确规定:"民主集中制是民主基础上的集中和集中指导下的民主相结合。它既是党的根本组织原则,也是群众路线在党的生活中的运用。"[1]民主集中制是规范和保障党内政治生活正常开展的重要制度保障,其影响力如同手表定律。手表定律,也叫钟表定理、矛盾选择定律,是指一只手表可以告诉人准确的时间,两只不同时间的表却只会带来混乱。民主集中制就是将群众路线中的思想集中统一起来,然后在集中前提下指导民主,解决到底听谁的问题,避免无序状态,提高一致行动力。

一、民主集中制的道德解析

民主集中制执行的好坏,直接反映党员领导干部的党性和道德修养,直接影响群众对干部的评价和支持。坚持民主集中制,就会形成科学决策、同心协力的良好局面;反之,就会影响决策力和执行力,出现矛盾纠纷,影响上下级关系和内部团结。可见,坚持民主集中制是组织维护领导干部道德影响力的重要手段,也是发挥领导干部道德影响力的重要保障。

民主集中制,作为马克思主义政党区别于其他政党的重要标志,是党的根本组织原则和领导制度,更是开展党内政治生活的重要制度保障。在长期的革命、建设和改革实践中,民主集中制使我们党能够广泛凝聚智慧和共识,不断攻坚克难。中国共产党成立之初,就在一大党纲中提出,党的组织原则要实行代表会议或代表大会制度,这是党的民主集中制思想的最早体现。党的六大修改并通过的党章第一次明确规定,党的组织原则是民主集中制。此后,历次党的代表大会通过的党章都明确规定,民主集中制是党的根本组织原则。纵观党内法规,从党章、政治生活准则、廉洁自律准则到党委工作条例、党组工作条例、党纪处分条例等各类条例,都有坚持民主集中制的内容和

---

[1] 中共中央文献研究室:《十四大以来重要文献选编》上,人民出版社1996年版,第55页。

执行民主集中制的要求。

要全面准确把握民主集中制的内涵,需要对这一制度的生成背景有所了解。民主集中制是列宁建立俄共和创立共产国际时明确规定的组织原则,后来被各个马克思主义政党确立为根本组织原则。列宁在提出民主集中制建党原则时,其中心词是"集中制",前置词"民主"只是为了保证集权专断的领导在决策时不至于偏离科学正确轨道,提供不同意见,使其能够择善而行。列宁作为国际共运史上无产阶级政党的杰出领袖,其最大特点是善于把理论中的极端正统性与实践中的巨大灵活性结合在一起。纵观列宁一生,他在指导俄共具体工作时,之所以高度重视党的统一性、集中性、纪律性,其目的是保证党的决策能够迅速高效、不折不扣地得到落实,但在作出决策前,他还是主张应当对党内的问题广泛地展开自由讨论,对党内生活中各种现象展开自由的、同志式的批评和评论,特别是十月革命后伴随俄共成为执政党,列宁更加强调发展党内民主和人民民主的重要性。牢固树立为无产阶级解放事业无私奉献的崇高道德理想,是民主集中制原则的根本要求。列宁认为,群众是划分为阶级的,阶级是由政党来领导的,政党通常是由最有威信、最有影响、最有经验、被选出担任最重要职务而被称为领袖的人们所组成的比较稳定的集团来主持的。这个政党集团的各级干部,不仅因为他们信奉马克思主义而具备了无与伦比的科学知识、历史洞见和革命自觉性与主动性,还因为他们无私地献身于其所代表的阶级而具有道德上的优越性。同样各级党员干部为了维护马克思主义的真理性和纯洁性,可以按照个人服从组织、少数服从多数、下级服从上级、全党服从中央的要求,为无产阶级解放事业奉献自己的一切,直至生命。列宁本人的高贵品质和卓越才能,使其成为各国共产党人执行民主集中制原则的典范和楷模❶。

二、我国民主集中制原则运行的道德考量

党在新形势下所面临的执政考验、改革开放考验、市场经济考验、外部环境考验空前复杂和严峻,也出现了不能正确执行民主集中制的现象和问题。一方面,集中以民主为基础,没有广泛的民主就没有正确的集中。另一方面,民主以集中为条件,没有正确的集中就不可能实现真正的民主。但在具体执行过程中,理解片面、变形、走样或流于形式现象时有发生。有的集中不够,软弱涣散,名为集体负责实际无人负责,导致党的路线方针政策落实不到位。比如,一些地方、单位出现党的领导弱化虚化、组织涣散无力,甚至出现系统性、塌方式腐败,重要原因就是集中不够,领导班子各自为政。有的党员领导干部民主不够,独断专行,搞家长制、"一言堂",用个人意志代替制度原则,个人凌驾于组织之上,名为集体领导、实际上个人或少数人说了算,使集体研究决策成了摆设,不能有效贯彻民主集中制。从政治伦理学的视角考量我党民主集中制原则的运行轨迹,可以清晰地看出,能否执行党的民主集中制原则,可能受制于多重因素

---

❶ 靳凤林:《民主集中制的伦理依据》,《科学社会主义》2016年第5期。

的作用,如封建家长制遗毒的影响、国际政治因素的干扰等,但最关键的问题则是领导干部的德才素质。

三、提升干部道德修养,确保民主集中制贯彻落实

民主集中制原则能否得到有效的贯彻落实,关键在领导干部作为执行主体的综合素质和能力,特别是领导干部的道德修养和人格品行。

(一)要强化官德,营造民主氛围

官德对贯彻执行民主集中制尤为重要,领导干部要多一些官德,少一些官欲。一个官德高尚的领导干部必定有纳言、容人、处事的雅量,襟怀坦荡,能虚怀若谷,从谏如流,既能纳金玉良言,也能听得进逆耳忠言,无论高低贵贱皆能公平、公道、公正处事。反之,一个官欲熏心的人,在行动上表现出来的往往是嫉贤妒能、阳奉阴违、弄虚作假、勾心斗角等等。领导干部只有肝胆相照、坦诚相待,民主讨论时能畅所欲言,集体决策时能公而忘私,才能贯彻落实民主集中制。然而如果心胸狭窄,就容易把工作中发生的一些观点分歧和不同意见变成个人之间的恩恩怨怨,将个人感情带入工作,难以求同存异并达成共识。

(二)要强化集体决策,防止独断专行

坚持集体领导制度,实行集体领导和个人分工负责有机结合,是民主集中制的重要组成部分。集体领导强调一切重大问题都必须由党委民主讨论,不得由个人或少数人专断。个人分工负责作为党委决策的执行原则,强调班子成员个人是决策执行的主体,只有严格实行个人分工负责,才能充分调动每个班子成员的主动性、积极性和创造性,有效保证党委决策的落实。集体领导和个人分工负责是一个有机整体和完整过程,二者互相依存、互相制约、不可分割。实践中,既要防止和反对独断专行、各行其是,又要防止和反对议而不决、决而不行、行而不实。

(三)要强化带头执行,以身作则

各级主要领导和领导班子成员要带头执行民主集中制,在这个过程中,主要领导以身作则很关键。各单位一把手要自觉履行集体领导职责,带头发扬党内民主,严格按"三重一大"议事规则,按照"事前充分酝酿、会议民主讨论、决策坚决执行、事后闭环评估"的办事要求,不偏离、不变通,坚决反对和防止个人或少数人专断。一把手要树立班长而不是家长意识,发扬民主、善于集中、敢于担责。在研究讨论问题时,要把自己当成班子中平等的一员,注意听取不同意见,正确对待少数人意见,支持班子成员在职责范围内独立负责开展工作。遇到重大问题,要勇于承担责任并切实予以解决,决不能借口集体领导而回避矛盾、推诿扯皮。班子成员要时时把自己作为集体领导的一员,处处以大局为重,不能只当分管领域的代言人,更不准把分管工作、分管领域和地方当作"私人领地"。要坚决执行集体决策、共同维护集体领导权威,决策一经决定,不管自己的意见是否被采纳,都要自觉服从、坚决执行。要严格按程序和要求办

事,不能离开决策另搞一套,更不能随意变通。班子成员之间要互相尊重、互相支持,大事讲原则,小事讲风格,共同维护坚持党性原则上的团结。要划清组织意志和个人意见的界限,在党的工作和活动中要坚决反对以个人名义代替组织名义,以个人表态代替集体研究,以个人决定代替组织决定。

可见,领导干部个人道德修养和个人品格,是民主集中制能否落实的关键性因素,而领导干部的道德影响力也要靠民主集中制的落实得以发挥。通过组织原则的约束作用,使得领导干部恪守一定的规则原则,其道德品质在组织行为中得到提升和塑造。

延伸阅读 培养领导干部的民主素养

习近平同志在中共中央政治局民主生活会上重要讲话中指出:"民主集中制是我们党的根本组织原则和领导制度,是马克思主义政党区别于其他政党的重要标志。这项制度把充分发扬党内民主和正确实行集中有机结合起来,既可以最大限度激发全党创造活力,又可以统一全党思想和行动,有效防止和克服议而不决、决而不行的分散主义,是科学合理而又有效率的制度。"❶ "我们要把民主和集中有机统一起来,真正把民主集中制的优势变成我们党的政治优势、组织优势、制度优势、工作优势。"❷

各级党组织和领导干部是民主集中制的承载者、执行者、践行者,领导干部的民主作风、民主素养关乎贯彻执行民主集中制的实际效果。领导干部的民主作风彰显党的优良作风,领导干部的民主素养体现干部的基本素养。民主作风是民主素养的外在表现,民主素养是民主作风的内在根据,有什么样的民主素养就有什么样的民主作风。从这个意义上讲,民主素养在贯彻执行民主集中制中起到至关重要的基础性、根本性、长远性作用。"领导干部要把民主素养作为一种领导能力来培养,作为一门领导艺术来掌握。"❸

要有从谏如流、择善而从的高度自觉。领导干部脑要清、心要明、眼要亮、耳要顺,辨得清是非、听得进意见、拿得定主意,既不是盲目自信、主观独断,又不是犹豫不决、优柔寡断。兼听则明,偏听则暗。力争把各方面的真实意见掌握全、掌握准,进行反复研究、反复比较、择善而从。每个人的经历实践是有限的,认识问题、分析问题的习惯、方式、角度是不同的,所得出的结论是不一样的。领导干部要善于对不同意见、不同认识、不同观点进行辩证分析、有机整合,加以去粗取精、去伪存真、求同存异、获取真知。领导者最明智之处不在于自己有多少明智之策、过人之举,而在

---

❶ 中共中央党校(国家行政学院):《习近平新时代中国特色社会主义思想基本问题》,人民出版社、中共中央党校出版社2020年版,第102页。
❷ 中共中央党校(国家行政学院):《习近平新时代中国特色社会主义思想基本问题》,人民出版社、中共中央党校出版社2020年版,第103页。
❸ 张太原:《中国共产党百年成功的方法论》,人民出版社2021年版,第66页。

于辩证归纳大家意见、有机整合群体智慧,创造转化、创新发展、为我所用,这才是智者所为。领导干部只有在反复研究中得到共识,在反复比较中获得真知,才能择其善者而用之。既克服了个人的偏见和狭隘,又汇聚了大家的智慧和力量,从而使决策建立在更客观、更真实、更科学的基础之上,使领导班子整体合力充分发挥出来,使领导干部的民主集中能力不断提升起来,在实践中形成一种理性追求和高度自觉。

要有符合规律、民主集中的科学方法。领导干部坚持民主集中制,不断提高民主素养,要善于正确集中,把不同意见统一起来,把各种分散意见中的真知灼见提炼概括出来,把符合事物发展规律、符合广大人民群众根本利益的正确意见集中起来,作出科学决策。一是统一不同意见。一个班子中对一个问题、一件事情有不同认识、不同看法,实属正常,不必大惊小怪。问题是如何统一、求同存异。统一的基础是对基本点、根本点、原则点的认同,取得一致意见,而不必在细枝末节上争论不休。在原则性、根本性问题上统一认识,有利于在此基础上作出实事求是、科学严谨的决策。二是提炼概括分散意见。一个班子中的分散意见,是以碎片化、零散化、单一化的形式而存在的,但其中不乏有真知灼见、可取之处。聪明睿智的领导者善于把这些散落的零碎的分散意见融会贯通起来、提炼概括起来,抓住蕴含其中的本质,揭示一以贯之的内涵,将其纳入班子趋于一致的意见之中。三是集中正确意见。在统一不同意见、提炼概括分散意见的基础上,就能够顺其自然、水到渠成地集中起正确意见。正确意见的形成是符合事物发展规律、符合广大人民群众根本利益的必然要求,是在充分发扬党内民主基础上正确实行集中的必然选择,也是领导干部发扬民主作风、提高民主素养的必然途径。我们必须积极探索、努力践行,不断促进领导艺术、领导能力、领导水平有一个新的飞跃。

(中国社会科学网2019年1月8日)

第二节 强化领导干部集体主义组织原则

集体主义通常指无产阶级的集体主义,与"个人主义"相对。集体主义主张个人从属于社会,个人利益应当服从集团、民族和国家利益的一种思想理论,最高标准是一切言论和行动符合人民群众的集体利益。集体主义是共产主义道德的基本原则之一,贯穿于共产主义道德各项规范的核心,马克思指出:"既然正确理解的利益是整个道德的基础,那就必须使个别人的私人利益符合于全人类的利益。"[1]"只有在集体中,个

---

[1] 马克思、恩格斯:《马克思恩格斯全集》第2卷,人民出版社1957年版,第167页。

人才能获得全面发展其才能的手段,也就是说,只有在集体中才能有个人自由。"[1]这些论述已经蕴含了在处理个人利益和集体利益关系时的集体主义原则。列宁提出要把"人人为我,我为人人"的原则变成群众的生活准则,其义亦然。其道德影响力如同链状效应,什么是链状效应？俗话说,近朱者赤,近墨者黑,是指人在成长中的相互影响以及环境对人的影响。

一、集体主义的道德原则

集体主义精神是一个集体在长期的共同生活和共同的社会实践基础上形成和发展的,为集体大多数成员所认同和接受的思想品格、价值取向和道德规范,是一个集体的心理特征和思想情感的综合反映。集体主义精神,不仅是一个集体告别落后、走向文明进步的强大动力,还是维护一个集体稳定和发展的强大精神支柱。早在战争年代,毛泽东同志就明确指出:"自私自利,消极怠工,贪污腐化,风头主义等等,是最可鄙的;而大公无私,积极努力,克己奉公,埋头苦干的精神,才是最可敬的。"[2]新中国成立以后,他多次强调,要保持过去战争时期的那么一股劲,那么一股革命热情,那么一股拼命精神,把革命工作做到底[3]。我们进入改革开放的新时期以后,邓小平同志在全党大力倡导"革命和拼命精神,严守纪律和自我牺牲精神,大公无私和先人后己精神,压倒一切敌人和压倒一切困难的精神,坚持革命乐观主义、排除万难去争取胜利的精神"[4]。

集体主义历来在中国的文化意识形态中,被誉为一种高尚的价值观,中国传统的集体主义文化已融入每个国人的血脉。无论是历史上中华民族抵御外敌入侵的民族存亡关键时期,或是"98抗洪""5·12汶川地震""抗击新冠疫情"等灾害面前,中国人所表现出来的不惧艰难、勇于舍小家为大家的集体主义精神被世人所称道。在和平建设年代,集体主义更是社会主义道德的基本原则,是处理个人利益和整体利益的方法,是调整人际关系的最基本的出发点和指导原则。

从伦理道德的视角来看,人是家的一份子,国由家组成。因此,作为道德主体的个人首先应该是指具有个体独立人格的人,有一定的权利,同时必须承担相应的责任和义务,受到一定的约束。这种权利的行使和责任的承担构成了个人作为道德人的基本内涵。作为道德主体,个人不仅可以通过自己的人格魅力展示个体的存在,也可以通过与他人、集体和社会的联系来表明自己作为道德伦理共同体的成员身份。人是所有社会关系的总和,离开了社会、集体,个人无法生存。集体是相对于个人而言,是每个个体的有机集合,是由几百、几千乃至无数互相依存,并具有共同目的、共同利益、共同组织的个人构成的社会整体。这些个人既与集体的命运紧密联系、相互依赖,又有着

---

[1] 马克思、恩格斯:《马克思恩格斯全集》第2卷,人民出版社1957年版,第84页。
[2] 毛泽东:《毛泽东选集》第2卷,人民出版社1991年版,第522页。
[3] 中共中央文献研究室:《毛泽东文集》第七卷,人民出版社1999年版,第285页。
[4] 中共中央文献研究室:《改革开放三十年重要文献选编》上,中央文献出版社2008年版,第847页。

个人与个人、个人与集体之间不一致的相互作用和利益诉求,这些差别就形成了集体和个人关系中的矛盾。而集体主义原则正是在二者发生矛盾的时候,发挥着相互调节和协调作用。

集体主义道德原则,区别于一切旧道德,对个人利益和社会集体利益之间的关系做出了科学的和正确的解决。这一原则主要体现在三个方面:

第一,集体主义的基本出发点和归宿点,就是认为工人阶级和广大劳动人民的根本利益,即集体利益高于个人利益。社会主义集体主义原则的实质,是集体利益和个人利益的一致性,即以社会整体利益为基础的两者的统一。集体既是真正代表全体成员的整体利益,也包含着每一个成员的个人利益。在社会主义条件下,集体与个人两者之间既相互依赖又相互制约。个人依赖于集体,集体为个人提供生存条件,也为个人提供发挥作用、提高素质和技能的社会环境。脱离集体的个人,无论是谁,都会变得浑浑噩噩、碌碌无为甚至走向消亡。马克思和恩格斯指出:"只有在集体中,个人才能获得全面发展其才能的手段,也就是说,只有在集体中,才可能有个人自由。"[1]当然,集体也依赖于个人,集体事业的实现和发展,必须依赖每个成员发挥作用,也依赖其成员的团结合作、协调一致和共同奋斗。集体利益作为每个集体成员的长久性、根本性和全局性利益的集合体,是最终体现个人利益的前提和保证,这就决定了集体利益必然高于个人利益。所以,集体主义原则的出发点,是把集体利益和社会整体利益放在第一位。要求人们的一切言行都以国家和最广大人民群众的根本利益为出发点和归宿点,自觉地坚持和维护国家和人民的根本利益。促使和保证个人利益的实现和满足的前提,就是要坚持集体利益高于个人利益,自觉维护和发展集体利益。以个人需求为借口,通过不当、不道德甚至违规违法等手段和方式为个人或小团体谋取利益,就违背了集体主义道德原则。以权谋私、损公肥私都是与集体主义原则不相容的。

第二,集体需要公平兼顾和切实保障个人正当利益的取得,真正使社会整体利益、集体利益和个人利益有机结合并充分共享。集体必须充分关心个人正当利益得到满足的同时,开拓个性发展的空间以及个人价值的实现,这也是集体主义原则的重要方面。集体利益作为个人利益实现的基础,就是要为满足个人正当利益、实现个人价值创造条件、提供保障。集体利益的实现、集体的命运和发展,很大程度上取决于它所代表的个人利益的真实程度。只有真正代表个人利益的集体,才能真正为个体所接受并自觉自愿地履行对集体的义务和责任。也只有每个人的活力和积极性充分发挥,社会主义国家、集体才能坚强有力、富有朝气、充满活力。任何片面强调集体利益,而抹杀个人正当利益的做法都是错误的。

第三,个人利益要始终自觉服从集体利益,这是社会主义集体主义原则的本质前提和要求。占人口绝大多数的人民群众的根本利益代表了社会发展的方向,它要求在个人利益和社会整体利益相结合的基础上,强调社会整体利益高于个人利益。在二者

---

[1] 马克思、恩格斯:《马克思恩格斯全集》第3卷,人民出版社1960年版,第84页。

发生矛盾时,要始终提倡个人应顾全大局,要以社会大多数人的利益为重,要以集体利益为优先。要始终心怀牺牲小我、成就大我的无产阶级革命者情怀,"为了国家和集体的利益,为了人民大众的利益,一切有革命觉悟的先进分子必要时都应当牺牲自己的利益"❶。马克思在《青年在选择职业时的考虑》一文中曾指出:"我们在选择职业时所应遵循的主要指针,是人类的幸福和我们的自我完善。不能认为这两种利益会彼此敌对、互相斗争,一方面必然要消灭另一方;人类的天性生成是这样:人们只有为了同时代的人的完善、为了他们的幸福而工作,他们自己才能达到完善。"❷马克思的分析,揭示了集体主义道德原则对于社会的重要作用,是一个人择业时所应当遵循的原则。他强调在职业生活中,不要把人类的幸福和个人的发展对立起来,只有为他人的幸福而工作,自己才能达到完善。这样就把人类、国家、集体和个人的利益统一起来,由此也进一步说明了社会主义干部道德必须以集体主义为首要原则。

干部道德首先要以协调干部个体与集体的关系为核心。干部道德基本原则中的个人和集体的概念,有着特定含义。所谓个人,是指作为干部道德主体一分子的干部个人;所谓集体,首先是指国家,即以工人阶级为核心,由全体劳动人民组成的利益整体;其次才是一个单位、一个地区的集体。干部道德的集体主义原则,就是要求每个干部在自己的工作和活动中,始终要以集体主义为出发点,强调集体利益高于个人利益。因为集体利益是个人利益的基础、前提和保证,没有集体也就没有集体成员相应的个人利益。始终要以马克思主义唯物史观和辩证唯物主义方法论,认清客观事物正反两方面,达到个人利益和集体利益的辩证和统一。集体主义作为干部道德的基本原则之一,它本身既客观真实反映了集体的长远利益,也始终包含着集体对个人正当利益的正确维护,二者在根本的理念和诉求上是高度统一和相容一致的。

这一原则对干部个人的要求,就是先人后己、先国家后集体进一步则是大公无私、全心全意为人民服务,或者"以天下为己任""先天下之忧而忧,后天下之乐而乐"。这就要求干部在集体利益与个人利益发生矛盾时,个人要顾全大局,以集体利益为重。

二、弘扬集体主义,坚决反对个人主义

个人主义伴随着生产资料私有制的出现而产生,反映的是以个人为中心的利己主义,本质上与集体主义是相互对立的。受各种因素影响,个人主义思潮始终存在,且在部分群体、部分干部中有所抬头。因此,如何弘扬和牢固树立集体主义,贯彻执行集体主义根本原则,既是培养集体主义观念的过程,更是同个人主义思潮和行为斗争的过程。因此,分析批判个人主义,有利于我们更深刻更准确地认识和贯彻干部道德的集体主义原则。

个人主义思潮在党员干部的工作和活动中,集中表现在部分党员干部把个人利

---

❶ 邓小平:《邓小平文选》第二卷,人民出版社 1994 年版,第 337 页。
❷ 马克思、恩格斯:《马克思恩格斯全集(第四十卷)》,人民出版社 1982 年版,第 8 页。

益、个人得失放在第一位。其口口声声地以群众为重、以集体利益为重,也仅仅是为达到个人目的而对外展示的一种手段。有这种思想的人,他们工作的主要目的,就是一切为了个人,一切围绕个人利益,利用自己手中的权力,在所管辖地区和涉及的领域范围内捞取钱财,谋取政治上的资本。上述思想和道德行为如果不克服、不反对、不批判、不斗争,干部道德的集体主义原则不仅不能贯彻落实和体现,甚至会沦丧到牺牲更多他人的利益和集体利益。个人主义的另一个重要表现就是小团体主义和团团伙伙。小团体主义实质上是放大了的个人主义。当前,它在某些单位、某些领域、某些地区还仍然比较突出,不仅违背了国家的大政方针,更有甚者,对国家和社会造成极大危害。当小团体的利益和国家、广大人民群众利益发生矛盾的时候,小团体主义者不惜损害国家和人民群众的利益,以维护小团体利益。所以,小团体主义本质上就是一种以集体主义为外衣的放大了的个人主义,如果不反对、不斗争,干部道德的集体主义原则也不能贯彻落实,甚至引起社会群体事件。

要了解个人主义,就必须对个人主义的发展过程及其发挥过的作用有一个正确的认识。个人主义是资产阶级道德观的核心。个人主义在发展进程中曾发挥过两方面的意义和作用。从正面意义上看,个人主义意味着对个人自尊、自爱、自信、自由和自主的强调,意味着对个人权利的维护和对个性的弘扬,这种个人主义在文艺复兴时期曾经发挥过打碎封建宗教枷锁、解放人性的积极作用。在启蒙运动时期,它也是启蒙思想家反抗统治阶级"虚假的集体"的一面旗帜。特别是在资本主义的产生和发展过程中,它作为一种重要的伦理价值观念,对资本主义经济的发展曾起过一定的积极作用。然而从反面意义上看,个人主义也意味着自私自利、唯我独尊、我行我素、自我封闭、损人利己,这种意义上的个人主义就是自我中心主义或利己主义,它是西方社会长期以来未能根除的一颗毒瘤,一直对西方社会的发展产生腐蚀和毒化的消极作用。

个人主义在西方产生以后,西方思想家一直没有停止过对它的批判。早在19世纪初,托克维尔就曾指出,在个人主义所宣扬的个人自由和社会所要追求的社会平等之间存在着固有的冲突,个人主义把个人从公共生活中无情地拉回到一种狭隘的私人圈子之中,使人们彼此疏离,"个人主义首先会使公德的源泉干涸。但是,久而久之,个人主义也会打击和破坏其他一切美德,最后沦为利己主义。"[1]19世纪40年代,马克思和恩格斯揭示了个人主义所宣扬的人际关系实际上是赤裸裸的金钱关系,它的最终结果只能是"撕毁人的一切类联系,代之以利己主义和自私的需要,把人的世界变成互相隔绝互相敌对的个人的世界"[2]。

从前面对个人主义的分析和批判中可以发现,个人主义有两个显而易见的缺陷。首先,个人主义无助于调节个人与他人、集体、社会之间的关系。个人主义对个人的自

---

[1] 托克维尔:《论美国的民主》下卷,商务印书馆1996年版,第625页。
[2] 马克思、恩格斯:《马克思恩格斯全集》第1卷,人民出版社1985年版,第450页。

私自利性的强调,容易诱使人们把社会看作是"人对人像狼"一样的社会,从而使个人与他人、社会之间的矛盾和冲突尖锐化,使集体成为一盘散沙,使社会成为乌合之众争名夺利的场所。其次,个人主义也无助于解决个人的安身立命与终极关怀问题。个人主义在强调个人的自由、自主、自立、自律,把个人从各种关系中"解放"出来的同时,也把个人抛进了个人与他人、集体、社会相疏远的深渊。这样,个人就会被从集体和社会中连根拔起,无所寄托、无所依靠。这种个人的集体感丧失的过程,同时也是个人的孤独感、失落感、恐惧感与日俱增的过程。如果任其发展下去,个人就会觉得自己像一棵无根的、任由命运摆布的浮萍。发展市场经济所需要的是具有独立人格的个人,这种个人既要具有较强的自主意识和利益观念,同时又要具有较强的自律意识和责任观念。20世纪中期以来,西方社会鉴于个人主义的这些缺陷,出现的新思潮是强调个人责任,强调个人对家庭、企业、国家和民族的忠诚与奉献,以避免"由于个人主义与个人独立性的增长而使得合作成为不可能"❶。

要认识到,坚持集体主义必须反对个人主义,但它并不是反其道而行之,并不是走向唯集体主义的极端。集体主义要反对的只是那种在任何时候都抱着个人利益不放,损人利己、损公肥私、唯我独尊的思想和行为,而恰恰是对个人的合理权益予以充分的保障和尊重,并以此为基点,追求个人与集体的共同发展。集体主义中的"集体"不是作为个人的对立面,而是作为个人自由联合基础上形成的利益共同体而存在的。这种集体是服务于个人的,它对某些人的私欲进行约束只是为了服务于更多的人,和个人之间在本质上不是对立的,只是在二者发生矛盾的时候,要求个人利益服从于集体利益。

三、集体利益与个人利益的辩证统一

义利观,"事之所宜"为义,"人之用"为利,其核心就是如何处理义与利两者之间的关系。义利关系的本质是道德与利益、个人与集体的关系问题,其关键就是要正确处理好集体利益(事—义)和个人利益(人—利)的关系。中国传统的儒家义利观认为:重义轻利,以义为先,先义后利。经过不断的发展、完善,现在被普遍接受的义利观既要求把国家和人民的利益放在第一位,同时又充分尊重和维护每一个体的合法利益,协调克服两者间的矛盾,实现集体利益与个人利益的辩证统一。近代以来,西方利己主义价值观念在中国潜滋暗长,中国传统义利观受到一定程度的影响和转变。这种新的义利观认为,经济利益的追求是人们最基本的利益,人们能够自由地追求自身经济利益的同时并不排斥为他人、为社会创造财富,这有着一定的时代性,也在一定程度上反映了社会的进步。

在新时代中国特色社会主义的进程中,义利观已成为构建社会主义现代化国家的核心理念和指导原则。社会主义义利观是以马克思主义的基本理论为指导原则,体现了集体利益和个人利益的统一,功利原则和道义原则的统一❷。党的十四届六中全会

---

❶ 罗素:《西方哲学史》上卷,商务印书馆1986年版,第23页。
❷ 李成武:《官德:领导干部的道德领导力》,人民出版社2012年版,第164页。

通过的《中共中央关于加强社会主义精神文明建设若干重要问题的决议》,对社会主义义利观进行了精准的概括。决议指出:"引导人们正确处理竞争和协作、自主和监督、效率和公平、先富和共富、经济效益和社会效益等关系,反对见利忘义、唯利是图,形成把国家和人民利益放在首位而又充分尊重公民个人合法利益的社会主义义利观。"

坚持马克思主义义利观,必须处理好集体利益与个人利益的关系。第一,集体利益和个人利益的辩证统一。在社会主义义利观上我们提倡"把国家和人民利益放在首位而又充分尊重公民个人合法利益",我们强调维护全局利益、长远利益,保障个人利益,个人利益必须服从集体利益。我们反对为了个人利益损害、侵占他人利益和国家、集体利益,甚至挖国家、集体墙角。如果个人利益与国家、集体利益不一致甚至产生矛盾时,提倡个人利益应该服从国家、集体和人民的利益,必要可牺牲个人利益以保障更大多数人的利益,这在本质上充分体现着个人利益与集体利益的辩证统一❶。

第二,功利原则与道义原则的辩证统一。古代传统义利观认为"义者,宜也"。在社会主义条件下,所谓义就是指符合道德规范的准则,以及在准则下创造的社会价值,利一般指经济利益。改革开放以来,党和国家的工作重心始终放在经济建设上,通过改革创新、开放搞活,不断发展生产力,在努力解决人民日益增长的美好生活需要和不平衡不充分的发展之间的矛盾的同时,不断提高人民群众的物质和文化生活水平。但是,多年来在经济建设的过程中,由于个人利益的驱使,一些人片面提倡功利,只强调自由、先富、效率和利益,从而忽视了监督、公平、区域合作、共同富裕等社会责任,甚至有胆大妄为者见利忘义、损人利己、违法乱纪。对于一个国家、一个社会来说,求利谋取经济发展的同时,必须要有义的指导和制约,必须在国家的法律政策和道德规范内进行。否则,贫富加剧、道德失控,整个社会将陷入一片混乱黑暗之中,义必然遭受践踏,最终利也必然受损失。

第三,物质文明和精神文明的辩证统一。经济基础决定上层建筑,国不强则不立,落后必然挨打。"物质文明是基础,经济建设这个中心必须牢牢把握,毫不动摇。但是精神文明搞不好物质文明也要受破坏,甚至社会也会变质。"❷在社会主义市场经济条件下,正确的义利观是:首先要突出社会主义制度优越性,始终牢固树立"以人民为中心"的理想信念,要把人民利益和国家利益"放在首位"。其次,也要通过政策法规维护、尊重和保障个人的合法利益和公民权利。最后,要指导各级领导干部,依法依规宣传引导和处理好集体利益与个人利益不一致时所产生客观现象和矛盾。这种新的义利观,也可以说是"以义导利,义利统一"的价值观。这种价值观有利于我们正确处理个人、集体和国家的关系。有利于实现以道德为基础的义与市场经济的利的辩证统一。以利促进社会生产力的发展,以义助力于利的真正实现。损害了义,也就损害了

---

❶ 李成武:《官德:领导干部的道德领导力》,人民出版社2012年版,第164页。
❷ 陈述、郑谦:《中华人民共和国史(1992—2002)》,人民出版社2010年版,第170页。

利。在正确的义利观的引导下,真正实现义与利的健康协调统一地发展。

延伸阅读 张连钢和"连钢创新团队"

> 张连钢,男,1960年10月出生,毕业于武汉水运工程学院(现为武汉理工大学),大学学士学位,高级工程师。
>
> 山东港口集团青岛港"连钢创新团队",是以张连钢同志为带头人的全自动化码头建设创新团队,核心成员8人,骨干成员25人,其中党员21人。自2013年组建以来,团队以实际行动做习近平新时代中国特色社会主义思想的坚定实践者。他们不忘初心、牢记使命,勇担智慧绿色港口建设重任,积极实施重大技术攻关,建成了亚洲首个真正意义上的全自动化集装箱码头和全球首个5G智慧码头,成为世界自动化集装箱码头建设运营标准的制定者与引领者。"连钢创新团队"已受理和授权专利124项,取得软件著作权14项,发表论文70余篇,构建了国内首个"自动化集装箱码头标准体系";获青岛市科技进步奖一等奖、中国航海学会科学技术一等奖、中国港口协会特等奖等奖项20余项;先后10余次受邀参加国际会议并作主旨发言,赢得国内外同行、专家的高度评价。
>
> 2020年6月22日,青岛市委宣传部授予连钢创新团队"青岛楷模"称号;2020年8月31日,山东省委宣传部授予连钢创新团队"齐鲁时代楷模"称号;2020年12月30日,中共中央宣传部授予连钢创新团队"时代楷模"称号;2021年4月27日,中华全国总工会授予连钢创新团队"全国工人先锋号"称号;2021年4月30日,"连钢创新团队"荣膺交通运输部和中华全国总工会"2020年感动交通年度特别致敬人物"。
>
> 中宣部授予"连钢创新团队""时代楷模"荣誉称号时指出,"连钢创新团队"是习近平总书记关于建设科技强国、海洋强国、交通强国系列重要指示的忠诚践行者和模范推动者,是立足本职爱国奋斗的优秀代表,是构建新发展格局的自主创新生力军。他们身上鲜明体现了新时代劳动者执着专注、追求卓越的工匠精神,体现了广大科技工作者矢志报国、勇于创新的家国情怀,体现了广大国企职工勇挑重担、敢于争先的责任担当。

第三节 强化领导干部的组织纪律要求

习近平总书记在第十八届中央纪律检查委员会第五次全体会议讲话指出:"党内规矩有的有明文规定,有的没有,但作为一个党的干部特别是高级干部应该懂的。不懂的话,那就不具备当干部特别是高级干部的觉悟和水平。没有明文规定一定要报的事项,报还是不报,关键看党的观念强不强、党性强不强。领导干部违纪往往是从破坏规矩开始的。规矩不能立起来、严起来,很多问题就会慢慢产生出来。很多事实都证明了这一点。讲规矩是对党员、干部党性的重要考验,是对党员、干部对党忠诚度的重要检验。"❶党员干部要发挥道德影响力,必须严明组织纪律、保持清正廉洁和严于律己。纪律如果被破坏,其影响力的表现结果是致命、颠覆性的,要么反应强烈,直接导致不良局面;要么如同瀑布心理效应,上面平平静静,下面却浪花飞溅。

一、严明组织纪律是党的优良传统和政治优势

(一)严明组织纪律是我们党的优良传统和独特优势

回顾建党百年,我们党在革命、建设和改革过程中,始终高度重视纪律建设,特别是在重大历史转折关头、重大任务来临之际、所处环境剧变之时、艰难困苦之中,更是如此。毛泽东同志强调:"加强纪律性,革命无不胜。"❷邓小平同志指出:"我们这么大一个国家,怎样才能团结起来、组织起来呢?一靠理想,二靠纪律。"❸习近平同志指出:"我们党是靠革命理想和铁的纪律组织起来的马克思主义政党,纪律严明是党的光荣传统和独特优势。党面临的形势越复杂、肩负的任务越艰巨,就越要加强纪律建设,越要维护党的团结统一,确保全党统一意志、统一行动、步调一致前进。"❹

(二)严明组织纪律是完成我们党历史使命需要

我们党从小到大、由弱变强,发展成为世界第一大党,靠的就是统一意志、统一行动、统一步调的纪律保证,锻造出具有坚定的无产阶级党性、优良的革命作风和严明的组织纪律的党员队伍,保证了党的团结统一和创造力、凝聚力、战斗力,不仅为完成党在各个历史时期的任务提供了有力保证,也成为我们党优良传统和作风的重要源泉。历史证明,组织纪律是人类生存的需要,是社会发展的需要,也是一个政党履行使命的需要。历史和现实都表明,加强纪律建设,是保持党的先进性和纯洁性、增强党的凝聚力和战斗力、提高党的领导能力和执政能力,完成党的历史使命的必然要求。

党章明确规定:"党组织必须严格执行和维护党的纪律,共产党员必须自觉接受党的纪律的约束。"❺党的十八大以来,习近平同志为核心的党中央更是高度重视纪律建设,把加强纪律建设作为新时代全面从严治党,全面实现中华民族伟大复兴梦的治本之策,强调"党要管党、从严治党,靠什么管,凭什么治?就要靠严明纪律"❻。

(三)严明组织纪律重在强化纪律执行

党的纪律,从内容上大致可分为党的政治纪律、组织纪律、廉洁纪律、群众纪律、工

---

❶ 中共中央纪律检查委员会、中共中央文献研究室:《习近平关于严明党的纪律和规矩论述摘编》,中央文献出版社2016年版,第8页。

❷ 中共中央文献研究室:《毛泽东文集》第五卷,人民出版社1996年版,第194页。

❸ 邓小平:《邓小平文选》第三卷,人民出版社1993年版,第111页。

❹ 中共中央文献研究室:《十八大以来重要文献选编》上,中央文献出版社2014年版,第131页。

❺ 舒凤:《新时代党建十讲》,人民出版社2021年版,第44页。

❻ 中共中央文献研究室:《十八大以来重要文献选编》上,中央文献出版社2014年版,第764页。

作纪律和生活纪律。党的十九大报告指出,"重点强化政治纪律和组织纪律,带动廉洁纪律、群众纪律、工作纪律、生活纪律严起来"❶,让党员、干部知荣辱、存敬畏、怀戒惧、守底线,习惯在受监督和约束的环境中工作生活。党的十九大以来,中央把纪律建设纳入新时代党的建设总体布局,摆在更加突出位置,表明了我们党用严明的纪律管党治党的坚定决心。面对中华民族伟大复兴战略全局和世界百年未有之大变局,国际国内形势环境多变、改革发展稳定任务更重、矛盾风险挑战更多、对我们党治国理政考验之大前所未有,全面从严治党的任务比以往更加繁重更加紧迫。

党员干部特别是领导干部只有严格遵守党的纪律和规矩,以上率下才有说服力,凝心聚力才有执行力。干部出问题,都是因为纪律的突破。我们党的性质、宗旨和使命、任务决定了,党员干部不仅要有最坚定的信仰,更要执行最严格的纪律。如果自身不把党的纪律当回事,随心所欲、恣意妄为,必然导致群众心怀不满、怨气丛生,甚至上行下效,成为一盘散沙。

(四)严明组织纪律产生的良好道德影响力

古人说:"吏不畏吾严,而畏吾廉;民不服吾能,而服吾公;廉则吏不敢欺,公则民不敢慢。公生明,廉生威。"党员领导干部严守党的纪律和规矩,就能做到"公"和"廉",就能"生明""生威",如果再严以私德,则会更让群众支持信服,让别有用心者不敢欺骗、欺侮。

第一,如何做到"公生明"。就是要坚持依规依纪依法办事,把严明纪律贯穿到本职工作中。从实际情况看,大多数违纪行为都和利用工作职权、工作关系有关。腐败的本质是权钱交易,失职渎职的本质是不正确履行职责,也与是否严格依规依纪依法做决策、干工作密切相关。党纪国法不是"橡皮泥",更不是"稻草人",不管是因为不懂法,还是心存侥幸故意违纪违规甚至违法,都要受到追究。因此可以说,严格依规依纪依法办事,是隔开违纪违法行为的防火墙。要严格按照党内法规和国家法律规定的权限、规则、程序来履行职责、行使权力、开展工作,做到不该由自己行使的权力决不能行使,可以行使的权力按规则正确行使,该由上级组织行使的权力下级组织不能行使,该由领导班子集体行使的权力班子成员个人不能擅自行使,坚决守住不准利用权力为自己和他人谋取私利的底线。对于党员干部来说,党的纪律既是"紧箍咒",也是"安全带",在日常工作把守纪律讲规矩作为行为准则,融入履行职责、行使权力之中,使其成为一种思维习惯和行为自觉,有利于党员干部未触线先反省、始终守住纪律底线,有利于党员干部在受监督和约束的环境中自觉养成良好工作生活习惯,心中牢记"守纪律讲规矩"的意识。

第二,如何做到"廉生威"。就是严格执行党的廉洁纪律,始终保持清正廉洁。自古以来,清正廉洁都是令人信服的重要品质。党的性质和宗旨,更是决定了党同各种

---

❶ 习近平:《习近平谈治国理政》第三卷,人民出版社2020年版,第52页。

消极腐败现象永远水火难容。严厉惩治和有效预防腐败,关系人心向背与党和国家的生死存亡,是党必须始终抓好的重大政治任务。"当官发财两条道,当官就不要发财,发财就不要当官"❶是廉洁纪律的要义。《中国共产党廉洁自律准则》从正面提出了八个方面的要求,《中国共产党纪律处分条例》用了一章的篇幅对违反廉洁纪律行为作了规定,主要包括为亲属、特定关系人谋利,收受礼品、礼金、消费卡,违规从事营利活动,违规操办婚丧嫁娶事宜,违规吃喝,违规占用住房和办公用房,违规借用、侵占、占用公私财物,公款旅游,违规使用公务交通工具,违规召开会议,公私不分,损公肥私,搞权色交易、钱色交易等。这些纪律,要求党员干部决不能搞权钱交易、权权交易。比如,实践中,有的党员干部默许、纵容亲属利用本人职权或者职务上的影响谋取私利,有的明知亲属打着自己旗号拉项目、当掮客、做中介甚至插手干部任用却不管不问,有的明知亲属收受钱财却听之任之,都属于违反廉洁纪律的行为,必然受到党纪追究。随着改革开放的不断深入,社会主义市场经济在促进人们思想观念发生积极变化的同时,也带来一些消极影响。有的党员干部特别是少数领导干部经受不住改革开放和市场经济等的严峻考验,背离了党性,以权谋私,违法违纪,沦为腐败分子。党的十八大以来,在党中央的坚强领导下,反腐败斗争取得压倒性胜利,但形势依然严峻复杂。近年查处的腐败问题情况表明,腐败存量依然不少、增量仍在发生,一些腐败问题性质十分恶劣,严重影响改革发展稳定大局。同时,也表明滋生腐败的土壤和条件依然存在,反腐败斗争具有长期性、艰巨性,不可能一蹴而就。

第三,如何做到"严私德"。严格遵守党的生活纪律。生活纪律是党员在日常生活和社会交往中应当遵守的行为规则,涉及党员个人品德、家庭美德、社会公德等各个方面,关系着党的形象。《中国共产党纪律处分条例》的规定了一系列违反生活纪律的行为,主要包括:生活奢靡,家风不严,失管失教,违背公序良俗等。事实证明,不少腐败分子,都是集政治上蜕变、经济上贪婪、生活上腐化、作风上霸道于一身,教训十分深刻。生活纪律方面,要高度重视家风不正,对配偶、子女及其配偶失管失教问题。领导干部的家风绝不是个人小事、家庭私事,而是直接影响党风、政风、民风的大事。如果家风崩毁,不仅祸害家庭,还直接损害党和政府的形象,必须用纪律要求对党员领导干部的家风建设予以规范。

二、清正廉洁是领导干部道德影响力的外在底线要求

"尔俸尔禄,民膏民脂,下民易虐,上天难欺。"❷意思就是官员的俸禄,都是人民的血汗。欺负下面的百姓虽然容易,但是欺骗上天你是做不到的。领导干部廉洁从政,离不开自律,也离不开他律。自律是根本,他律是保证。廉洁自律是领导干部树立威

---

❶ 刘宝东:《百年大党是怎样炼成的》,人民出版社 2021 年版,第 154 页。
❷ 张邦炜:《宋代政治文化史论》,人民出版社 2005 年版,第 168 页。

信和健康成长的基础,领导干部务必把廉洁自律作为自己的第一操守,练好内功,筑牢防线,耐得住寂寞,管得住小节,挡得住诱惑,始终保持政治上的坚定性,思想道德上的纯洁性和工作行为上的廉洁性。在改革开放和发展市场经济条件下,党员干部特别是领导干部,必须把保持清正廉洁作为干部教育的重要任务和党性锻炼的核心内容。"清",就是党的干部政治上要清醒。增强政治敏锐性、自觉性和坚定性。要深刻认识经济社会快速发展和急剧转型带来的风险与挑战,冷静对待成绩,清醒分析问题。"正"就是党的干部要正气在身。做人要正派,办事要公正,从政要走正道。坚持原则、敢于负责,不以私情废公事,不拿原则作交易。"廉"就是党的干部要为政以廉。要坚守信念防线、道德防线、法纪防线,不用公权谋取私利。"洁"就是党的干部要洁身自好。要加强品行修养,培养健康情趣,节制不良欲望。要择善而交,见贤思齐。

(一)清正廉洁、不谋私利,是干部廉洁用权的道德要求

守为政之德,做廉洁的带头人,是对领导干部的基本要求。廉洁方能聚人,身正方能带人,律己方能服人,无私方能感人。有副对联说得好:"权为民用,纵然是两袖清风,自当流芳百世;利于己谋,即便有豪宅千顷,也会遗臭万年。"❶注重操守,注重气节,是我们中华民族的一项基本道德要求。孔子曾经说过:"三军可夺帅也,匹夫不可夺志也。"❷这些格言警句,时时刻刻在提醒着人们要始终做到见利不忘其义,见财不更其守。

权力是党和人民赋予的,这既是对个人能力的肯定,也是为个人提供了为人民展示才华的机会和舞台。向往和拥有权力,有时可以使人变得高尚,激励个人更好地探索和求知,不断攀登人生的高峰;也可以使人变得卑微和堕落,为了追逐权力而卑躬屈膝,甚至导致心灵和行为的扭曲,一朝得势便趋炎附势、欺上瞒下、胆大妄为。腐败,原指物体腐烂、行为堕落,后衍生为利用权力和优势进行权钱交易、权色交易等等。权力导致腐败,绝对的权利导致绝对的腐败。在人类社会几千年的阶级社会发展史上,权力与腐败是紧密相联,各个不同政权的垮台,总是与掌权者的腐败直接相关的。古人云:"不受曰廉,不污曰洁。"不受就是不接受贿赂,不接受不属于自己的东西;不污就是不贪不图,不沾不染。中国人常以"清白无瑕""两袖清风""一尘不染"等赞美这一品德,具备了这样的美德,就会备受尊重。我国许多格言谚语、家训家诫都强调让人清正廉洁,如"勿贪意外之财""君子爱财,取之有道""贫贱不能移""出淤泥而不染"等。社会主义国家理应能够克服和战胜腐败,而共产党员应当是清正廉洁的。方志敏说:"清贫,洁白朴素的生活,正是我们革命者能够战胜许多困难的地方!"他经手的款项,总共有数百万元。但他一点一滴都用于革命事业。在他被俘的那天,两个国民党士兵搜遍全身,除了一块怀表和一支自来水笔之外,一个铜板都没有搜出。方志敏的高风亮节,体现了一个真正共产党员的本色。但是腐败作为现代文明的毒瘤,总在黑暗处

---

❶ 李成武:《官德:领导干部的道德领导力》,人民出版社2012年版,第141页。
❷ 邵龙宝:《中西智慧与人格建构》,人民出版社2021年版,第1页。

滋生。正如人们常说的,不受监督的权力必然腐败。要战胜腐败,要靠法律的惩戒作用,靠监督的制约作用,更要靠干部自己以高度的自觉,规范自己的从政道德。清正廉洁,是社会主义市场经济发展的需要,是保证我们党和国家健康成长的需要,是党和政府获得人民拥护的最重要条件。要认识到清正廉洁、不以权谋私,是道德的,而以权谋私、非法谋取不属于自己应得的利益,则是不道德的。

(二)清廉若水、自律铭心,是领导干部为人处事的基本要求

清廉自律是一种思想作风,也是一种人格力量,更是立身之本、为人之道、处事之基。领导干部要学会控制自己的欲望,面对诱惑要能克制住自己,要克服"贪""攀比"等不良心态。要见贤思齐,学人所长,补己之短,自觉向先进看齐,向模范学习。心里要始终装着群众,凡事总是想着群众,多与群众交朋友,努力在感情上贴近群众,做到爱民、为民、富民,不断加强同群众的联系,不断奉献,才为民所爱戴、所信赖、所依托。清正廉洁,无论过去、现在还是将来,永远是我们党不断成长壮大、不断从胜利走向胜利的法宝和优良传统,每一名党员应永远保持。领导干部要做清正廉洁、勤政为民的典范,涵养清廉为公、一心为民的高风亮节和人格魅力,锤炼严格自律、抗拒腐蚀的优良品质,修炼刚直不阿、秉公办事的革命精神。要从自己做起、坚持清正廉洁、一身正气,经得起各种风险考验。保持清正廉洁是领导干部为官从政的基本觉悟、基本品德。不廉洁,就谈不上"权为民所用,情为民所系,利为民所谋",就不能扎扎实实干好党的事业,甚至可能违法乱纪,走上犯罪的道路。只有把清正廉洁作为为官从政的"红线""底线",才能在任何时候、任何情况下,都能严格自律、洁身自好,保持崇高的人生追求。党员干部要慎用手中之权,时刻牢记权力是人民赋予的,要自觉抵御腐朽思想和生活方式的腐蚀,始终保持高尚的道德情操,始终追求积极向上的生活情趣,常修为官之道,常怀律己之心。要自觉地见微知著、防微杜渐,自觉接受组织和群众监督,保持良好的节操,耐得住寂寞,经得住诱惑,不以物喜不以己悲,不为名利所惑,不为浮华所动,堂堂正正做人,清清白白做官。真正养成共产党人应有的松竹气节,艰苦朴素、一身正气,内修为民丹心,外展清廉形象,始终做廉洁自律的带头人。

(三)清正廉洁、不谋私利,是领导干部艰苦奋斗的精神追求

君子要"尚廉洁"则先"崇俭朴",这就是古人提倡的君子应"俭以养廉"。王通的《中说·王道》说:廉者常乐无求,贪者常忧不足。诸葛亮在《诫子书》中写道:"夫君子之行,静以修身,俭以养德,非淡泊无以明志,非宁静无以致远。"曹植在《蝉赋》中写道:"实澹泊而寡欲兮,独怡乐而长吟"。由此而言,德行、志向、修为都是和俭朴、平淡相关联,只有心怀"斯是陋室、惟吾德馨"的淡泊和俭朴,才能达到不追逐个人名利,以国家、集体、他人利益为重的境界。廉洁就是"勤俭""不苟得""不妄取",不受不义之财,主要是对掌权者所提出的一种行为规范和道德准则。一个仅有官俸的收入来源,却向往豪华奢侈生活的官吏,很难保持廉洁。艰苦创业、克难奋进,是中国劳动人民的美德,是中国共产党的光荣传统,是我们党保持同人民群众密切联系的法宝,也是干部必须具备的基本道德素质。当前正值"两个一百年"交汇期,面对复杂多变的国际形势和艰巨繁重的改革发展稳定任务,提倡发扬艰苦奋斗精神尤其重要。明朝名臣于谦在贿赂盛行的昏暗时代,为官清正廉明,能够"清风两袖朝天去,免得闾间话短长"。一生数次出任显要职务的海瑞,死后竟无丧葬之资,不得不由同僚凑钱买了棺木将其安葬。清朝年间,老百姓流传"三年清知府,十万雪花银",但康熙年间的张清烙虽因政绩优异提升督抚,亲朋好友、门生故吏纷纷携礼来贺,张却不纳分毫。他们这种为官清廉的德行使其留名青史,彪炳千秋。我们党的老一辈无产阶级革命家们更是如此。无论在战争年代、还是和平时期,不仅在大节大义上"贫贱不能移,富贵不能淫,威武不能屈",更是在生活小节上公私分明,率先垂范。当代,勤俭节约、艰苦创业依然是推动社会主义事业蓬勃发展的中华民族和中国人民不可缺少的美德。领导干部更是要带头执行党政机关厉行节约、干部廉洁自律的各项规定,坚决反对贪图安逸享乐、崇尚奢侈浪费的不良风气和特权思维。

廉洁自律是领导干部的必备素质和政治操守。从严治党,反腐倡廉,只有党员干部做好了,才能形成风清气正的党风和政风。党员干部的腐败,所影响的是各行各业和整个社会生活各个层面。党员干部是否廉洁奉公,直接关系到党和政府的形象和威望。因此,反腐倡廉必须从党员干部抓起,尤其是从关键岗位的主要领导干部抓起。"行之以躬,不言而信",在惩治腐败和加强党风廉政建设中,各级党员领导干部首先要发挥好先锋模范和表率作用,要正确对待和善于运用人民赋予的权力,要始终保持与人民群众的密切联系,为官一任,造福一方,守住清正廉洁、勤政为民底线;其次要切实做到管好自己,管好子女,管好身边的工作人员,不让自己手中的权力成为他人的取款机、保护伞❶。特别是在监督约束机制不健全的情况下,党员干部廉洁自律尤为重要。领导干部要始终慎言、慎思、慎行、慎独,时刻自重、自省、自警、自励,始终保持高尚的人格追求和浩然正气。

三、严于律己是领导干部道德影响力的自身底线要求

勿以恶小而为之,勿以善小而不为。惟贤惟德,能服于人。不要认为坏事较小就去做,不要认为好事较小就不去做。只有贤明的行为和高尚的德行,才能让他人悦服。领导干部能不能在各种错综复杂的考验面前管好自己,时刻保持一身正气、两袖清风、洁身自好,是对自身人格、品质、修养、意志、情操的考验。外因是条件,内因是依据。荀子说:"言无常信,行无常贞,惟利所在,无所不倾,若是,则可谓小人矣。"丁尼生说:"自尊、自知、自制,只有这三者才能把自己引向最尊贵的王国。"由此可见,领导干部的自律意识起着非常重要的主导作用。这就需要我们每位领导干部更加严格要求自己,牢记党的宗旨,加强党性修养,锻炼意志品行,提高精神境界,唯有如此才能真正筑牢拒腐防变的堤防。

---

❶ 李成武:《官德:领导干部的道德领导力》,人民出版社2012年版,第141页。

(一)严于律己,以身作则是领导干部处理干群关系的道德要求

严于律己、以身作则就是要求干部以自己的行为准则,严格要求自己,责己甚于责人。要做到在人前"不放肆""不造次",更要做到在人后面对诱惑"不敢""不想""不为所动",学会自我克制、加强自我约束,时刻保持清醒头脑。

"善禁者,先禁其身而后人。"要群众做的事情,自己首先要做到;不希望群众做的事情,自己带头不做。干部的学识、喜好、品格,在群众中影响力不容小视。《管子》一书曾经这样写道:"主好本,则民好垦草莱;主好货,则人贾市……楚王好小腰,而美人省食;吴王好剑,而国士轻死,死与不食者,天下之共恶也。然而为之者何也?从主之所欲也。"这段文字客观反映了一个国家的领导阶级提倡什么,爱好什么,对于最终形成什么样的社会风气会有多大的影响。社会问题如此,道德问题也如此。相传春秋时代齐桓公喜欢穿紫色的衣服,结果举国上下都穿起了紫衣。齐桓公对此奢华风气深感忧虑。丞相管仲说:"您想制止这件事,不妨以自己不穿紫衣来做个试验。"于是,齐桓公换下了紫衣。当天,侍卫近臣就不穿紫衣了;第二天,城内见不到穿紫衣的人了;第三天,全国都没有穿紫衣的人了。这说明,领导人尤其是高级领导人的言行,影响力巨大。有人把领导者的职位看作是"放大器",认为它能把一个人的优缺点放大到极为明显的程度。所以,才要求领导干部严于律己、以身作则,身教胜于言教。领导干部以身作则,影响和教育下级和周围的同志,是我们党的好传统。

(二)严于律己,言传更要身教

严于律己,品行端正,为人师表,是一个干部所必需的道德品格,也是从政的基本要求。"只许州官放火,不许百姓点灯。"让老百姓深恶痛绝。"上梁不正下梁歪""破坏制度往往从高层开始",更是让党员干部个人,乃至单位和组织丧失公信力,失去人民拥护的源头。要成为受人尊重的领导干部,严于律己、言传身教是铁律。"功崇惟志,业广惟勤",干部要按照党和国家,以及干部成长的组织要求,坚持自重、自省、自警、自励,注意自己的道德人格,经常反思自己的一言一行,提醒自己不做不符合干部道德的事情,不做不符合党和人民利益的事情,要有"如履薄冰,如临深渊"的自觉,要有"治大国如烹小鲜"的态度,丝毫不懈怠,丝毫不马虎,夙夜在公、勤勉工作。要自觉接受组织的严格要求、严格管理和严格监督,切实过好权力关、名利关、金钱关、美色关、人情关,高调做事,低调做人,清清白白为"官"。身教重于言传不仅是一种道德要求,而且是一种重要的道德教育方式,这也早已被历代思想家所证实。孔子曾说:"政者,正也。其身正,不令而行;其身不正,虽令不从。"因此领导干部在自己的日常生活工作中,要以身作则、率先垂范,说到的就要做到,承诺的就要兑现,吃苦在前、享受在后,一心为公、公而忘私,是干部获得道德威信并得到群众认可的重要条件。而这种道德威信又帮助其实现更好领导和管理,特别是实现思想领导必不可少的前提。干部只有自己具备高尚的道德情操,才能带出良好的社会风气和充满干劲的战斗队伍。

(三)严于律己,更要身体力行

清廉自律,是一种自我管理、自我约束,也是一个人的文明程度、道德修养与品质的一种体现。廉洁自律是清正不贪、克己奉公的精神体现。那么,领导干部如何做到廉洁自律?

一是思想要纯正。思路决定出路,理想决定未来。思想是行动的先导,思想不干净,言行举止也就会受影响,为此,领导干部务必加强自我修养。自我修养是自己通过世界观的改造,不断克服和修正个人错误,逐步树立高尚的道德品质和精神境界的过程。新时代党员干部要加强党性修养,增强宗旨意识。我们的党是有高度统一意志的革命的党、战斗的党,党员干部要将党性观念内化于心、外化于行,自觉讲政治、守纪律,维护党的权威,遵守党的领导,把对党忠诚、为党分忧作为自己的根本使命。新时代党员干部更要加强道德修养,提升个人品德。"为官者,不患无位,而患德之不修",党员干部良好的道德修养是保持党的纯洁性、先进性的基础。在这个发展的新时代,党员干部要主动向道德模范看齐,弘扬他们的先进精神,做到时时处处见贤思齐。二是品行要端正。立德是做人、做事、做官的根本。历代圣贤及有识之士都十分注重修身立德。宋代史学家司马光说过:"才者,德之资也;德者,才之帅也。"生活正派、情操高尚,就能有效抵御各种腐朽思想的侵蚀;生活作风不检点、不正派,在道德情操上打开了缺口、出现了滑坡,就很难做到清正廉洁。在现实生活中,一些谋利者为达到自己不可告人的目的,往往对一些实权者进行"围猎""拉拢""诱惑""腐蚀",挖空心思投其所好。如果领导干部不能防微杜渐,往往从一餐饭、一条烟、一张卡开始,被感情所蒙蔽、被物质所引诱、被美色所欺骗,由贪图享受到欲望膨胀,先是被利用,后是被腐蚀,由心不甘到心不平,再到权钱交易、徇私枉法、自甘堕落,从而走上违法犯罪的道路,几乎是所有腐败分子的堕落轨迹。所以,领导干部必须自觉加强思想道德修养,讲操守、重品行,坚决抵御腐朽没落思想观念和生活方式的侵蚀。要时刻保持警惕,在赞扬声中保持清醒,在奉承中保持自警,在诱惑面前保持坚定。三是为人要厚道。君子以厚德载物,就是说对生活要积极乐观,对工作要锐意进取,对同事要和睦相处,对得失要宠辱不惊。多谈心交流,增加友谊和感情,消除误会和隔阂。要有与人为善的诚恳、成人之美的境界,乐于助人、甘为人梯,服务人民、服务社会。四是作风要优良。我们党历来高度重视领导干部的作风建设。习近平同志更是把作风建设提升到事关党的形象的高度,他说:"党的作风是党的形象,是观察党群干群关系、人心向背的晴雨表。党的作风正,人民的心气顺,党和人民就能同甘共苦。"❶作风问题本质上是党性问题,党性是作风的内在修养,作风是党性的外在表现,抓作风必先强党性。纯洁的党性,如同"出淤泥而不染"的荷花刚正不阿、清廉正直,又如"咬定青山不放松"的松柏坚忍不拔、坚毅可靠。领导干部作风问题不仅仅是思想问题、品行问题,更是政治问

---

❶ 习近平:《在庆祝中国共产党成立95周年大会上的讲话》,人民出版社2016年版,第23页。

题,是领导干部党性修养、政治品格、道德境界的具体表现。领导干部党性强,才能作风好。作风好,才能自觉抵御消极腐败现象的侵蚀,才能营造和谐的党群干群关系。做好领导工作,一靠真理的力量鼓舞人,二靠人格魅力感染人,三靠实绩激励人。对于领导干部来说,品德就是能力,品德就是权威。如果自己形象不好,老是指责别人,队伍就带不起来,更带不好。领导应该是可亲、可敬、可信、可靠的。感动人,才能教育人,才能领导人。

延伸阅读 保持政治本色,清正廉洁作表率

每一位党员都应当对照要求、对准目标,找一找自己在知敬畏、存戒惧、守底线方面存在哪些差距,强化自我修炼、自我约束、自我塑造,在廉洁自律上作出表率。

立身不忘做人之本、为政不移公仆之心、用权不谋一己之私,守住底线、不越红线、不碰高压线,这是共产党人应有的政治本色,也是为官从政必须涵养的政治品格

苍茫大山中,深藏功与名。"他用自己的朴实纯粹、淡泊名利书写了精彩人生,是广大部队官兵和退役军人学习的榜样。"老英雄张富清的事迹引来无数点赞。对自己,他甘守清贫;对家人,他不谋私利。这位"战斗英雄""人民功臣",60多年刻意尘封自己的功绩,书写下共产党人的初心与本色。

习近平总书记强调:"清正廉洁作表率,重点是教育引导广大党员干部保持为民务实清廉的政治本色,自觉同特权思想和特权现象作斗争,坚决预防和反对腐败,清清白白为官、干干净净做事、老老实实做人。"[1]这一目标,既是对广大党员干部的具体要求,也是共产党人应该保持的政治本色。每一位党员都应当对照要求、对准目标,找一找自己在知敬畏、存戒惧、守底线方面存在哪些差距,强化自我修炼、自我约束、自我塑造,在廉洁自律上作出表率。

党史上有个"三付饭费"的故事,至今读来依然有着深刻启发。1973年,周恩来陪法国总统蓬皮杜访问杭州。送别了客人后,周恩来为了感谢工作人员的辛苦,请他们吃了顿便饭。饭后,省里的同志要付钱报销,周恩来却坚决不同意,要求秘书去结账。结好账后,周恩来看到拿回的是"十元一角"发票,便说道:"那么便宜,那不行。"交代秘书要按市价付足,饭店只好再收了10元。到了机场后,他还担心付的钱不够,又留下10元钱,托省里的同志转交饭店。为一顿饭三付饭费,不占公家丝毫便宜,照见的正是共产党人严于律己、清正廉洁的政治品格。

"廉者,政之本也。"廉洁自律是为政的基石。打铁还需自身硬。一个党员干部只有自己炼就金刚不坏之身,不搞特权、不谋私利、不徇私情,才能把腰板挺直,赢得

---

[1] 中共中央党史和文献研究院:《习近平关于力戒形式主义官僚主义重要论述选编》,中央文献出版社2020年版,第50页。

群众的信赖。相反,挡不住诱惑、守不住底线,干事创业就难有底气,与群众的距离就会越来越远。要知道,破一次规矩,就会留一个污点;搞一次特殊,就会减一分威信;谋一次私利,就会失一片人心。通过主题教育,做好清正廉洁的表率,才能"公生明、廉生威",做一个堂堂正正的共产党人。

"清廉是福,贪欲是祸。"廉洁自律也是为政的底线。党员干部走上各自的岗位,大多是想干一番事业、实现自身价值。但如果在廉洁问题上翻了船,最终只会一失万无,谈何"为官一任,造福一方"?欲望的背后是陷阱,贪婪的尽头是毁灭,这是一笔再清楚不过的"廉洁账"。也正因此,习近平总书记多次告诫党员干部:"鱼和熊掌不可兼得,当官发财两条道,当官就不要发财,发财就不要当官。"❶行得端、走得正,才能行得稳、走得远。

一个人能否廉洁自律,最大的诱惑是自己,最难战胜的敌人也是自己。共产党人的"心学",思深悟远、常学常新,需要的是一辈子的拂拭、打磨、精进。对于党员干部而言,廉洁自律这根弦永远不能松,否则就会"一次做让步,次次守不住"。进行主题教育,也是要砥砺广大党员干部随时打扫思想的灰尘,坚守精神的高地,慎独慎微,面对"微腐败"绝不能掉以轻心,遇到"潜规则"绝不能随波逐流,碰上"人情礼"绝不能欣然笑纳。处理好公私、义利、是非、情法、亲清、俭奢、苦乐、得失的关系,就要常修为政之德、常思贪欲之害、常怀律己之心,敬畏人民、敬畏组织、敬畏法纪,稳得住心神、管得住行为、守得住清白。

在曲阜孔府内宅门的内壁上,绘有一幅壁画,画的是传说想吞下一切金银财宝甚至日月星辰的貔貅。孔府将其绘于内壁,就是要告诫家人:"戒贪"。古人尚有此觉悟,更何况我们共产党人。立身不忘做人之本、为政不移公仆之心、用权不谋一己之私,守住底线、不越红线、不碰高压线,这是共产党人应有的政治本色,也是为官从政必须涵养的政治品格。

《人民日报》(2019年6月11日05版)

第四节 强化领导干部的宗旨意识塑造

全心全意为人民服务是党的宗旨,干部是人民的公仆,忠于人民、忠于国家、恪尽职守、勤政为民是干部首先应当具备的道德品质,它在整个干部道德规范中具有特殊的地位,是干部整个道德行为的出发点,也是作为我们党领导干部的价值体现,其道德影响力如同"负重效应"。什么是负重效应?就是要领导干部胸怀大志,不断地充实和提高自己,具有神圣的使命感和责任感。有了这种神圣的使命感和责任感,就像负重的木桶和船,能够经受住人生风雨的洗礼,能够在前进的道路上迈出坚稳的脚步。

---

❶ 习近平:《习近平谈治国理政》第二卷,外文出版社2017年版,第148页。

一、为人民服务是强化道德影响力的内核

唯物史观认为,人民群众是历史的主人。把为人民服务作为社会主义道德的核心,符合历史发展规律要求。我国以人民为中心的发展理念和以公有制为主体的社会主义基本社会制度,也要求确立以为人民服务为核心的社会主义道德。无产阶级的历史使命和阶级本质,也决定了为人民服务必然成为社会主义道德的核心。而且为人民服务的道德精神,体现了社会主义新型人际关系,代表了社会中人们对善的追求的道德方向,符合人民的利益和愿望,受到人民的普遍欢迎、接受和认同,所以,把为人民服务作为社会主义道德核心,有广泛的群众基础。

(一)坚持为人民服务的宗旨

第一,社会主义道德本质决定了为人民服务是干部道德的核心。毛泽东指出:"为什么人的问题,是一个根本的问题,原则的问题。"❶在以往的阶级社会中,占统治地位的道德是剥削阶级的道德,总是表现为剥削阶级服务。只有社会主义道德才倡导为人民服务,才真正实践为人民服务。所以,为剥削阶级服务是剥削阶级道德的本质,为人民大众服务则是社会主义道德的本质。过去剥削阶级的国家机器都是为剥削阶级服务的,而社会主义的国家机器是为人民服务的。基于这种质的变化,在掌握国家机器的干部的道德中,确立为人民服务原则作为整个干部道德的核心,也是顺理成章的。从干部角色来看,个人和集体的关系最直接的表现就是干部个人与人民群众的关系,即我们常说的干群关系。把处理好这一对关系的为人民服务原则作为干部道德的核心,也是最为恰当的。

第二,为人民服务是干部一系列道德的集中体现。为人民服务作为干部道德的基本原则,贯穿于干部道德规范的各个方面,是最根本的道德原则和道德要求。它规定了干部道德的价值关系,自觉地把人民作为服务对象,自己是服务者,以自己的活动服务于人民这个主体,而把自己作为客体。它要求一切从人民的利益出发,站在人民的立场上立身处世。这是干部从事任何工作和活动的出发点和立足点,也就是要站在人民的立场上,从人民的利益出发,观察问题,处理问题,履行职责;就是要把人民的利益看得高于一切,自觉维护人民的利益,并为人民的利益而奋斗。而不是从个人利益出发,不是从少数人或狭隘集团利益出发;也不能仅从部门利益、局部利益出发,不能仅从个别、片面、眼前的利益出发,应该从广大人民群众的整体、全局、长远、根本的利益出发。

(二)坚持为人民服务的道德原则

要坚持为人民服务的道德原则,才能够处理好与人民群众的关系。

第一,干部是人民的勤务员、社会的公仆。马克思指出:"旧政府权力的纯粹压迫

---

❶ 毛泽东:《毛泽东选集》第三卷,人民出版社1991年版,第857页。

机关应该铲除,而旧政府权力的合理职能应该从妄图凌驾于社会之上的权力那里夺取过来,交给社会的负责的公仆。……应当为组织在公社里的人民服务。"❶毛泽东指出:"我们的一切工作干部,不论职务高低,都是人民的勤务员,我们所做的一切,都是为人民服务"❷这些论述,都清晰地说明干部是人民的勤务员和社会的公仆的地位。

第二,为民掌好权、用好权是干部的天职。我国是社会主义国家,人民是国家的主人。我国宪法规定,中华人民共和国的一切权力属于人民。党员干部要清楚认识到自己权力的来源是人民所赋予。我们的干部要正确理解公共权力的性质,强化公仆意识。所有公共权力都是全体人民所有,用来为全体人民的公共事业服务。任何行使权力的人,都必须代表人民的利益,按人民的意志和要求办事。因此,能不能全心全意为人民服务,是检验一切国家机关、一切掌握公共权力的单位和公职人员权力观念是否正确的根本标准。周恩来同志身为中国人民的总理,但他位高不改公仆心,对人民群众怀有深厚的感情,为人民的事业日夜操劳,呕心沥血,一天工作时间经常超过12个小时,有时在16个小时以上,一生如此。他胸前佩戴的那枚"为人民服务"的纪念章,正是他为人民鞠躬尽瘁、死而后已的崇高道德情操的真实写照。所以,要强化公职人员是人民的公仆,为民掌好权、用好权是公职人员的天职的意识,摒弃把权力私有化、商品化和神秘化的观念。坚决反对把公共权力用作谋取私利的工具,反对各种以权谋私行为和贪图享受、工作不负责任、失职渎职的行为。

第三,必须摆正干部与人民群众之间的关系。在干部的道德意识中,要树立起自己是人民的"公仆"而不是人民的"主人"的观念,必须摆正干部与人民群众之间的"公仆"与"主人"的关系,把这种关系对立起来或颠倒过来,都是不允许的。按理说,人民是国家的主人,一切干部只是人民的"公仆",只应对主人——人民负责。但现实却出现了下级"公仆"只向上级"公仆"负责的现象。一些人为了向上级显示自己的"政绩",欺上瞒下,向上谎报数字,只想着自己官职升迁,全然不顾人民群众的困难和疾苦。周恩来同志说过:"最怕失去民心,失掉民众,这是万劫不复的。"❸这句话值得我们深思。失掉民心,就失掉了我们执政的基础和执政的合法性。

(三)坚持践行为人民服务的实践要求

坚持全心全意为人民服务的道德原则,就是要坚持领导就是服务的思想。

第一,领导就是服务是无产阶级领导观的实质。无产阶级革命家张闻天同志说过:"领导就是服务。领导人民就是为人民服务。"❹邓小平同志在新的历史时期重申

---

❶ 中共中央马克思恩格斯列宁斯大林著作编译局:《马克思恩格斯全集》第2卷,人民出版社2005年版,第376页。
❷ 中共中央文献研究室:《毛泽东文集》第三卷,人民出版社1996年版,第243页。
❸ 周恩来:《周恩来选集》上卷,人民出版社1980年版,第82页。
❹ 张闻天:《无产阶级专政下的经济和政治》,《人民日报》1979年8月27日。

和坚持了张闻天的观点。1985年5月19日,他在中共中央、国务院召开的全国教育工作会议上的讲话中,对热衷于发指示、讲大话、放空炮而不为群众多干实事的领导作风进行了严肃的批评,强调指出:"什么叫领导？领导就是服务。"❶"领导就是服务"这个精辟的论断,集中地反映了无产阶级领导观的实质。

第二,领导活动的本质就是为人民服务。领导是人民的公仆,因而领导活动的本质就是为人民服务。所以,"领导就是服务"这个命题,是对社会主义制度下领导活动本质特征的科学概括。而干部为人民服务道德原则的确立,正是这种本质特征在干部道德中的体现。正如邓小平同志指出的:共产党"之所以能够领导人民群众,正因为,而且仅仅因为,它是人民群众的全心全意的服务者,它反映人民群众的利益和意志,并且努力帮助人民群众组织起来,为自己的利益和意志而斗争。确认这个关于党的观念就是确认党没有超乎人民群众之上的权力,就是确认党没有在人民群众头上称王称霸的权力。"❷

第三,正确理解和处理领导权与人民民主的关系。确立"领导就是服务"的观念,要求正确理解和处理领导权与人民民主的关系。作为领导必然拥有一定的权力,没有权力就无法实现其责任和使命。作为领导也必须要有决断力,否则人云亦云、胸无主见,该集中时不集中,该用权时不用权,那就丧失了应有的领导职能。但是,领导干部要发扬民主、谨慎用权。有的人一朝权在手,便把令来行,专横跋扈,用命令主义和惩办主义的办法来对待部属和群众,动辄大动肝火,就像周恩来同志在《反对官僚主义》一文中所说的"官气熏天,不可向迩,唯我独尊,使人望而生畏；颐指气使,不以平等待人；作风粗暴,动辄破口骂人"❸。有的违背党的民主集中制原则,大权独揽。有的"官大一级压死人",听不得下属和群众的不同意见,容不得半点与自己相反的意见。这些滥用权力,以权凌人的行为,是封建官僚习气,是与社会主义公职人员应有的道德原则相违背的。毛泽东同志在《在中国共产党第七次全国代表大会上的口头政治报告》中指出:"什么叫做领导？它体现于政策、工作、行动,要在实际上实行领导,不要常常叫喊领导。对领导权要弄清其性质,而不要天天像背经似的去念。"❹毛泽东同志的这段话是很值得我们深思的。领导干部要靠自己的模范工作取得人民的信任,而不能靠滥用职权或玩弄权术来建立自己的"威"和"信"。我们的权力来自人民,不仅用权的目的是服务于人民,而且用权的方法也应该紧紧依靠人民。

第四,必须树立自觉接受人民监督的意识。干部确立为人民服务的道德原则,明确自己的人民公仆的地位,必须树立自觉接受人民监督的意识。马克思、恩格斯在《法兰西内战》等总结巴黎公社经验的论著中,以其惊人的历史洞察力,总结、肯定了巴黎公社经验,并在巴黎公社经验的启迪下,深刻地认识到无产阶级夺取政权只是第一步,权力回归人民并不意味着权力问题的彻底解决。因此,他们提出了实行民主监

---

❶ 邓小平:《邓小平文选》第三卷,人民出版社1993年版,第121页。
❷ 邓小平:《邓小平文选》第一卷,人民出版社1994年版,第218页。
❸ 周恩来:《周恩来选集》下卷,人民出版社1984年版,第419页。
❹ 中共中央文献研究室:《毛泽东文集》第三卷,人民出版社1996年版,第328页。

督,防止国家机关由社会公仆变为社会主人的重大命题。这一命题包含着丰富的思想内容:一是社会主义国家的最基本的特征或者说根本标志是"权力保持在人民自己手中"❶。权力的变质就意味着国家的质变。二是工人阶级的统治不仅有来自敌对阶级的危险,而且有来自内部的危险。所谓来自内部的危险,就是权力的变质。三是在工人阶级统治国家里,仍然存在着权力所有权与使用权分离的现象。人民是权力的所有者,但必须把权力委托给公社的官吏来行使。这就带来一个重要问题,那就是"公社的官吏"能不能完全按人民的意志行使职权的问题。四是防止国家机关由社会公仆变为主人,关键是对权力要实行切实的监督,使公社的官吏"处于切实的监督之下"❷。五是所谓切实的监督,就是公民对于任何国家机关和国家工作人员的违法失职行为有提出申诉、控告或检举的权利。这一重要思想,时至今日对我们的社会主义建设仍然有着非常重要的指导意义。列宁在创立和建设第一个无产阶级政权的过程中,对如何监督国家公共权力,防止国家机关由社会公仆变为国家主人,进行了艰苦的探索,为社会主义国家政权建设积累了丰富的经验。中国共产党在夺取政权之后,也为权力的监督做出不懈的努力,而且这一工作仍然在进行之中。对于干部自身而言,应当以高度的自觉确立接受监督的意识。这是对人民是国家主人、干部是社会公仆的自觉反映,是对社会主义国家本质特征的自觉意识,是正确处理干部与人民群众关系的表现。自觉接受人民群众的监督,才是符合为人民服务的干部道德原则的行为。

第五,要用民心来检验干部对群众的态度和与人民群众的关系。邓小平同志曾经说过:"领导干部一要怕党,二要怕群众。这种'怕',是对人民群众要有敬畏之感,时时把自己置于人民群众的监督之下,时时担心会被人民群众抛弃。"❸这种"怕",决定于干部与人民的根本关系。得民心者得天下,"水能载舟亦能覆舟",这是中国千年历史王朝更替得出的规律。知屋漏者在宇下,知政失者在草野。人民是我们党的立党之本、执政之基、力量之源。如果说我们的党员干部对人民群众心无感恩、毫无敬畏、高高在上,心里总对人民群众充满轻蔑,做事只求上级满意,不怕群众反映,长此以往难免会人亡政息。现在,有些干部自认为位高权重,刻意脱离群众,不仅官僚主义严重、作风恶劣,更是与人民的关系越来越淡漠,甚至使"鱼水关系"变成了"油水关系"或"猫鼠关系",使干群关系对立甚至激化。针对这种状况,实在需要让我们的干部们对群众多"怕"一点,对民意多听一点,对群众评价和诉求当回事一点。回顾历史,天地之间自有一杆秤,这就是民心。就是要把民心当成一杆秤,用来检验党员干部对群众的态度和与人民群众的关系,检验是否代表了最广大人民的根本利益,尤其是要自觉接受群众评判、帮助和监督。

---

❶ 中共中央马克思恩格斯列宁斯大林著作编译局:《马克思恩格斯全集》第17卷,人民出版社1963年版,第602页。

❷ 中共中央马克思恩格斯列宁斯大林著作编译局:《马克思恩格斯全集》第17卷,人民出版社1963年版,第647页。

❸ 黄宏:《长征精神》,人民出版社2006年版,第316页。

二、牢固树立立党为公、执政为民的理念

(一)代表人民利益是干部必须遵循的道德基本原则

第一,代表中国最广大人民的根本利益,是党的性质的内在规定。干部道德的为人民服务原则,进一步要求每个干部在自己的工作和活动中,为人民掌好权、用好权,要忠实地代表好人民的利益。代表人民利益,是干部在履行自己的职务行为中必须遵循的基本道德原则,是为人民服务原则的进一步延伸。代表中国最广大人民的根本利益是党的性质的内在规定,是对全党特别是党员干部的根本要求,当然应该成为干部道德建设和道德修养的基本原则。

第二,干部要鲜明地站在人民群众的立场。代表人民的利益,要求干部要站在人民群众的立场,关心人民群众的疾苦,体察人民群众的喜怒哀乐,真心实意地为群众排忧解难;要一切依靠群众,虚心听取人民群众的批评建议,遇事同群众商量,做人民群众的知心人;要维护人民的利益,同一切损害人民群众利益的思想和行为进行毫不妥协的斗争,要把为人民谋利益作为应尽的职责和义务。

(二)要为人民谋幸福

第一,为人民谋幸福才能实现领导。毛泽东在解放战争时期曾提出党对被领导阶级实现领导的两个基本条件:一是率领被领导者(同盟者)向着共同的敌人作坚决的斗争,并取得胜利;二是对被领导者给予物质福利,至少不损害其利益,同时对被领导者给予政治教育。没有这两个条件,或两个条件缺一,就不能实现领导。这两条的基本精神,都是关于为民造福,使被领导的阶级和群众在政治上和经济上得到切实可靠的好处,否则,被领导的阶级和群众就不会跟着党走。毛泽东同志特别强调,为人民造福,说到底,"必须给人民以看得见的物质福利"❶。因为人民群众创造历史是受其切身利益推动的,物质利益具有决定性作用。他说:"为了革命,为了抗战,我们向人民要东西是完全合理的。但这只是做了一个方面的工作,而且还不是第一个方面的工作。我们的第一个方面的工作并不是向人民要东西,而是给人民以东西。"❷这"就是组织人民、领导人民、帮助人民发展生产,增加他们的物质福利,并在这个基础上一步一步地提高他们的政治觉悟与文化程度。"❸他强调说,只有在做了这第一位的工作并确实取得成效之后,再去做第二位的工作——"向人民要东西的工作"时,"我们才能取得人民的拥护"❹。生产力在不断地发展,社会在不断地前进,人民的物质文化生活需要也在不断地增长。因此,代表人民利益的无产阶级政党及其领导者为人民造福,也有一个不断提高和发展的过程。只有不断地为人民造福,人民才能不断地跟着党走。

---

❶ 毛泽东:《毛泽东著作选读》下册,人民出版社1986年版,第563页。
❷ 杨洪、梁星亮:《中国共产党延安时期政治社会文化史论》,人民出版社2011年版,第11页。
❸ 毛泽东:《毛泽东著作选读》下册,人民出版社1986年版,第564页。
❹ 毛泽东:《毛泽东著作选读》下册,人民出版社1986年版,第563-564页。

第二，为人民谋幸福就是让人民得到实际利益。在现阶段，每一个干部只有在自己的岗位上全面贯彻落实党的基本路线和纲领，为实现全党和全国人民的奋斗目标而努力工作，才能从根本上代表和维护人民的利益，为民造福。党的好干部孔繁森说："我是阿里地委书记，这个称谓不仅是一个职务，一份履历，更是一份责任，一副担子。"在他看来，为人民的事业殚精竭虑，带领群众脱贫致富是自己的天职。为人民造福，应当是实实在在的，而不能搞劳民伤财的虚假"政绩"。为人民造福的效果如何，应当以人民是否得到实际利益的切身体会作为衡量的尺度。

（三）要关心人民、尊重民意

为人民谋利益，就要关心人民。如同刘少奇同志所说，"一个好党员、一个好领导者的重要标志，在于他熟悉人民的生活状况和劳动状况，关心人民的痛痒，懂得人民的心。"❶

第一，历史证明，关心人民、尊重民意是作为执政者的一项道德要求。商纣王是个压迫人民、残害忠良的独夫，他的罪恶使人民极为愤怒，从而使商王朝的统治危机日益深重。在历史上有名的商周"牧野之战"中，商军兵士痛恨纣王，在战场上倒戈起义，纣王落了个自焚灭亡的下场。以周公为代表的周朝初期统治者，总结了夏商王朝残酷压榨人民而灭亡的教训，第一次明确提出了以德配天、敬德保民的要求，强调要通过重民保民来笼络人心。周公说："人无于水监，当于民监。""民之所欲，天必从之。"其意是行事要借鉴民心，不违民意，因为天是顺从民意的。顺从民意则要行德政，不得横征暴敛。这比以前统治者只尊天命而不顾民意的认识及做法，是很大的进步。以后又有老子提出了"圣人恒无心，以百姓之心为心"的最高品德，孔子、孟子等思想家都提出了爱护人民，实行仁政，"民贵君轻"的民本思想。

第二，关心人民、尊重民意的阶级本质与特征。当然，剥削阶级统治者的"重民爱民之德"，与无产阶级政党和社会主义国家要求的"热爱人民，为人民服务"，是根本不能同日而语的。他们的目的从根本上说，还是为了维护剥削压迫人民的制度，实现剥削制度的长治久安。还有少数旧时代的官吏，能从自己的穷苦出身中，从由于自己的低级官职而整日接触下层群众的经历中，从自己政治上屡遭贬抑的波折中，萌动和产生对劳动人民的人道主义的情感。有些责任心强者甚至终日为脱百姓于水火之中而苦思良策，为"无力补天"而深感良心上的自责。可以想象，由于社会历史条件和阶级本质的局限性，他们不可能于此大有作为。但是，他们关心人民疾苦的情感是高尚、正义的，永远不应被否定。北宋范仲淹的名句"先天下之忧而忧，后天下之乐而乐"，清代郑板桥的名诗"衙斋卧听萧萧竹，疑是民间疾苦声。些小吾曹州县吏，一枝一叶总关情"，都成为千古名句，深深打动人心。今天不少干部，仍将其作为自己的座右铭。由此足见关心人民疾苦作为干部的道德准则，影响深远。

---

❶ 刘少奇：《刘少奇选集》下卷，人民出版社1985年版，第275页。

第三,关心人民、尊重民意是我们党的优良传统。毛泽东同志早在红军时期就要求干部"真心实意地为群众谋利益,解决群众的生产和生活问题,盐的问题,米的问题,房子的问题,衣的问题,生小孩子的问题,解决群众的一切问题"❶。他要求干部把一切群众生活上的问题列入自己的议事日程。邓小平同志也多次谈到关心群众生活的问题,他还语重心长地告诫全党高级领导干部,"切实关心群众生活","越是困难的时候,越要关心群众,只要你关心群众……任何问题都容易解决,任何困难都能够克服"❷。他把这个道理作为一条重要的历史经验,提醒全体干部注意,确实值得我们汲取。多年来,我们党形成了关心群众的优良传统。我们都看到,哪里发生了重大自然灾害,哪里就出现从中央到地方的各级领导干部的身影;如何帮助贫困地区脱贫致富,是各级领导最关心的问题。正是党关心广大群众,才使群众坚定在政治上与党同心同德的信念。

第四,尊重民意,要一切从群众的需要和自愿出发。代表人民的利益,要求干部体察民情、尊重民意,要实事求是地说话办事,一切均以有利于人民群众为原则。毛泽东指出:"有许多时候,群众在客观上虽然有了某种改革的需要,但在他们的主观上还没有这种觉悟,群众还没有这种决心,还不愿实行改革,我们就要耐心地等待;直到经过我们的工作,群众的多数有了觉悟,有了决心,自愿实行改革,才去实行这种改革,否则就会脱离群众。"❸这就告诉我们,人民群众不实际需要、不合乎群众利益的事,坚决不做;人民群众虽有某种需要,但还没有自己下决心做的事,也不应去做。当群众尚缺乏某种觉悟的时候,领导者既不要采取尾巴主义的态度,不去做工作,也不要采取盲动主义的态度,强迫命令群众去做。有的地方干部在农村脱贫致富攻坚时,出现了"逼民致富"的现象,出发点也许是好的,但是不顾群众的觉悟和意愿,强迫群众干这干那,不仅没有达到预想的目的,还造成了干群关系的矛盾和对立。所以,只有尊重群众,教育和引导群众,才能使我们的动机和效果统一起来。

(四)要有高度的事业心和责任感,勤政为民

第一,要牢记责任,恪尽职守。作为一名党的干部,肩负初心使命,身受人民重托,必须要有强烈的事业心和责任感,恪尽职守、履职尽责、爬坡过坎、夙兴夜寐,努力做好本职工作。这既是一个人民公仆的本色,也体现了一种高尚的道德境界和情操。将忠于人民、勤政尽职确立为干部职业道德的一个基本规范,其根本原因是干部职业的社会责任重大。元朝的《三事忠告》里写道:"士之仕也,有其任斯有其责,有其责斯有其忧。任一县之责者,则忧一县;任一州之责者,则忧一州;任一路之责、天下之责者,即以一路与天下为忧,盖任重则责重,责重则忧深也。"社会主义国家的干部,更是有权力就有责任,更要有高度的事业心和责任感。干部的事业心和责任感,既是对社会主

---

❶ 毛泽东:《毛泽东选集》第一卷,人民出版社 1991 年版,第 138 页。
❷ 邓小平:《邓小平文选》第二卷,人民出版社 1993 年版,第 228 页。
❸ 毛泽东:《毛泽东选集》第三卷,人民出版社 1991 年版,第 1012 页。

义事业和自身职业责任的一种强烈的道德情感，又是对事业和职业责任的一种自觉意识，即自觉地为国家和人民利益而兢兢业业工作。在这方面，周恩来总理给我们做出了光辉的榜样。为了党和人民的事业，他从不顾及个人的利害得失；他对工作鞠躬尽瘁，献出了毕生的精力；他的工作精神，对人民事业的负责精神，都将永远垂范后世，成为激励干部全心全意履行职责的巨大精神力量。

第二，要兢兢业业，有所作为。勤政对于干部来说，就是要有所作为。这是对领导干部的一项基本道德要求。吕本中在《官箴》中说：当官之法，惟有三事：曰清、曰慎、曰勤。知此三者，可以保禄位，可以远耻辱，可以得上之知，可以得下之援。勤政对于官吏个人来说，可以"保禄位""远耻辱""得上之知""得下之援"；而对于人民、社会和国家来说，则能保证并促进道德、风尚的净化以及政治的公正清明。正因为如此，古人极为重视勤政之德，把它视为人之宝、德之令、政之本，大力提倡。不求有功，但求无过，平平庸庸，无所成就，做太平官，是违反行政道德的，"无功便是过"说的就是这个道理。干部对工作要有积极的态度，要有进取的精神，要体现在一个"勤"上。勤政敬业要求干部对自己的本职工作必须履职尽责、认真负责。在工作中恪尽职责、任劳任怨、勇于担责、精益求精。领导干部应当有在其位谋其政、谋好政的职业责任意识和担当意识。应当肯作为、能作为、善作为，脚踏实地、勤勉努力地为人民群众办实事、办好事、办大事，真正做到"为官一任，造福一方"。应当勤学多思，精通业务，更好地胜任本职工作。

三、领导干部要做公道正派的表率

古人云："矩不正，不可以为方；规不正，不可以为圆。身者，事之规矩也，未闻枉己而能正人者也。"矩不端正，就不能画方形；规不端正，就不能画圆形。领导者自身，就是行事的规矩。志士提倡的是"舍生取义，杀身成仁"，就连商人打的招牌也是"公平交易，童叟无欺"。公道正派是一个人应该具备的基本品质，更应该是领导干部的行为准则。

第一，领导干部要公道正派。公道正派是一种人格情操、一种思想境界，更是党的领导干部最基本、最重要、最核心的道德品格。领导干部做到公道正派，首先要始终坚持正派的作风。现阶段一些领导干部屡出问题，往往都是始于操守不严、品行不端、生活奢靡、道德败坏，由小节失守导致大节沦陷。古人云："吏不畏吾严，而畏吾廉；民不服吾能，而服吾公。公生明，明生廉，廉生威。"领导干部要做到公道正派，关键在于以心正为要。心不正则理不公，理不公则行不端，行不端则气不顺，纯洁党风、社会、民风就是一句空话。其次处事要公正。由于受主客观诸多条件制约，领导干部在处理问题特别是处理涉及群众切身利益的敏感问题上，要想人人满意显然不可能。但只要出于公心、秉公办事，就能使大矛盾化为小矛盾，矛盾多变为矛盾少，从而实现满意度最大化。当前，领导干部服务群众很大程度上是通过处理各种复杂多变的事物，推进社会公正的。现代社会中的关系多种多样、错综复杂，随着改革开放的深入和社会的深刻变革，我国社会阶层状况发生了新的重大变化。社会结构的变化，使阶层之间的关系也发生了深刻的变化。要凝聚起包括所有社会各阶层的力量，就必须维护好、发展好和实现好最广大人民的根本利益,就要把一切积极因素充分调动起来。领导干部在服务群众的过程中,要通过公正地处理各种矛盾、协调各方利益、化解各方纠纷,让更多的人共享经济社会发展的成果,这也是中国共产党全心全意为人民服务的宗旨所要求的。

第二,领导干部要弘扬官场正气。自古以来,人们一直把"公道正派"作为对居官秉政人员的基本要求。为官者如果做不到"公道正派",不仅仅是个人修身的一大败笔,还会使官场歪风盛行,最终导致国事颓废。历史上的赵高、秦桧、严嵩这些至今妇孺皆知的名字,正是奸邪的化身。提起赵高,人们会很自然地想到"指鹿为马"的成语。赵高倚仗着秦二世胡亥对他的宠信,在秦王朝最后的几年统治中翻云覆雨,把秦朝的暴虐苛政推向了顶峰,从而加速了它的灭亡。所以,陆贾叹道:"秦任刑法不变,卒灭赵氏(指秦朝灭亡)。"唐朝李林甫居相位19年,专政自恣,杜绝言路,铸成安史之乱。明末宦官魏忠贤在明熹宗年间,拉开了中国历史上最昏暗的宦官专权的序幕,他自称九千岁,排除异己、朝纲独断,一时厂卫之毒流满天下,一大批刚正不阿的官员士子被魏忠贤迫害惨死,甚至惨遭灭门;一大批无耻之徒都先后趋之若鹜阿附于他,更有一些阿谀之徒到处为他修建生祠,耗费民财数千万。到了当代,一些高官也因为官不正,道德败坏,而致身败名裂,同时也带坏了单位的风气。

第三,领导干部要任人唯贤。国以贤兴,政以才治,为政之要唯在用人。选什么人、用什么人,历来是一种导向,事关党的事业兴衰成败和国家的前途命运。古人云:"用一贤人,则贤人毕至;用一小人,则小人齐趋。"

当代领导干部公道正派最集中地体现在党的组织工作上。从历史上看,历朝历代无不重视选人用人。而吏治腐败,如"跑官""要官""卖官鬻爵",必然会造成最大的腐败,导致人亡政息。从社会主义实践来看,如果党和国家各级领导权掌握在心术不正、祸国殃民的人手里,必然造成经济倒退、国力衰微、政治风波。领导干部只有始终坚持公道正派地选人用人,才能为党和人民选上、用好公道正派的人才,才能把各类优秀人才聚集到党和国家的事业中来。否则,必然是"不善者竞进,惟私者当道"。牢牢把握德才兼备、任人唯贤的选人用人原则,对那些违规、违纪、违法的人和事,能坚持原则,绝不同流合污,用坚强的党性,保证选人用人的公道正派。在领导选人用人中彰显道德的魅力。

延伸阅读 有勇有谋——方槐

方槐(1917—2019年),原名赖芳槐,男,汉族,中共党员,江西于都人,原中国人民航空公司经理、武汉军区空军副司令员,开国少将,荣获二级八一勋章、二级独立自由勋章、二级解放勋章和一级红星功勋荣誉章。

1932年,方槐参加中国工农红军,并参加了长征。红军到达延安后,方槐进入中国人民抗日军政大学学习。

1938年3月,经党组织遴选的43名中共学员进入新疆航空队学习飞机驾驶和维修技术,方槐是飞行学员之一。方槐等同志克服了重重困难,平均每人飞行1000个起落、300小时。1939年9月学习结束后,因我党尚无条件组建自己的空军,这批中共学员留在新疆航空队分别担任飞行教官和飞机维修工程师。

1942年夏,新疆军阀盛世才撕破进步伪装公开反苏反共,将在新疆工作和学习的共产党员及其家属全部拘押。方槐回忆说:"我已做好牺牲在敌人枪口下的准备,有了死的决心,就什么都不怕了。"

抗日战争胜利后,毛泽东、周恩来赴重庆与蒋介石谈判,达成释放除汉奸以外的所有政治犯的协议。1946年7月10日,方槐等航空技术人员返回延安。8月被编为八路军总部航空队,之后开赴东北,参与东北民主联军航空学校的领导和飞行训练工作。陈云同志称方槐等同志是我党我军的"航空火种"。

1949年3月30日,军委航空局在北平组建,时任东北民主联军航空学校驻沈阳办事处主任的方槐调任军委航空局作战教育处处长。

1949年6月,新政协筹备会议决定举行开国大典,方槐奉命负责空中受阅计划的起草工作。

开国大典开始之前,方槐和驾机受阅的飞行员一起宣读了誓词:"我参加检阅,一旦飞机出现故障,宁愿献出生命,也不让飞机掉在广场和附近的建筑物上"。1949年10月1日下午4时,空军阅兵指挥所接到受阅飞机起飞命令,六分队领队方槐带领的通信机、教练机编队因为速度小最先从南苑机场起飞,当呈"品"字形的3架通信机、教练机通过天安门广场上空时,方槐和战友们三次摆动机翼,向毛主席、朱总司令,向新生的中华人民共和国致敬。

1949年11月2日,中央政治局、中央军委研究决定,在中央人民政府人民革命军事委员会下设民用航空局,受空军司令部领导。方槐调任军委民航局党委委员、机务处处长。之后,方槐主持拟订了军委民航局最初的组织编制草案。

1951年9月25日,军委民航局第二民航学校(中国民航大学的前身)在天津张贵庄机场成立。11月1日,毛主席发布命令,任命军委民航局航务处处长兼电讯处处长方槐兼任军委民航局第二民航学校校长。军委民航局第二民航学校的主要任务是为新中国民航培训急需的飞行和机务人员,先后有48名飞行学员,147名机务学员在此受训,这些人后来大都成为民航系统的技术骨干。

1952年5月7日,政务院、中央军委作出《关于整编民用航空的决定》。7月17日,军委民航局发出通知:"奉政务院和中央军委联合命令,设立中国人民航空公司。"8月5日,中央军委任命方槐为中国人民航空公司经理。

1953年2月,方槐奉命调任空军第三航校校长,自此结束在民航的工作经历,重回部队工作。6月,军委民航局局长朱辉照、副局长王凤梧发布命令——将中国人民航空公司与局合并。中国人民航空公司存在时间虽短,但在方槐等同志的领导下取得显著成绩。

第七章 建强制度支持,提升道德影响力

改革和完善领导干部道德考评制度,构建科学的道德考核评价体系,是领导干部道德建设制度化、法治化和常态化的客观要求。建立健全领导干部道德考核评价机制,科学设置和有效运行领导干部道德考核评价制度,有助于营造良好的道德氛围,形成重要的导向。明确领导干部道德考评的价值理念与原则,明晰领导干部道德考评的对象和范围,完善领导干部道德考核的指标体系和评价方法,是实现领导干部道德评价的关键。

第一节 完善领导干部道德考评制度

改革和完善领导干部道德考评制度,构建科学的道德考核评价体系,是领导干部道德建设制度化、法治化和常态化的客观要求,也是将道德考评情况纳入领导干部考核考察、选拔任用和监督管理的重要基础。建立健全领导干部道德考核评价机制,科学设置和有效运行领导干部道德考核评价制度,有助于在组织或部门中营造良好的道德氛围,形成重要的导向。当前的领导干部道德考核存在评价随意性、机械单一和群众参与热情不高等现实问题,尚未形成以科学统一的评价标准来有效引导领导干部道德建设的局面。在2019年中共中央办公厅印发的《党政领导干部考核工作条例》中,将对德的考核列为对于领导干部考核的首位。全面考核领导干部政治品质和道德品行。考核领导干部的政治品质,重点了解坚定理想信念、对党忠诚、尊崇党章、遵守政治纪律和政治规矩,在思想上政治上行动上同以习近平同志为核心的党中央保持高度一致等情况。考核领导干部的道德品行,重点了解坚守忠诚老实、公道正派、实事求是、清正廉洁等价值观,遵守社会公德、职业道德、家庭美德和个人品德等情况。因此,对领导干部的道德考核评价,是管理领导干部的重要途径。要将强化领导干部的道德建设同政德的考核评价相结合,规范和完善领导干部道德考核评价制度建设。

一、明确领导干部道德考评的价值理念与原则导向

领导干部道德考评的价值理念与原则导向,是评价有效开展的基础和关键,对被考评人也具有一定的价值导向。为此,领导干部的道德考评是否科学、有效和顺畅,将直接影响到党的先进性和纯洁性以及各项工作的有效开展。对领导干部的道德考评要树立注重品行的导向、要树立科学发展的导向、要树立崇尚实干的导向、要树立群众

公认的导向。为此,要将这些基本的价值理念和原则导向,作为领导干部道德考评的重要保障和依据。

(一)树立领导干部道德考评的基本理念

建立健全领导干部道德考评体系,要注重领导干部道德考评的整体性、客观性和有效性,突出坚定信念、忠于国家、服务人民、恪尽职守等。领导干部道德考评,于内为德性,于外为德行,认真贯彻落实党的大政方针和决策部署。为此,领导干部道德考评应以德行为主,主要是考评其道德的外在表现(言语和行为等德行)。领导干部要时刻牢记百姓疾苦并服务于民,践行全心全意为人民服务的党性宗旨。人民群众对其领导干部的道德水平高低最具有发言权,要注重人民群众对领导干部的道德考评,要突出人民群众在领导干部道德考评体系中的主体地位,切实保障人民当家作主和人民监督等宪法赋予的权利,确保对领导干部进行客观、有效的道德考评。

(二)强化领导干部道德考评的基本原则

一般来说,对领导干部进行道德考核评价情况如何,将直接关系到领导干部的从政行为及其监管效果,所以必须坚持全面、科学和公平的考核评价原则。第一,坚持全面、综合的道德考核评价原则。要将领导干部道德考核评价与工作性质和内容相结合,综合考虑领导干部政德行为的社会影响力等,从不同角度和不同层面,参考诸多因素进行考核和考察。第一,要全面考核评价领导干部的道德内容,要加强和细化对领导干部道德的考评标准,重点围绕"政治品德、职业道德、社会公德、家庭美德"四个方面,设置领导干部"德"的考核评价要点。第二,要综合考核评价领导干部道德言行的实际内容,坚决杜绝形式主义和欺上瞒下的言行,最大程度保证结果有效性。第三,坚持科学、标准的道德考评原则。领导干部道德考核评价工作是一项系统工程,既要考核评价领导干部职业道德观念和表现,又要考核评价领导干部生活圈、朋友圈、娱乐圈等综合表现,才能全面科学地明确考核评价领导干部的道德标准。其一,道德考核评价内容标准要明确,领导干部能广泛接受,尽可能采取直观、真实反映领导干部道德考核评价的考核内容;其二,要实现领导干部道德考核评价程序的公开化、透明化和标准化,尽可能地简化领导干部道德考核评价程序,确保公开、公正;其三,要合理实现对领导干部道德考核评价结果科学化,以更为科学、更易接受的方式方法公示考核评价结果。为此,如何规范和完善对领导干部进行道德考核及其评价制度体系,亟须公开、统一地维护和保持对领导干部进行道德内容、程序、结果等考核评价的权威性。

二、明晰领导干部道德考评的多元对象和主体范围

(一)明确其道德考核评价的主要对象

在我国按照领导干部的职责、任期等方面差别,要求对领导干部进行道德考核评

价采取差异化考评。其中,党的高级干部作为关键少数的"一把手",往往直接参与党政路线方针政策制定、组织实施和贯彻执行等工作,并肩负着对党和国家事业发展重任和对干部群众的引领示范作用。为此,其道德水平具有举足轻重的作用,必须通过有效途径高度强化其道德考评,并实现规范化、制度化、经常化[1]。此外,对其他贯彻执行党政方针政策及日常事务性工作的领导干部进行道德考核评价,则主要考评其在党政方针政策和法律法规框架下如何做好本职工作的工作业绩。鉴于不同类型领导干部的道德考核评价标准、范围等差异性,亟须推动分类治理、重点突出和操作便捷,对领导干部进行客观有效的道德考核评价。

(二)强化多元化考核主体的考评实效

以往,领导干部考核主要是在其工作单位,考评结果往往带有局限性,难以真实反映考核内容。领导干部道德考核关系到党的领导水平和执政水平,是保持党同人民群众血肉联系的重要举措,应该采用多元化的考核主体,对领导干部进行及时有效的道德考核评价。第一,通过完善领导干部定期的自我考核评价,提升其对自身道德情况的总体认知,逐渐形成自我批评、改进和完善的道德考评体系。第二,强化和规范对领导干部的工作单位内部考核工作。在本单位履职过程中,本职工作做得到不到位,是否存在失范行为,在本单位的考核中最能直观反映。通过民主评议、问卷调查等灵活形式,规范其在单位从政行为和形成良好工作风气。第三,建立健全上级主管组织年度考核的奖惩机制,通过奖励道德模范和惩治道德失范言行等机制,不断强化领导干部从政道德与法制的约束力。同时,加强上下级部门间的相互考核。上下级职能部门的工作职责一致,相互关系密切,对考核对象了解较多,对于相同工作的道德规范认识更为科学全面,能够在相互的工作交流中发现存在的问题,有利于防止权力滥用。最后是人民群体的考核,主要包括行政相对方和社会公众的考评。特别是社会公众对于领导干部道德行为的认知更为客观,更能充分表达人民对领导干部道德的要求。

(三)扩大领导干部道德考核评价的主体范围

要完善领导干部道德考核评价制度,首先必须明确是谁来考核评价领导干部。其中,领导干部是由党政组织直接任命的,党政内部直接拥有考核评价权。就领导干部道德考评主体而言,其主要包含三类考评主体;其一是单位内部的主管领导和同事,其二是其经常接触的服务受众,其三是处在其生活圈子之内的邻居和群众[2]。由此可知,上述对领导干部进行道德考评的三类主体,对其履行公务、服务群众、睦邻关系等方面最有发言权。为了增强对领导干部进行公开广泛、公平公正、准确可操作的道德考评,亟须将领导干部的主管领导同事、居住社区邻里等干部群众纳入考评体系。全方位考评追求的理念是全方位、多角度、重视信息反馈和双向交流,其优势不仅在于考

---

[1] 袁忠:《领导干部道德考评的难点探析》,《南京社会科学》2011年第7期。
[2] 胡洪彬:《党政干部考核评价制度:突出问题与完善路径》,《中国特色社会主义研究》2018年第5期。

评的低误差,而且在于以评促改的高效能,通过结果反馈达到改变道德行为、提高干部道德水平的目的。要确保在多元考评主体中,群众占据主体性作用。领导干部是为人民服务的政党,对于领导干部的考核评价,人民群众更有发言权。要依法保证群众的参与权、知情权,领导干部道德考评应当过民主评议、民意测验关,发挥群众在领导干部道德考评中的主体性作用。为此,亟须强化和完善领导干部道德考核评价制度,在不断拓宽人民群众参与考核评价领导干部的各种渠道的同时,培养党政组织有序参加的总体格局,提高领导干部道德考核评价的公信力。

三、完善领导干部道德考核的指标体系、评价方法和数据库

(一)完善领导干部道德考核评价的指标体系

从领导干部道德考核评价的多角度分析,领导干部道德考核评价结果固然重要,但是其考核评价过程的公平、公开、公正等更为重要。为此,要科学设置并不断完善领导干部道德考评指标体系,以适应新时代我国经济社会的发展要求。综合考虑领导干部道德考核评价纳入其政绩考核的实际效果与长远意义,要着重从以下两个方面,完善领导干部道德考核评价的指标体系。

一方面,对领导干部进行道德考评,不能完全依靠量化的考评指标。无数历史事实和现实情况都表明:增强对领导干部进行道德考评的公正性和公信度,亟须建立健全完善、广泛参与、有效操作的考评标准。领导干部道德考核评价不能像其政绩考核那样,完全依靠量化、可操作的指标设置,历史和实践也都表明,过分强调指标体系的量化考核并不能准确衡量其道德水平。为此,要高度重视和规范完善领导干部道德考核评价方法、指标体系和数据库建设,必须坚持以定性考核评价为主、量化计分考核评价为辅的原则,定性分析考核评价更能客观综合地反映领导干部道德水平。

另一方面,着重完善领导干部道德考核评价的关键绩效指标。要将考评工作关键绩效指标法的理念引入领导干部道德考评体系,通过具体指标和分级评定,整体把握领导干部道德影响力。领导干部道德的考评,可以在从政道德理念和道德行为两个方面着手设置指标。领导干部从政道德理念主要依赖政德教育,考评主要是关注政德教育的过程和结果。对道德行为的考评指标主要是针对行为过程以及行为结果,设置考评指标前要开展实证调研,以保证指标设置的科学性、合理性、有效性和可操作性。根据领导干部工作的性质和特点,领导干部道德考评的重点是政德,能恪守良好政德的干部,必定能勤政廉政、执政为民,也必定具有较高的社会公德和家庭美德。

(二)改进和完善领导干部道德的考核评价方法

我国古代社会探索出官吏道德考评实践的简易可行方法,既包括察言观行法、问答鉴别法、准情景测验法等他评法,也包括内省式自我考评法、观照式自我考评法等自

评法❶。而在西方官吏道德伦理思想发展历史上,关于主要官吏道德考核评价的主客观依据,主要包括动机论和效果论两大派别。为此,对比分析和系统总结国内外领导干部道德考核评价的基本经验,新时期我国领导干部道德考核评价应当博采众长,注重日常生活中的经验测量和考评者的自我反省,探索适合中国国情的领导干部道德考评方法。要逐渐改进领导干部道德、政绩等考评方法,改进民意收集方法并扩大其覆盖面,增加社情民意在领导干部道德考察中的分量。"知屋漏者在宇下,得政失者在草野",一个领导干部怎么样,人民群众是最有发言权。此外,要逐步扩大群众参与权和监督权,通过完善人民群众反映情况的各种渠道和制度设置,科学引导领导干部创造真正有利于人民群众和经济社会发展的真政绩。

第一,采取反向否定式的考察方法。领导干部要始终具备基本的道德素养,严格遵守其职业道德内容及其言行准则。领导干部作为服务人民群众的公共管理者,必须在其基本道德底线的标准基础上,以实际言行履行好职责和做合格干部。为此,主要应从反向进行领导干部道德考核评价,及时发现和有效防止其越过道德底线的违法乱纪行为。对领导干部道德的考核评价,应从反向将领导干部道德的指标具体化,将违法违德违纪等情况进行记录,以发现和防止领导干部职业道德失范,作为单位选人用人的重要参考依据。领导干部应当坚守道德底线,通过有针对性的反向调查并记录在案,以此为标尺判断领导干部职业道德状况。在确定失德行为时,需群众广泛参与,以提高标尺可信度。

第二,根据事实举证和事例分析方法。根据领导干部道德纳入其绩效考核的理念,领导干部道德考核评价的最终标尺在于德行,主要体现在领导干部的内在德性和德行表现。为此,科学判断和客观评价领导干部道德水准,关键要观听其道德言行、举证事例分析说明其道德状况。

第三,综合运用全方位考核评价方法。在按照相关道德考核评价指标对领导干部进行考察过程中,要灵活运用全方位考核评价方法,实现更客观全面的考核,将领导干部的上级主管、同级官员、下级官员和服务对象都纳入考核走访对象。同时,将领导干部道德考核评价结果及时反馈给考评对象,实现相关考核评价信息在彼此之间的良性互动与双向流动,不断改善领导干部道德言行和提升其道德水平等考核目标。

(三)规范和完善领导干部的道德考核评价数据库

领导干部的道德考核评价属于意识形态与道德范畴,不能简单地将一次或几次考核作为最终结果,应当采取科学管理方式和构建规范化的领导干部道德考核评价数据库系统。其一,要明确和规范化领导干部道德考评数据库安全。严格保护领导干部个人隐私等道德考评数据库的重要内容,避免因道德考评数据泄密等极可能对领导干部工作和生活带来的诸多影响。其二,要明确领导干部道德考核评价数据库的独立性,

---

❶ 袁忠:《领导干部道德考评的难点探析》,《南京社会科学》2011 年第 7 期。

应当确保政德数据库的数据内容相对安全,也要保证数据库独立运行,免受职能部门影响。其三,要规范领导干部道德考核评价数据库的运行模式。要严格控制数据库内的数据修改和流出,综合运用法律形式来确保数据的权威性,弥补传统行政审批可能出现的数据漏洞。最后,强化对领导干部道德考核评价的监督体系,通过党内座谈会、检举报告和调查问卷等形式,以社会舆论监督来强化领导干部道德的监督体系。

四、健全和规范领导干部的道德考核评估机制

规范化领导干部道德考评的关键组成要素,有助于明确领导干部道德考评优劣的重要标准。就是在统一领导干部道德考核评价标准之下,严守领导干部道德考核评价具体化的入口关,有效杜绝领导干部道德考评工作短板或制度漏洞。此外,还要建立健全领导干部道德考评机制、指标、途径以及结果等。

新时代领导干部道德考核评价的中心任务:首先,明确思想道德的评估标准和内容,比如对领导干部落实党风廉政责任制、道德指数、权利与义务履行、理论学习效果等的考查,做到评估有据。其次,保证评估的公平公正公开透明,加强评估的沟通反馈与监督机制建设。再次,扩大评估的参与主体,将党组织评估、党内民主评估和公众参与评估相结合,保障普通党员和人民群众的参与权、表达权,促进评估主体的广泛性。最后,完善评估责任的追究制度,并把评估结果作为领导干部奖励惩戒、选拔任用的重要依据。

(一)细化量化领导干部道德考核的评价指标

新中国成立70多年和改革开放40多年以来,我国党政部门逐渐形成对领导干部道德考评任务及指标细化和量化,而对领导干部道德考评内容和范围亟须具体化,避免抽象化、概念化等问题。因此,我国亟须细化量化领导干部道德考评的责任、范围和指标,明确每个领域、环节和战线的领导干部道德考评内容,明晰对领导干部道德考评的思路、指标等分类重点问题。针对不同领导干部道德考评的隐蔽性、困难性等差异化特点,亟须统筹兼顾领导干部道德考评其他方面的内容,克服对领导干部道德考评内容指标的虚化、简化等难点。

目前,亟须重点细化领导干部道德考评的标准和指标,紧密围绕"政治品德、职业道德、社会公德、家庭美德"等,细化对领导干部道德考评要点、扣减分值等指标。要细化对领导干部道德考评的指标设计,客观量化对领导干部道德考评的操作标准,明确其分类档次、扣分差异和突出主次等。此外,为了全面、准确、客观地对领导干部进行道德考评,要综合考虑领导干部的平时表现、年度考评等情况,对领导干部提拔任职、干部考察等进行专项考核。

(二)开拓创新领导干部道德考评的方式方法

综合考评领导干部的道德水准,是选才聘才任才的考评重要因素。换言之,对领导干部进行道德考评工作,关键要突出重点、创新方法。其一,针对不同层次领导干部

的主责主业差异特点,要对"一把手"、副职、中层和一般干部等,依据考核细则对其进行公平合理的多层次道德考评。其二,构建领导干部道德考评的上下互评、纵横互评机制,充分发挥党内民主和党员干部群众积极性,保证其考核结果的公开公正和广泛性。其三,通过述职、测评、谈话、调查等多渠道,全面了解和客观审视领导干部道德,解决以往领导干部道德考评空泛等问题。其四,以大数据手段对领导干部进行道德考评,通过云签到、网络互评等互联网云平台数据库,及时、快捷地查阅领导干部道德考评信息。

(三)公平运用领导干部道德的考评结果

对领导干部进行道德考评的指标和方法,都是为了更好地对领导干部进行公开公平公正的考评,以达到选人聘人用人等道德考评目标效果。为此,如何公开公平公正地运用道德考评结果,就成为对领导干部进行道德考评的意义和价值所在,显得尤为重要。其一,坚持德才兼备的选人聘人用人原则和理念,综合考虑对领导干部道德考评结果。提拔任用政治过硬、作风优良的领导干部,对于道德考评不过关的领导干部决不能带病提拔或者任用,对于道德考评平平的领导干部,应当暂缓提拔任用、观察留用或者再次考评。其二,根据对领导干部进行道德考评结果的实际情况,党政各级部门参照其制定更具针对性的教育培训课程,及时调整对领导干部进行教育培训的相关内容,切实有效增强对领导干部进行教育培训的工作效果。其三,通过对道德考评结果网络信息公开公示等方式,强化对领导干部道德考评的日常监督与党内监督工作。要加大对那些道德考评结果较差领导干部的监督力度,加强人大、纪委等监督主体对其重点监督管理力度,以约谈或者诫勉等方式,要求其提升其官德水平。

综上所述,要明确领导干部道德考评标准,充实其内容并创新其方法,建立健全对领导干部道德考评量化数据的网络评价系统。要坚持定量与定性相结合,对领导干部进行有序的道德考评,全面考核领导干部道德水平和工作表现,避免产生以工作业绩替代道德水准等乱象。要量化对领导干部进行道德考评的方式方法,细化对领导干部进行道德考评的事项内容,综合考虑对领导干部道德考评的诸多因素。同时,充分发挥互联网信息平台的监督评价功能,及时汇总和系统分析不同主体对其道德考评意见等信息,以形成数字化、具体化和精准化的考核评价。此外,要强化对领导干部道德考评的定性考核工作,沿用传统谈话、座谈会等多元的考评方法,革新对领导干部德才等优缺点的客观考评制度,对领导干部进行道德考评机制进行规范化和程序化。

五、完善领导干部道德考核评价的激励惩戒机制

职业道德考评结果要落实为激励和惩戒,对于职业道德考核评价结果优秀,即认真工作、坚守职业道德操守的领导干部,组织人事部门应以精神鼓励和物质激励相结合的方式予以奖励,使其既在精神层面获得肯定,又在经济和福利层面有所收获。对

于职业道德败坏的领导干部应当予以惩戒,进行严厉的批评教育和必要、严肃、合理的处罚,从而使考评体系成为有力的领导干部职业道德建设强化机制。激励惩戒制度在调动领导干部的工作积极性,约束其行政行为方面有重要作用。要完善激励惩戒制度,应以领导干部"经济人"假设和在行政行为中遵从效用最大化原则为前提。

(一)提高职业道德失范成本

通过行为规范对领导干部的个人利益进行限制,最为核心的应该是通过惩戒制度,从效用最大化原则入手,增加领导干部的自利行为成本,促使领导干部认识到,在行政行为中追求个人利益是不明智或非理性的选择。惩戒机制是通过惩处和制裁有过失、违纪、违法行为的领导干部,减少或杜绝领导干部行为失范的规定。完善惩戒制度,包括设置影响考核、奖励、职务升降等关系到领导干部未来发展的内容,用惩戒使领导干部通过职业道德失范得到的自利成为零效益或负效益。同时,应继续丰富、创新领导干部的惩戒方式,采用暂停晋升、扣薪停薪等,使对失范领导干部的惩处合理恰当。

(二)个人利益与公共利益相互促进

激励制度应当秉持使领导干部实现个人利益的同时,能起到增进公共利益的作用的设计理念。即领导干部在坚守职业道德,为群众提供优质的公共服务的同时,能够获得更多的个人利益。要明确奖励标准,确保标准公平合理,即在可比较的范围内,保持标准的一致性,对所有党员干部一视同仁。以领导干部职业道德考评结果为依据,保证领导干部遵守职业道德和行为准则的行政行为能获得物质和精神的奖励,并与其提拔相关联,杜绝干好干坏一个样、提拔与工作情况无关等严重打击积极性的、有失公平的现象出现。

为保证奖励和惩戒的客观公正,应当允许领导干部通过书面解释、申诉等方式质疑考评结果。考评结果中出现的错误或过大偏差,应及时予以纠正,保证考评对象的权利救济。要将领导干部职业道德考评机制与社会监督机制相结合,用社会舆论来评价、督促领导干部遵守职业道德操守,将领导干部职业道德情况置于社会监督之下。同时,曝光领导干部违反职业道德操守的行为,通过社会舆论压力督促领导干部,逐步建立领导干部职业道德社会纠错机制与评议机制。

(三)强化激励资源投入

领导干部较之其他公务员,工作内容繁琐并且任务繁重,使其承受了较大的工作压力。但领导干部的付出,往往不能在其工资水平上得到充分体现,因此应当更加重视激励资源的投入。一方面,应将配套补贴重点转移到基层,改变激励资源分配不均的现状。另一方面,应逐步探索建立科学的领导干部工资测算系统,为领导干部提供合理的薪酬待遇。增加领导干部工资待遇支出占财政总支出的比例,合理提高领导干部的收入水平。综合物价增长水平和国家财政增长情况,每年调整领导干部的工资收入,使其工资水平适应社会发展并与社会平均工资保持合理比例。通过加大基层激励资源投入，减少领导干部因收入过低而通过行政权力追逐经济利益，规避失德情况的出现。

（四）完善选拔晋升制度

领导干部职业倦怠是导致其工作效率和工作成就感下降。晋升不顺畅是导致我国领导干部产生职业倦怠的原因之一。职业发展上升通道不足，对领导干部的工作积极性影响大，尤其是在服务管理对象需求愈加多元化的今天，也打击了领导干部工作的积极性和主动性。应尽快建立和落实职级与职务相结合的用人制度，明确职务晋升依据、条件、方法和程序，逐步实现晋升的制度化、法治化管理。通过各种媒体的宣传和引导，为领导干部的"下"和"出"创造包容的社会环境，也使领导干部保持正确的心理对待对职务升降，并制定配套政策，安置好"下"的领导干部，做到能上能下、任人唯贤。

延伸阅读 做好述评访记考 选出有德好干部

作为一名基层新闻工作者，每年全国两会期间，都是刘昆相对忙碌的时候，但今年，他的忙法有些不一样。2021年10月，45岁的刘昆被提拔为重庆市江北区新闻信息中心副主任，自言"担子更重了"的他，工作也更认真尽责了。

对这次提拔，刘昆坦言"没想到"，但他的同事们却很拥护，"业务强，人品更让大家服气""组织上就该提拔这样有德有才的好干部"……

德才兼备，以德为先，因此受益的不止刘昆一人。江北区贯彻"二十字"好干部标准，把"有德"放在首位，在干部政德建设方面，完善考评体系、强化结果运用、抓实教育培养，树立干部"有德"风尚。

对干部的"德"，如何准确评价、科学考察？江北区探索采用述、评、访、记、考"五步"工作法，对干部的"德"实施多维度细化考评。

据江北区委组织部常务副部长胡川介绍，"述"，就是在民主测评中增设述德环节，且要求述职报告必须述德、考察谈话必须述德；"评"，就是在"述"的基础上，采取正向调查和反向测评相结合的方式进行印证，由"管他的人""他管的人""他服务的人"进行评议；"访"包括了上访、下访和家访，其中家访重点了解干部的生活圈、交往圈、娱乐圈；"记"是实行干部考察全程记德，建立本人"德"的纪实档案；"考"则分为定期考察、日常考察、例会考察、监督考察和考核考察5个组成部分。

"这种结果运用起到了良好的导向作用，让有德有才的干部更坚定了方向。"江北区五宝镇组织委员张道均说，镇党委目前也正积极向组织推荐该镇的一名年轻干部，"学历高能力强，守纪律人品好，在群众中口碑很好，相信经得起考察。"

此外，江北区通过创新活动载体、丰富教育形式，以贴近实际的学习教育有效推动政德建设，开展了"合格党员标准具体化大讨论""榜样力量传递大赛"等活动，引导党员干部坚定信念、锤炼党性。

（《人民日报》2018年03月22日11版）

第二节　建立领导干部道德制约机制

习近平在十八届中央政治局第三十七次集体学习时指出:"法律是成文的道德,道德是内心的法律。法律和道德都具有规范社会行为、调节社会关系、维护社会秩序的作用,在国家治理中都有其地位和功能。法律有效实施有赖于道德支持,道德践行也离不开法律约束。法治和德治不可分离、不可偏废,国家治理需要法律和道德协同发力。"❶关于道德与制度的探讨,可以追溯到儒学对道德法律化的尝试,也可以着眼于当前执政党的政治伦理及治理理念。有人认为,当前社会转型与制度供给不足,是造成道德失范的主要原因,也有人认为,制度伦理对于个体道德有决定性影响。无疑制度对于改变人的行为习惯与道德心理,都有着重要的作用。

一、协调处理好制度环境的道德成本与收益问题

领导干部的道德行为深受其动机、观念和意识等因素影响,提升领导干部道德影响力需要综合考虑其道德成本,因其道德行为、观念等与社会环境及其运行规则紧密相关。为此,不同历史时期社会制度都在以其特有的程序、规则等,强制约束或者激励人们的道德观念和行为,以促使人们在特定社会制度环境下,形成具体的道德观念与行为习惯。

从领导干部个人所处社会制度环境角度而言,道德成本是领导干部深受道德观念、时间、制度等诸多因素影响,进而影响领导干部道德言行的物质、精力等常规代价或付出。可见,领导干部的道德观念与道德行为形成影响力,往往受到工作时间、意外风险、制度要求等因素影响。提升领导干部道德影响力的巨大社会效益,就在于其道德行为和观念获得社会认可、赞誉、支持和回报等,付出道德成本之后获得人们的精神感恩、心情愉悦等。为此,领导干部个人道德要考虑道德成本与收益问题,通过公平正义的制度环境,提升其道德影响力。

从提升领导干部道德影响力的制度伦理维度而言,公开公平公正的良好制度规则,必将降低领导干部道德行为的成本代价,在全社会形成公平正义、行善扬善的良好机制与公序良俗。因此,制度环境公平公正与否,将直接影响其道德影响力。领导干部在公平正义的社会制度环境下,其道德观念和道德行为的社会成本与收益,相比非正义社会制度环境下将有所不同。一般而言,公平正义的社会制度环境可以降低领导干部道德行为代价或成本,让人们更容易形成从善扬善的良好社会氛围。

从领导干部道德榜样的示范作用角度而言,人们道德观念与道德行为常常从观察或者模仿榜样开始,通过观察他人或者社会认可的道德言行,逐渐形成自己在相同或者类似情况下如何行动。可见,制度对领导干部的行为选择和道德影响力的形成,起

---

❶ 习近平:《习近平谈治国理政》第二卷,外文出版社2017年版,第133页。

到正向或负面的作用。在平衡领导干部道德成本与收益时,应更多体现社会制度规范和程序规则等方面。善意的举动在公平正义的制度保障下,极易获得全社会认可并降低道德成本代价,大大提升领导干部道德影响力的范围。

二、强化制度对领导干部道德言行的影响力度

一般而言,强化制度对领导干部道德影响力,主要是通过心理或者行为强化实现的。换言之,社会制度公平正义将会强化领导干部道德,反之非公平正义制度则会让人们极易形成恶的行为观念。制度强化不同于法律法规制度的强制执行力,是通过强化领导干部道德心理与行为而形成良好习惯。其中,麦特·里德雷在《美德的起源——人类本能与协作的进化》中说:"人的思想中深处潜伏着无数的本能,这些本能驱使人们建立起社会协作关系,多行善事,以便获得良好的声誉。"[1]

毋庸置疑的是,领导干部道德影响力多源自其内心善意,而非强制逼迫所形成的道德观念与道德行为。要避免采取行政命令和强制约束等强硬手段,以道德教化等引导领导干部树立良好道德氛围,以免引发他人反感或者钻制度漏洞。不同时期人类社会公序良俗和道德发展进步,均需构建一套以互利互惠为基础的道德制度体系,通过制度强化培育团结互信、诚信友善等传统美德。不同领导干部或者普通人群的道德修养差异较大,通过社会制度规范和引导其树立正确道德观,才能推动他人和全社会形成良好的道德氛围。

从提升领导干部道德影响力的制度伦理角度来看,公正的制度环境,可以催生扬善的道德氛围,形成公平的利益分配格局与制度体系。正如大家所熟悉的《雷锋日记》所言:"一个人要做一件好事并不难,难的是一辈子做好事。"领导干部和普通百姓在公正的制度环境下,极易感受到社会制度的人性关怀与激励,常常通过利他言行,形成积小善为大善的行为习惯及良好机制。反之,领导干部要兼顾利他意愿与利己目的之间的平衡,如果全社会的道德制度环境不利于形成善的行为习惯,那恶言恶行将会在现有制度环境中形成恶性循环。

如果说道德文化氛围是熏陶人们思想观念和言谈举止的软文化,那道德制度体系则是有效约束和重新塑造人们道德言行的硬约束。良好的道德文化氛围是提升领导干部道德影响力的软环境,潜移默化地影响领导干部的道德观念、情感和行为等方面。而通过制度强化领导干部道德影响力,则更具刚性塑造性。可见,良好的文化熏陶潜在影响领导干部的道德观念与行为习惯,而正义的制度规矩则更能强化领导干部形成良好的道德心理与行为习惯,避免领导干部受到心理动机、认知和行为等障碍影响。

毫无疑问,良好公正的制度强化与外在支持,有助于利他行为和社会公德的推动形成和持续维持。此外,良好的道德环境与制度规定对领导干部极易形成正面强化,而社会公德、职业道德等道德榜样的示范作用也无可替代。因此,良好的制度环境与

---

[1] [美]麦特·里德雷:《美德的起源——人类本能与协作的进化》,万珏译,中央编译出版社2003年版。

文化氛围是提升领导干部道德影响力的基础,领导干部的道德观念和道德行为应以此为标准,逐渐形成自我道德修养的评价标准及其自我强化。鉴于领导干部良好道德观念与行为习惯的形成,受到诸多因素的影响,亟须以公平正义的制度对其道德心理、行为习惯等强化约束。

三、强化领导干部道德惯性与制度惯性的互动机制

提升领导干部道德影响力,由于道德惯性和制度惯性的影响,就亟须优化其文化氛围和制度环境。要加强和完善提升领导干部道德影响力的制度保障,通过优化领导干部道德惯性的制度环境和文化氛围,稳定有序和自发自觉地提升领导干部的道德影响力。在提升领导干部道德影响力的制度形成与发展过程中,由于其经历了从初期理性制度惩罚到形成道德主体的自觉自发转变,故而有助于实现其制度文化的同化到公序良俗的道德传递过程。要重视将领导干部的道德行为与心理动机紧密联系,以促使领导干部形成良好的道德认知和道德传递等独立系统,实现从制度规范与惩罚约束到领导干部自觉自发躬行美德的转变。

就制度经济学的路径依赖理论角度而言,通过制度创新提升领导干部道德影响力,阐释领导干部道德惯性与制度惯性的互动影响。一旦领导干部道德观念与行为选择形成相对固定模式,变革传统道德观念、思维模式与行为习惯,就亟须制度惯性与道德惯性的协同、学习与适应,以降低彼此对立、相互倾轧等离心离德的道德现象。正如诺斯所说,制度变迁中的路径很像机械运动中的"惯性",有既定的路径和轨迹,不断地自我强化。路径依赖在制度变迁和技术变迁中普遍存在,自带效应递增和自我强化的机制。为此,公正良好的制度环境会促使领导干部道德修养水平处于良性循环状态,通过社会制度公平正义促进道德利他行为与社会公德。

从领导干部道德影响力的运行机制角度着手,探析制度因素对提升领导干部道德水平的惯性影响,理顺领导干部道德理论与制度伦理关系。要实现领导干部从良知认同到行为习惯养成,从全社会良知到提升集体道德水准,便不得不提道德理论与制度伦理张力之间的影响机制。从静态的道德制度规范、内容设计到评估调整,从领导干部的道德修养形成到行为习惯养成,都需要将领导干部道德的利他行为与自我目的紧密相结合。面对世界百年未有之大变局和民族复兴关键期,领导干部道德理论与制度创新也要步入新时代,以领导干部整体道德水平的提升,助推建设社会主义现代化强国。

从机制角度剖析道德的制度影响,对于道德理论与制度理论而言都很重要。道德理论方面,从个人良知到道德习惯、从社会良知到集体道德水准之间还存在很大的张力,必须依靠机制的力量;制度理论方面,制度的正义价值、具体设计、评估及调整都应最终回到人的发展,不能漠视这个机制。毕竟,人的自然属性与社会属性不可分离,而这两种属性都基于具体的制度环境。要通过制度对人的自然属性进行社会性约束,使其符合社会思想道德,使人的精神品质从自私走向无私。

延伸阅读　道德的制度伦理

2021年9月,由宣杰教授等撰写的《道德的制度伦理审视》,从道德问题的争论出发,在制度伦理的分析框架内对影响道德发展的制度因素进行剖析,并提出"善制立德"的理念。其基本思路是,在自由、公平和以人为本三个原则之下,不断对制度进行优化和完善,在正义制度的基础上形成利人从而利己、损人必将损己的良性机制,以提升大众道德为重点,以积小善成大善为要求进行道德建设。作者提出了别具一格的道德观:道德作为意识形态不是独立存在的,而是深受制度的影响;制度理念对道德发展有着重要的导向作用,制度的发展意味着人的自由发展,而人的自由发展包含着道德自由与道德自觉,制度的公平理念对应于人的公道心,制度体现以人为本,人们才会以道德的正义为乐。一项好的制度同时必须在设计的时候充分考虑其实施的可能性、可行性、效率性、成本与代价的问题及制度的定期评估与调整的对策,选择性执法的误用、制度信用的缺失、潜规则的存在都说明了制度的工具性存在缺陷,进而误导道德。由此可见,制度本身确实联结着独特的道德影响机制。正义的制度会降低个人的道德成本,形成人人乐善好德的风气,同时也会降低社会道德成本,使社会管理变得简易而有效,充满人性色彩。作者是这样描述这一机制的:制度对人的道德影响主要是通过行为强化进行的,制度的正义会强化道德的善,有利于人们形成好的道德习惯;而制度的非正义会强化道德的恶,容易让人们形成恶的行为习惯。不同的制度文化对人们的道德进行不同的熏陶,而制度惯性也会进而形成道德惯性。但作者也承认,制度对个体与群体的道德影响是很不一样的,故个体道德与大众道德发展的路径与特点有所不同。总的来说,道德与制度的关系是辩证的:在道德失去效力的领域,制度必须保持适度的扩张,反过来说,随着主体人群道德水平的提升,制度则应该相应收缩、减少其占用的空间。

宣杰:《道德的制度伦理审视》,社会科学文献出版社2021年版

第三节　强化领导干部道德法治建设

习近平总书记强调:"要把道德要求贯彻到法治建设中。以法治承载道德理念,道德才有可靠制度支撑。法律法规要树立鲜明道德导向,弘扬美德义行,立法、执法、司法都要体现社会主义道德要求,都要把社会主义核心价值观贯穿其中,使社会主义法治成为良法善治。要把实践中广泛认同、较为成熟、操作性强的道德要求及时上升为法律规范,引导全社会崇德向善。"[1]领导干部的从政道德与公共道德不同,领导干

---

[1] 习近平:《习近平谈治国理政》第二卷,外文出版社2017年版,第134页。

部的行政道德,直接影响政府在人民群众中的威信和形象。如果从政道德只是通过社会舆论、传统习俗、榜样感化和思想教育等手段,形成领导干部内心的善恶观念,那么从政道德的贯彻就会极易出现随意性。没有强制力,从政道德难以普遍遵守,道德的影响力难以普遍形成。

一、制定领导干部廉洁从政道德法律,健全领导干部道德建设政策法规

道德是弹性的,而法律是刚性的。目前,我国亟须研究和制定领导干部从政的道德法律法规,以实现领导干部从"自律"到"他律"转换,增强对领导干部道德考评工作的参考变量因素。我国目前还没有严格的从政道德法,难以对领导干部的政德失范行为进行依法处理。习近平总书记曾说过:"要运用法治手段解决道德领域突出问题。法律是底线的道德,也是道德的保障。要加强相关立法工作,明确对失德行为的惩戒措施。"❶虽然2006年我国制定和实施了《中华人民共和国公务员法》,但是尚未明确对领导干部道德考评和处理办法,急需规范化、针对性和可操作的政德考评方式方法。鉴于领导干部道德失范等问题对中国特色社会主义事业造成了严重破坏,迫切需要制定一部针对领导干部政德规范的从政道德法。

(一)严格规定从政道德法的守法主体和考察对象

目前,我国还缺少专门化的职业道德状况监管机构,相应的法律规定也是空白。由于我国的国情特殊,不能直接照搬西方的公务员道德管理方式,必须结合国情,针对不同行业尤其是领导干部职业的特殊性进行设计。有必要建立从中央到地方的领导干部政德的仲裁机构,严格规定政德的考察对象,同时针对特定领域的领导干部,例如分管经济工作、土地工作等影响较大的领导干部岗位,设立专门的政德监管办公室。

(二)建立规范化的道德行为法律条款

从政道德法,是一部针对领导干部政德行为的法律,必须明确领导干部道德考评内容及范围,综合考虑其公德、私德、政德等诸多方面,明确规范领导干部道德行为,以此作为领导干部政德失范行为的定性标准。制定适用于全体领导干部的从政道德法,必须把领导干部政德中的重要伦理道德规范上升为法律条款,同时设立权威的执行机构,使领导干部在履行从政职责和处理突发事件过程中,有统一严格的标准和权责范围。

(三)通过制定从政道德法,建立完善的评价体系

一是领导干部的自我评价,通过定期的自我考核,提高领导干部对自身政德的总体判断,形成自我批评、自我改进的评价体系;二是单位系统内部的评价,通过组织内部的民主评议、问卷调查等形式开展互相批评,规范本单位内的从政行为,形成良好的工作风气;三是主管上级组织的年度考核,建立奖惩机制,通过惩治政德失范行为和奖

---

❶ 习近平:《习近平谈治国理政》第二卷,外文出版社2017年版,第134页。

励模范,强化从政道德法的约束力;四是通过调查问卷、座谈会和检举等形式开展社会监督,通过社会舆论来加强领导干部政德的监督。

(四)制定严格的责任追究制度

领导干部政德失范行为大量出现,重要原因就在于政德失范的成本较低,相应的处理方法往往以纪律形式存在,并没有上升到法律的高度,对领导干部的威慑力较差。制定严格的责任追究制度,需要注意三个方面的要求:一是对违反从政道德的领导干部应承担的责任规定要具体;二是对违反从政道德的领导干部的责任追究程序要严密,保障责任追究的落实;三是无论领导干部政德失范的行为判定是否违法,都应该注意对其隐私权、公民权、知情权的维护,保护所有人的合法权利不因结果的不同而受到违法侵害。

综上所述,就新时代领导干部道德考评而言,既要注重领导干部端正自身言行的同时,又要强化其道德考评的有关法律法规的制度建设。官德建设在强调自觉的同时,更应该强调与法制等强制手段的配合。自从党的十八大以来,以习近平同志为核心的党中央从党员领导干部着手,不断强化和完善依法治国与依规治党的制度化建设,营造优化其道德考评的良好环境和政治氛围。

二、推动领导干部道德法治化建设,切实提升领导干部道德影响力

针对党政领域早已有共识的领导干部道德失范问题,党的十八大也强调了"一些领域存在道德失范、诚信缺失现象"❶,并分析了我国城乡社会精神生活方面依然存在的不少问题。由此可知,道德失范行为是由于缺乏法律法规制裁,而陷入无强制约束的道德失范状态,集中表现为无视或者践踏道德的言行。为了解决在我国党政领域存在的道德失范问题,强化领导干部道德法治化建设,是推动道德软约束硬化的有效机制,是维护道德神圣性和崇高性的重要举措。此外,通过刚性法律法规与党纪国法惩治硬约束机制,也是有效构建和提升领导干部道德影响力和约束效力的重要途径。

(一)以法律权威维护道德威信,保障领导干部道德影响力

在现实社会生活中,法律和道德都是须臾不离两个原则。规范人们的行为,规范社会秩序,不仅要确立与之相适应的法律体系,而且要形成与之相适应的思想道德体系。"康德说过:"有两种东西,我们愈时常、愈反复加以思维,他们就给人心灌注了时时在翻新、有加无已的赞叹和敬畏:头上的星空和内心的道德法则。"❷康德把至上、纯粹的道德法则,摆在崇高的位置,犹如"头顶上的天空",威严而神圣,不容亵渎。在道德生活中,道德主体都尊崇内心、纯粹、神圣的道德法则,就如浩瀚碧空,丰富而纯洁。

---

❶ 十八大报告文件起草组:《中国共产党第十八次全国代表大会文件汇编》,人民出版社2012年版,第5页。

❷ [德]康德:《实践理性批判》,商务印书馆1960年版,第161页。

不过,洛克认为个人和规范本身是从来就存在的。为此,用法的刚性权威和普遍强制约束力,维护道德的神圣性和崇高性,对于匡扶社会正义、促进社会道德建设,具有重大的现实意义。

由于个人道德意志的有限性,决定了在社会层面不可能指望依靠自我道德约束,使所有个体的行为都纳入符合社会普遍要求的规范之中。在现实生活中,面对各种利益诱惑,没有外在强制约束和责任制裁,个体选择不道德的可能性往往更大。因此,从社会意义上看,个人的道德意志是靠不住的。制度化的约束,不仅可以弥补主体意志力不足,保证伦理要求的普遍遵行,而且也可培养和强化个体的道德意志,增强主体的自我约束能力。当然,要发挥法律的决定人类命运和价值导向作用,就必须将其内化为自己内心中道德律。黑格尔说:"当个人尚未认识法律、理解法律时,法律在个人看来便是暴力。……法律在最初的时候,必须是强制性的暴力,等到人们认识了法律,等到法律变成了人们自己的法律时,它才不是一个外来的东西。"[1]由此,通过将法律强制性规定内化为人们的义务行为,以便形成人们在行为选择时遵守法律的内在道德基础。

(二)以法律约束责罚败德言行,维护领导干部道德权威性

要以法律权威来维护道德的神圣性,切实提升领导干部道德影响力,亟须用法律严惩各种败德言行,在现实中维护领导干部道德权威性。在法治和德治相辅相成的实践过程中,若无法律保障,道德则只能是一个流于形式;同样,若无道德作基石,没有具有道德信仰的人来执法,法律体系即使再完善,也不过是一纸空文[2]。不断推动领导干部社会道德影响力的建构工程,必须推进领导干部政德、社会公德等的法治化进程,坚持将法治建设与道德建设相结合,引导社会新风尚,以党纪国法惩治败德言行。

第一,要强化领导干部道德法治化的立法工作。做好法律的修订工作,适当加重对一些违法行为的处罚。当前在社会上,诸多社会道德失范、社会失序的现象,与立法不足有关。当务之急是通过强化立法的方式,将领导干部和行政工作人员使用公权力和应尽的道德义务固定下来,使其为自己在行使公共权力过程中的非道德行为付出法律代价。

虽然目前在相关领域有各种法律法规、党纪政纪条例规范国家工作人员的行为,但这些法律、条例对道德方面的约束不具有系统性和针对性,且无强有力的监督机制作保证,对宣传、执行和自觉遵守等带来许多不便。因此,借鉴欧美、日韩、新加坡等国的经验,应把行政道德与适当法规结合起来,制定较为全面系统的道德法规,这对于反腐倡廉具有积极作用。美国法哲学家博登海默指出:"那些被视为社会交往的基本而必要的道德正义原则,在一切社会中都被赋予了具有强大力量的强制性质,这些道德

---

[1] [德]黑格尔:《哲学史讲演录》第一卷,贺麟、王太庆译,商务印书馆1983年版,第166页。
[2] 童南茜:《中国刻不容缓——拯救我们的道德》,华中科技大学出版社2012年版,第289页。

原则的约束力的增强,是通过将它们转化为法律规则而实现的,制止在合意契约的缔结与履行过程中欺诈与失信等,都是将道德观念转化为法律规定的例子。"❶对于在医疗、教育、食品安全等部门的领导干部,更应该强化法治和道德要求。

第二,要强化对失德败德行为的执法与惩处力度。法律的效应,关键在于执行。以法律责罚败德行为,除了有法可依外,更应该是执法必严、违法必究,做到公正严明、伸张正义。法律如果不去执行,就形同虚设。没有有效执行,不仅仅是道德认识的缺失,更重要的是失德成本过低,惩戒性作用不足。在实际执法过程中,"要坚决改变违法成本低、守法成本高的现象,谁违法就要付出比守法更大的代价,……逐步在广大干部群众中树立法律的权威,使大家都相信,只要是合理合法的诉求,通过法律程序就能得到合理合法的结果。"❷

第三,要强化领导干部守德意识的法治宣传工作。一个国家要实现法治化,就要使广大民众尊重、认可和接受法律,形成法律信仰。在当代中国,就是"在全社会弘扬社会主义法治精神,传播法律知识,培养法律意识,在全社会形成宪法至上、守法光荣的良好氛围"❸。"法律必须被信仰,否则它将形同虚设。"❹法律信仰与道德信仰同样得到主体的内在认同和自觉遵守。强化法律认同,就是提升道德意识,强化道德认同的体现。因此,应大力宣传法律法规,强化民众法律意识,培植民众法律信仰让民众在宣传教育中知法、守法,维护自身权利,敬畏道德,履德而为。在全社会要积极"引导全体人民遵守法律,有问题依靠法律来解决,决不能让那种大闹大解决、小闹小解决、不闹不解决现象蔓延开来"❺。同时,要坚决改变以往认为"小事"无关法律、无关道德的观念,提高人民群众法治观念,树立遵纪守法的意识。

三、完善领导干部道德法治化建设的制度基础

(一)健全领导干部道德法治化的法律体系

健全和完善新时代中国特色社会主义法律体系,是发展社会主义民主政治与依法治国的内在要求。同样,切实提升领导干部道德影响力及其道德法治化,也亟须新时代中国特色社会主义法律体系与法治制度保驾护航。当前,关于领导干部道德建设的法律法规尚待完善,现有国家法律、党规党纪、行政法规等规定有待细化。为此,要稳步推进领导干部道德法治化建设步伐,逐步强化领导干部道德建设的法律体系建设,有序将领导干部道德建设纳入法治化轨道,通过法律权威防范和制止领导干部道德失范乱象。

---

❶ [美]E 博登海默:《法理学——法哲学及其方法》,邓正来、姬敬武译,华夏出版社 1987 年版,第361页。
❷ 中共中央宣传部:《习近平总书记系列重要讲话读本》,学习出版社、人民出版社 2011 年版,第84页。
❸ 中共中央宣传部:《习近平总书记系列重要讲话读本》,学习出版社、人民出版社 2011 年版,第84页。
❹ [美]哈罗德·J.伯尔曼:《法律与宗教》,梁治平译,中国政法大学出版社 2003 年版,第3页。
❺ 中共中央宣传部:《习近平总书记系列重要讲话读本》,学习出版社、人民出版社 2011 年,第84页。

其一,要强化提升领导干部道德法治化建设的预防体系,着重从法律意识、维权意识等方面提升其法治力量,通过法律法规制度的强制执行力与权威性,预防和限制领导干部道德言行失范等问题。其二,要加强对领导干部道德影响力的监督体系法制化,将领导干部道德监督与党内外监督纳入法治化轨道,依法将规范领导干部道德行为纳入法治化监督轨道。我们要学习借鉴其他国家官德法治化的经验教训,通过法律强化对领导干部道德监督力度,构建相对完善的领导干部道德法治化监督体系。其三,要强化领导干部道德惩治体系的法治化建设,加大对道德失范领导干部的惩治力度,提升领导干部道德建设的法治化水平。西方有研究指出:"对于惩罚,我们的态度已经发生变化,这种态度的变化要求我们不能把惩罚看作是对侵犯行为的不证自明的恰当反应。我们最好把惩罚看作是必要却可悲的社会控制形式。"

(二)加强领导干部道德法治化的制度建设

强化和规范领导干部道德影响力的立法工作,有助于推动领导干部道德法治化建设水平,并对提升领导干部的道德影响力极具意义。不断将领导干部道德规范上升为法律法规,推动道德法治化并赋予其强制执行力,促使领导干部在遵守法律过程中养成良好的行为习惯,通过领导干部自觉行为,发挥道德教化作用。加强对领导干部道德立法、执法和司法等工作,借鉴汲取古今中外关于领导干部道德法治化的经验教训,稳步推进领导干部道德法治化。要反思我国传统关于领导干部道德建设中重德轻法等不足之处,始终重视领导干部道德修养与依法治理紧密相结合,克服道德教化与法律制度的自身缺陷和不良倾向。要加强领导干部道德法治化的建设水平,着重从道德要求与法律约束相结合角度,解决领导干部道德滑坡、贪污腐败等问题。

领导干部必须具有良好的道德修养与法律素质,这不仅是我们党和国家制定和实施依法治国的重要人才基础,更是有效防范和治理领导干部人性弱点的制度要求。相比于我国,国外往往将领导干部视为道德上不完美之人,通过制定和贯穿落实法治建设,实现有效监督。倘若将所有人视为拥有良好道德修养之人而不加规制,则最终会导致大部分人变为善钻法律和制度漏洞的恶棍。如果将领导干部视为道德不完美之人,通过各种法律法规和规章制度加以约束和监督,最终会促使大部分领导干部成为君子。

(三)强化领导干部道德法治化的良性互动

鉴于我国传统文化中重刑抑民、重德轻法等惯性思维影响,我们党高度重视依法治国与以德治国相结合,避免领导干部道德建设及考评陷入"唯德""唯法"等误区。只有强化对领导干部道德建设的法德互动与功能互补,才能构建法治、监督和教育"三位一体"的治理模式,才能真正解决领导干部道德法治化建设问题。

首先,我国依法治国与以德治国相结合的制度设计,是提升领导干部道德影响力的重要环节。习近平总书记指出:"要发挥领导干部在依法治国和以德治国中的关键作用。领导干部既应该做全面依法治国的重要组织者、推动者,也应该做道德建设的积极倡导者、示范者。"[1]其次,完善领导干部道德修养的法律制度,强化对领导干部道德建设的监督制约机制,健全对领导干部道德的考核评价机制,是提升领导干部道德影响力的关键步骤。最后,培育大批有德行、高素质的领导干部队伍,贯彻落实和严格执行党纪国法和职业道德要求,才能根本解决官员不敢贪、不能贪、不愿贪等问题。

综上,只有强化领导干部道德修养和提升其综合素质的同时,大力推进道德法治化建设,才能内外兼治、刚柔并济,从而根本解决官员贪污问题和杜绝官德失范现象。

> **延伸阅读**
>
> ### 关于加强对干部德的考核意见
>
> (中共中央组织部　2011年10月13日)
>
> 为落实德才兼备、以德为先用人标准,全面客观准确地考核干部的德,树立正确的选人用人导向,现就加强干部德的考核提出以下意见。
>
> 一、进一步明确考核干部德的基本要求
>
> 1.加强对干部德的考核,是党的干部选拔任用工作历史经验的科学总结,是新的历史条件下坚持和落实德才兼备、以德为先用人标准的新要求。必须从保持党的先进性和纯洁性的高度,从建设高素质干部队伍的现实需要出发,突出德在干部标准中的优先地位和主导作用,树立以德修身、以德服众、以德领才、以德润才、德才兼备的正确导向。
>
> 2.对干部德的考核,要体现国家公职人员职业特点和所肩负的责任,坚持政治性、先进性、示范性要求,以对党忠诚、服务人民、廉洁自律为重点,加强政治品质和道德品行的考核。
>
> 3.考核干部的政治品质,主要考核干部在政治方向、政治立场、政治态度、政治纪律、党性原则等方面的表现,重点了解干部坚定理想信念,坚持中国特色社会主义道路、理论体系和制度,忠于党、忠于国家、忠于人民,贯彻落实科学发展观,执行党的路线方针政策,确立正确的世界观、权力观、事业观,实践党的宗旨、坚持执政为民、密切联系群众,坚持原则、敢于负责和执行民主集中制等情况。
>
> 4.考核干部的道德品行,主要考核干部的社会公德、职业道德、个人品德、家庭美德,重点了解干部在践行社会主义核心价值体系、模范遵守社会公共道

---

[1] 习近平:《习近平谈治国理政》第二卷,外文出版社2017年版,第135页。

德、抵制各种不文明行为方面,在敬业奉献、真抓实干、锐意进取方面,在公道正派、诚实守信、品行端正、情趣健康方面,在遵守廉洁从政行为准则、秉公用权、清正廉洁、不谋私利、严格要求配偶和子女以及其他亲属等方面的表现。

二、改进和完善干部德的考核方法

5. 对干部德的考核,主要结合平时考核、年度考核、换届(任期)考察、后备干部考察、任职考察等进行。必要时也可对干部的德进行专项考核。

6. 干部考核工作的各个环节都要突出对德的要求。个人述职要述德,民主测评要测德,个别谈话要问德,民意调查要了解干部在群众中的口碑,实绩分析要了解干部的政绩观、工作动机和工作作风,综合评价要全面分析干部的德。

7. 把考核干部在关键时刻、重要事件中的表现作为考核干部德的主要途径。着重从干部在贯彻落实中央重大决策部署、完成重大任务、面临重大考验、应对突发事件、抗御自然灾害、解决复杂问题、对待名利地位和进退留转等方面的表现,了解分析干部的德。同时,要注意从干部履行岗位职责和日常学习生活表现中鉴别干部的德,运用巡视、审计、个人事项报告、信访举报等相关信息,对照历次考核情况,进行印证分析,重视一贯表现,全面掌握干部德的真实情况。

8. 对干部德的考核要注重群众公论。采取个别谈话、民主测评、民意调查等形式,广泛听取干部群众意见、舆论评价和社会反映,从群众口碑和知情人意见中分析了解干部的德。对反映问题较多或突出的要及时进行核实和认定。

9. 创新考核干部德的方法。各地各部门要从实际和工作需要出发,改进和创新德的考核方法,增强考核工作的针对性、实效性。进一步探索和完善正向测评与反向调查相结合、"八小时"内外考核相结合、定性考核与量化测评相结合等方法,建立德的考核档案,注重对干部德的变化情况进行对比分析。

10. 对干部德的考核,要在全面考核的基础上,根据干部不同层级和岗位,分级分类提出德的考核重点。对中高级干部要突出考核理想信念、政治立场、与党中央保持一致和贯彻落实科学发展观等方面的情况,对高级干部还要按照政治家的标准来要求。对基层领导干部特别是县乡领导干部,要突出考核宗旨意识、群众观念、办事公道和工作作风等方面的情况。对党政正职,要按照关键岗位重点管理的要求,突出考核党性和贯彻党的路线方针政策、执行民主集中制、坚持原则、履行廉政职责等方面的情况。要注意根据不同地区、部门和行业干部队伍的实际,确定和建立各有侧重、各具特色的德的考核项目,突出重点和针对性。

11. 对干部德的考核要作出客观公正、实事求是的评价,形成准确鲜明的意见,作为干部选拔任用、培养教育、管理监督的重要依据。

第四节 健全领导干部道德教育制度

为了有效提升我国各级领导干部道德影响力,亟待强化对领导干部道德教育与管理培训工作。自从党的十八大以来,我们党深入开展对领导干部的教育培训工作,以切实有效提升领导干部道德影响力。明确对领导干部道德教育与管理培训的目标,增强教育培训内容的时代感、针对性和有效性。通过对领导干部道德进行制度化、常态化教育与管理培训,在日常工作和生产生活实践中强化领导干部道德修养。坚持思想领导的首要地位,围绕理论热点、思想困惑、社会焦点等,制定切实的学习教育目标,选择灵活多样的方法,实行分层教育,健全理论学习制度、理想信念教育机制、反腐倡廉教育机制等,特别是要把道德修养教育贯穿于党员干部教育培训、考核评估、选拔任用的各个环节,推进领导干部道德影响力教育的常态化。

一、强化领导干部道德教育的引导机制

从思想抓起是领导干部道德建设的首要关键。领导干部责任意识和法律意识的形成离不开良好的思想政治教育,这一方面有利于民主执政、依法执政和科学执政;另一方面有利于提高领导干部的思想觉悟和理想信念,能够让广大领导干部提高执政领导能力和防腐拒变能力,使其以全心全意为人民服务的信念要求自己。特别是在市场经济迅速发展的形势下,规范领导干部的教育和培训具有重要的现实意义。

(一)树立强化领导干部道德影响力的教育引导原则

要以奉献精神提升领导干部道德影响力,客观权衡国家利益和个人利益关系,始终坚持正确的利益原则和奉献精神。其一,党性宗旨要求党政领导干部必须始终将国家利益摆在首位,坚持立党为公和执政为民理念。坚决维护国家利益和人民权益,不能将个人利益最大化作为人生目标,始终坚守领导干部的职责要求。其二,领导干部追求个人价值要在为党和人民服务中实现,在献身党和人民事业的过程中,实现个人价值的最大化,坚决反对享乐主义、个人主义和官僚主义。其三,领导干部要树立全局观念,处理好国家、人民和个人之间关系,始终坚持党和人民利益高于一切原则。要创造性地提升领导干部道德水平,必须立足全国实际国情和结合不同地区实际情况,始终坚持国家对人民负责、上级对下级统一要求,始终保持中央政府政令与地方政府决策畅通。

(二)改革创新提升领导干部道德影响力的教育引导内容

要始终坚持马克思主义理论的指导地位,强化领导干部道德与理想信念教育,不断提升不同领导干部的道德影响力。领导干部要在全心全意为人民服务的实践工作中,不断提升自身的道德修养和理论水平,坚持完善和丰富发展提升领导干部道德影

响力的理论。此外,强化对领导干部的社会主义和共产主义理想信念引领,通过理论创新和实践创新学习,进行艰苦奋斗,坚决抵制享乐主义、官僚主义等各种错误思潮侵袭,自觉将维护全国各族人民群众利益融入自身工作中。

在践行社会主义核心价值观的实践中,强化提升领导干部道德影响力的良好氛围,体现领导干部执政为民的个人价值追求。要坚持新时代中国特色社会主义事业的奋斗目标和发展要求,客观反映社会主义社会应当遵循的价值导向,引导公民树立正确的价值追求和道德准则。这不仅是宪法和法律规定的公民基本道德要求,也是领导干部职业道德要求的核心要素。为此,领导干部要带头践行社会主义核心价值观,学习领会和率先垂范社会主义核心价值要求,积极营造全社会和谐稳定的良好道德风尚。

要从传承弘扬领导干部执政为民的优良传统中,广泛汲取提升领导干部道德影响力的智慧,同时警惕滥用职权等官僚主义的腐化侵蚀。要细化提升领导干部道德影响力的教育内容,强化革命理想信念教育等,坚定共产主义必胜的信念,战胜各种风险挑战。要强化领导干部道德教育与法治教育,通过学习法律法规、规章制度和道德规范,不断将制度规范内化为思想观念,外化为行为准则,切实提升领导干部的道德影响力。

(三)以正确的权力观念,建立和完善其教育引导机制

要准确把握领导干部不同时期的思想动态,多方面着手提升领导干部道德影响力,培育和践行社会主义核心价值观。要系统把握权力观与社会主义核心价值观的关系,客观认识领导干部道德观、权力观的发展规律,自觉主动践行。其一,要建构提升领导干部道德影响力的规范体系,明确规定领导干部职业道德、生活道德等,不断将领导干部道德影响力要求与规范系统化。其二,完善提升领导干部道德影响力的评估制度体系,客观测算和科学评估领导干部道德影响力的相关指数,并将其道德评价具体标准作为选拔任用的重要依据。其三,建立健全提升领导干部道德影响力的资格认证制度体系,强化对领导干部道德资格准入标准及其相关指数,确保道德高尚的人才才能准入某些特定行业。

要强化提升领导干部常态化党性锻炼,深化提升领导干部道德影响力的道德实践锻炼,始终将权力观教育贯穿于领导干部培养过程。一方面,要探索构建提升领导干部道德影响力的实践锻炼制度体系,各级党组织定期选派一定数量和年龄的领导干部,深入基层艰苦岗位实践锻炼,在实践锻炼中不断强化提升领导干部的为民服务意识。另一方面,要定期组织和灵活开展提升领导干部道德影响力的主题实践活动,各级党组织和领导干部强化"亲民、为民、富民、惠民、乐民"[1]的理念。

要强化提升领导干部道德影响力的廉洁教育,突出领导干部良好道德观念的教育

---

[1] 魏星河:《当代中国公民有序政治参与研究》,人民出版社2007年版,第178页。

内容,把握领导干部道德教育的系统规律和现实要求。一方面,要从"四个经常抓"着手,提升领导干部道德影响力,即经常抓领导干部对马克思主义的理论学习,经常抓领导干部的党纪国法与廉洁教育成效,经常抓依法执政和执政为民的党性教育活动实效,经常抓领导干部贪污腐化的反面警示教育。另一方面,要从"四个重点"着手,提升领导干部道德影响力,重点抓好领导干部"立党为公、执政为民"的具体举措,重点抓好关键时间节点及时开展廉政教育,重点瞄准重点岗位开展忠诚教育,要重点盯准重点领域开展法治教育。

综上所述,要紧抓提升领导干部道德影响力的内容创新,科学设计学习内容。要从"精、深、通"角度提升领导干部道德影响力,提升领导干部道德影响力的学习针对性和有效性。要精细安排提升领导干部道德影响力的学习内容,针对不同时期领导干部道德需求与实际要求,适时调整和灵活安排领导干部道德学习内容。正如邓小平所说:"学马列要精,要管用的。长篇的东西是少数搞专业的人读的,群众怎么读？要求都读大本子,那是形式主义,办不到。"❶

灵活运用多种学习形式和方式方法,保障良好学习效果。着重从"活、新、真"等角度提升领导干部道德影响力,灵活运用辩论、考察等多种学习形式和方式方法,让领导干部从历史和现实案例中感受到道德真谛,通过认真学习、探索总结、检查考核等,保障其道德学习实效。

二、改革创新提升领导干部道德影响力的教育体制机制

(一)完善提升领导干部道德影响力的教育内容与方法

鉴于我国各地对领导干部进行道德教育方式单一、观念陈旧等难题,亟需结合时代特点与实践特色,创新领导干部道德教育培训模式,以便有效提升领导干部道德影响力的实践成效与教学效果。我们可以从以下几个方面,切实强化领导干部道德教育内容与方法。

其一,结合领导干部道德教育的现实需求,可以自主选学道德教育内容与方法。广泛征求领导干部学员的培训需求与建议意见,根据贴近实际、按需培训和学用结合的道德教育培训原则,科学设置领导干部道德教育的培训内容。

其二,针对不同年龄领导干部道德教育需求差异,按照分类培训、集中安排和统一管理的教育培训原则,制定培训计划。尤其是针对"一把手"、关键岗位的干部进行重点教育培训。

其三,根据领导干部道德需求和工作实际要求,合理安排其道德教育内容与自学时间,创新领导干部道德教育小班多层次培训模式。同时,灵活运用领导干部教育培训网络信息互动平台,利用空闲时间和节假日进行学习,实现线下和线上相结合。

---

❶ 邓小平:《邓小平文选》第三卷,人民出版社1993年版,第382页。

(二)整合领导干部道德教育的培训资源

要系统整合现有的领导干部道德教育培训资源,不断推动提升领导干部道德影响力的教育培训工作。

其一,要充分发挥大好河山等自然资源的育人功能,有效提升领导干部道德影响力的体验教育实效。毛泽东曾说过:"在这个广大的领土之上,有广大的肥田沃地,给我们以衣食之源;有纵横全国的大小山脉,给我们生长了广大的森林,贮藏了丰富的矿产;有很多的江河湖泽,给我们以舟楫和灌溉之利;有很长的海岸线,给我们以交通海外各民族的方便。"❶为此,我们要充分运用祖国丰富的自然资源,对广大领导干部进行爱国主义教育,通过爱党爱国爱社会主义体验教学,灵活多样与潜移默化地提升领导干部爱国情怀。

其二,要开发、运用和保护好领导干部道德培训的文化资源,传承中华优秀传统文化和弘扬新时代先进文化的优秀道德因素。要运用好历史上无数爱国先贤治国理政的优秀文化资源,学习好当代治国先进道德模范的先进事迹,通过传统文化与红色文化,激发领导干部道德自信。

其三,要充分发挥领导干部道德榜样的典型示范力量,有效提升领导干部道德影响力的榜样引领作用,以他们高尚情操和道德品质等不断传递社会正能量,并以人物榜样及其光辉事迹,深化对领导干部的道德教育。反之,则以领导干部贪污腐败等反面教材开展警示教育,促使领导干部时刻警惕违法犯罪行为,恪守领导干部职业道德和社会公德要求。

(三)强化提升领导干部道德影响力的教育实践机制

要强化提升领导干部道德影响力的实效,必须优化教育培训机制,深入实践,强化宗旨意识教育,责任意识教育。恩格斯曾明确指出:"在我们党内,每个人都应该从当兵做起;要在党内担任负责的职务,仅仅有写作才能或理论知识,甚至二者全都具备,都是不够的;要担任负责任的职务还要熟悉党的斗争条件,习惯这种斗争的方式,具备久经考验的耿耿忠心和坚强性格,最后还必须自愿地把自己列入战士的行列。"❷

由此可见,领导干部要经常深入基层实践,到人民群众中去,自觉接受提升领导干部道德影响力的实践锻炼。让越来越多领导干部到基层最艰苦的地方去,到全党全国和人民群众最需要的老少边穷地区接受考验,自觉形成爱民如子的道德情感,并坚决抵制各种歪风邪气。为了能够深入基层实践,了解真实情况,让领导干部摆脱形式主义、官僚主义等问题,有效提升领导干部道德影响力和党政形象,亟须强化提升领导干部道德影响力的教育实践机制。

其一,领导干部要从思想上高度重视道德教育培训工作,以正确的价值观和理性

---

❶ 毛泽东:《毛泽东选集》第二卷,人民出版社1991年版,第621页。
❷ 中共中央马克思恩格斯列宁斯大林著作编译局:《马克思恩格斯选集》第4卷,人民出版社2012年版,第281页。

的态度分析和解决群众难题。要践行全心全意为人民服务的党性宗旨,始终坚持从群众中来到群众中去,真正解决老百姓急难愁盼的最关心问题,通过实际言行提升领导干部道德影响力。

其二,有针对性地开展对领导干部道德教育的培训工作,做好事前规划、规范内容和创新方法等教育培训事项,计划好和实施好提升领导干部道德影响力的实践举措。

其三,要认真落实领导干部道德教育培训管理制度,不断强化领导干部道德教育的制度保障与约束力度,切实提升领导干部道德影响力的教育实践成效。

综上所述,只有不断强化提升领导干部道德影响力的教育培训体制机制,才能有序推进新时代我国领导干部道德教育与培训管理工作。

延伸阅读 中国古代如何进行政德教育

政德,即为政之德,既指以德作为治国的原则,也指为官者应具有的德行。中国早在西周时期就有了"天命靡常,惟德是辅"的认识,在政德教育实践中为我们留下了很多宝贵的遗产。西周康王时期的大盂鼎铭文中有"正德"二字("正"通"政","正德"即"政德"),这是"政德"一词最早的出现。此后,政德思想经由历代思想家、教育学、政治家的不断丰富,贯穿于学术研究、人生修养、治国实践等方方面面,嵌入了中国古代"修身、齐家、治国、平天下"的国家治理结构中。在实践中,历朝历代通过家训教化、学校教育、公文诏书、谈话著述、官箴劝诫等形式,传播政德思想,对国家治理产生了积极作用。

家训教化。在中国传统文化中,齐家是治国平天下的基础。中国古代非常重视家庭教育,家训是家庭教育的重要形式。"天下之本在国,国之本在家。"注重家庭、家教、家风是中国传统文化的精华。"人必有家,家必有训。"中国古代传承下来的家训有十余万种。家训的内容涉及修身处世、为学为政方方面面,其中包括大量政德教育的内容。如,诸葛亮告诫子女"静以修身,俭以养德""非淡泊无以明志,非宁静无以致远"。南北朝时期颜之推认为要"以行为教""以学为教""以身为教"。他写的《颜氏家训》要求子女勤学、自律、重义、务实。"士君子之处世,贵能有益于物耳,不徒高谈虚论,左琴右书,以费人君禄位也。"君子立身处世,贵在能够对旁人有益处,不能只会高谈阔论,否则就会浪费国家资财。

教育考核。在中国传统文化中,知识与道德密不可分,为学的目的在于成人。中国古代学校教育的主要目的是培养担当治国平天下使命的君子。"大学之道,在明明德,在亲民,在止于至善。"汉唐以来,无论官学、私学,均以儒家经典为主要教科书。国家选任官僚也以修习儒家经典所达水准为主要标准。正己修身、清廉为官、重义轻利等价值观通过学校教育的经典研读和选拔人才的考试制度内化为了即将入仕者的君子人格。此外,历代帝王也经常用策试、考试的方式促使为官者时刻坚守政德。秦代的《为吏之道》中就包含了要求官吏忠诚、清廉、审慎、喜善、恭敬的内容。汉代察举科目中包含孝廉、茂才、贤良方正等,其要义就是"公、能、智、勇"等道德标准。唐代吏部有考功司,以"德义""清慎""公平""恪勤"所谓"四善"来考核从政为官道德。

公文诏书。西周时期,周公吸取商灭亡的教训,提出了"敬德保民""以德配天""修德配命"的观点。以后历朝历代的统治者都将修德性、行德政作为重要的价值目标。帝王大臣往往将政德教化寓于传达政令的公文诏书中。汉唐以来,很多皇帝诏旨及政府文告中都包含阐述君民关系、以民为本等德治理念,品评官员道德品行等政德方面的内容。比如,汉文帝《匈奴和亲诏》:"朕既不明,不能远德,使方外之国,或不宁息。夫四荒之外,不安其生,封圻之内,勤劳不处,二者之咎,皆自于朕之德薄而不能达远也。"西晋李密写给晋武帝的奏章《陈情表》极陈孝亲之义,"臣无祖母,无以至今日;祖母无臣,无以终余年。母、孙二人,更相为命,是以区区不能废远",感动了晋武帝,也成为后世培养官员"孝""忠"德性的教科书。唐太宗在《命皇太子知左右屯营兵马事诏》中先肯定太子李治"忠孝成德,志业光茂",而后才是任命的内容。

谈话著述。中国古代很多帝王重视德教,留下了大量教育官员修养政德的文字。《贞观政要》中有三分之一的篇章是记录唐太宗与大臣谈论政德的内容,既有对仁义、忠义、孝友、公平、诚信等正向品德的阐述,也针对奢纵、贪鄙等负向品德展开讨论。武则天专门著《臣规》一书,其中包括了至忠、守道、公正、诚信、慎密、廉洁、良将、利人等政德内容。朱元璋以严厉反贪著名,他也并非不教而诛。为唤醒官吏的良心,他亲自编写《醒贪简要录》,令所有官吏熟读。《康熙政要·论君道》中记载,康熙曾言:"古人所谓防微杜渐者,以事虽小而不防之,则必渐大,渐而不杜,必至于不可杜也。"教育官员慎微慎小。史学著作、文学作品等大众文化扬善抑恶,也是官吏政德学习的重要渠道。许多史学著作,如《春秋》《史记》通过点评历史事件和人物起到价值引导的作用。文学作品,如《诗经》中的许多诗篇就在一定程度上反映了民声、民意、民心,具有匡正时俗的功能。屈原、范仲淹、苏轼等的作品也都具有政德教育功能。此外,中国特有的匾额和楹联也是传播政德的重要载体。上至皇宫,下至县衙的匾联,或申明施政宗旨,或以官箴劝勉,官员耳濡目染,受到教育。

官箴劝诫。"箴",是规谏和告诫的意思。官箴最早是指官吏对帝王所进的箴言,据《左传·襄公四年》记载,周武王时,太史辛甲"命百官,官箴王阙",即要求文武百官用箴言以诫武王过失。唐朝以后,官箴逐渐演变为官吏的道德及行为准则。官箴多阐述官员修养和从政经验,虽内容因作者经历会有所侧重,但政德内容必含其中。宋代吕本中的《官箴》、元代张养浩的《为政忠告》、清代陈宏谋的《五种遗规》、清代汪辉祖的《学治臆说》等著名的官箴中都有很多政德教育的内容。吕本中的《官箴》说:"当官之法,惟有三事:曰清、曰慎、曰勤。"张养浩在《为政忠告》阐述了包括从政自修、执政为民、为政清廉、施政有道、执政有节等政德思想。(鄢爱红)

(选自《学习时报》2020年4月7日)